江苏省社会科学基金项目资助，项目批准号：17JYC004
教育部人文社会科学研究青年项目资助，项目批准号16YJC880058

通大教育文库

Massification of Higher Education and Development of Elite Higher Education

高等教育规模扩张与精英教育发展

马培培　著

南京大学出版社

图书在版编目(CIP)数据

高等教育规模扩张与精英教育发展 / 马培培著. —
南京：南京大学出版社，2020.12
(通大教育文库)
ISBN 978-7-305-23871-0

Ⅰ. ①高… Ⅱ. ①马… Ⅲ. ①高等教育—研究 Ⅳ. ①G64

中国版本图书馆 CIP 数据核字(2020)第 198411 号

出版发行 南京大学出版社
社　　址 南京市汉口路 22 号　　　邮　编 210093
出 版 人 金鑫荣

丛 书 名 通大教育文库
书　　名 高等教育规模扩张与精英教育发展
著　　者 马培培
责任编辑 丁　群

照　　排 南京紫藤制版印务中心
印　　刷 江苏凤凰通达印刷有限公司
开　　本 787×960　1/16　印张 12.25　字数 232 千
版　　次 2020 年 12 月第 1 版　2020 年 12 月第 1 次印刷
ISBN 978-7-305-23871-0
定　　价 42.00 元

网　　址:http://www.njupco.com
官方微博:http://weibo.com/njupco
官方微信:njupress
销售咨询热线:(025)83594756

序

历史上，精英教育的形成和教育资源的稀缺密切相关。由于资源的稀缺，相当长时期内只有一些有特殊权利的人才可以接受教育，尤其是高等教育。而那些接受了高等教育的有"特权"的人顺理成章地或大概率地成为社会各领域的精英。由于精英教育的产生和教育的小规模具有同时性，因此在实践中人们也经常认为规模小的就是精英教育。马丁·特罗在以理想类型方法划分高等教育发展阶段时就将高等教育毛入学率15%以下界定为精英化阶段，高于15%低于50%为大众化阶段，超过50%为普及化阶段。事实上，无论何时也无论在哪个国家，精英教育之所以为精英教育绝不仅在于接受教育的人数少，而是需要实实在在地培养出社会需要的精英人才。

如果不是简单地以毛入学率为标准进行阶段性划分，而同时考虑规模和质量两个因素，高等教育规模和精英教育发展之间的关系将十分复杂。在高等教育实践中规模与质量并非总是成反比，有时候规模大恰恰是质量好的象征。比如，在19世纪末，甚至到20世纪中叶，衡量大学好坏一直缺乏明确的标准，可以量化的只有大学的历史和办学规模。因此，那些历史悠久的或规模大的大学往往被认为是一流的大学或好大学。有关美国大学排名较早的一个资料来自1880年，它实际上就是根据学生数量由高到低进行的排名。在21所领先的院校中，哈佛学院、耶鲁学院、密歇根大学、威斯康星大学和哥伦比亚学院分别排1、2、5、7、10名，占据前10名的一半名额。这些大学当初只是学生数量领先而已，哈佛学院学生最多，有886名，哥伦比亚学院只有285名。学生规模在那个时期对大学的生存和发展至关重要，规模就是竞争力[1]。事实上，即便在今天基于文献计量学的评价体系下，院校和系科的规模对于大学和学科的排名同样有显著影响。客观上，对于一所大学而言，规模就是规模，规模的大小既不意味着好也不意味着不好。规模与办学质量之

[1] 王莉华，王素文，汪辉.世界一流大学学科竞争力[M].浙江大学出版社，2015：35.

间没有必然的、逻辑上的因果关系。我们既不能说规模大的大学一定好，也不能说规模小的大学一定好。究其根本，无论理论上还是实践中影响高等教育规模和人才培养质量的因素存在根本差异。

具体而言：一个国家可能因为经济发展水平低或政府不重视高等教育发展，而长期在高等教育毛入学率的意义上处于精英化阶段，但这并不意味着这个国家的精英教育发达。相反，在一些经济发达并重视高等教育发展的国家，高等教育高度普及化，但这也并不意味着这个国家的精英教育衰落或不再有精英教育。问题的复杂还在于，上述情况的存在又丝毫不能证明高等教育的规模扩张和精英教育发展完全无关。相反，自二次世界大战以来，世界范围内随着高等教育大众化和普及化时代的来临，规模的扩张又被普遍认为是导致很多国家高等教育精英部门衰落的主因，大众高等教育和普及高等教育甚至被认为是精英高等教育的敌人[1]。

近几十年来，对于高等教育规模扩张与精英教育发展之间的关系，学界多有关注，成果也很丰富。既有从公平切入强调大众(普及)高等教育的合理性的，也有从质量着眼为精英高等教育辩护的，还有学者从实践出发对于高等教育中平等与优秀的冲突进行了比较与历史的分析。围绕同样的问题，不同的研究有不同的立场和结论，不同的立场和结论也具有不同的价值。但不同的学者基于不同的立场，之所以长期关注同一个问题，无疑反映了这一问题之于我们时代高等教育发展和经济社会发展的重要性。

当前我国高等教育正在从大众化走向普及化，成为名副其实的世界第一高等教育大国；与此同时在经济全球化背景下，伴随工业社会向后工业社会的转型，我国经济社会发展对于创新创业和拔尖创新人才的需要也愈来愈强烈，加快从高等教育大国向高等教育强国转变已成为建设创新型国家和实现“中国梦”的一项紧迫的战略任务。在此背景下，如何处理好高等教育规模扩张和精英教育发展之间的关系，并培养出一大批适应经济社会发展需要的精英人才就成为一个重大的时代课题。

马培培于2014年进入南京师范大学教育科学学院跟随我攻读高等教育学专业博士学位。2015年下半年在考虑博士学位论文选题时，我建议她关注高等教育大众(普及)化背景下精英教育发展的问题。通过博士阶段的刻

[1] 克拉克·克尔：高等教育不能回避历史——21世纪的问题[M].王承绪，译.杭州：浙江教育出版社，2001：80.

苦学习，她很好地完成了与此问题相关的博士学位论文的撰写。毕业之后，以学位论文的相关研究为基础，马培培成功申报了江苏省社科基金项目，对于高等教育规模扩张进程中精英教育发展问题进行了进一步探索。现在这本书就是她多年以来对此问题进行持续探究的成果。

在这本书里，作者首先对于精英高等教育的历史进行了较为详细的梳理，然后从理论和实践两个层面阐明了高等教育规模扩张与精英教育危机之间的关系，指出了在高等教育规模扩张进程中精英教育发展呈现出多样化的趋势。继而以各国高等教育规模扩张进程中精英教育多样化发展的实践为基础，作者又从多样性与整体性的关系、精英教育与大众教育的关系、传统与变革的关系等不同维度，对我们时代精英教育的发展进行了理论反思。最后针对我国高等教育规模扩张进程中精英教育发展存在的问题提出了对策建议。

整体上，本书思路清晰，结构合理，资料丰富，观点鲜明，对于高等教育规模扩展进程中精英教育发展问题进行了较为深入和系统的分析梳理。书中所提出的一些学术观点和政策建议，比如，"形成恰切的精英教育发展理念"、"促进精英教育承担主体的多样化"、"加强精英教育主体之间的关联度"等，颇具新意，对于深化我国高校的人才培养模式改革，尤其是培养拔尖创新人才具有启发和借鉴意义。

当然，作为我们时代高等教育改革和发展的一个"大问题"——"高等教育规模扩张进程中的精英教育发展"涉及现代社会各个子系统的方方面面，不是一本书可以研究透的，也不会有任何一本书可以提供标准答案。对于人文社会科学而言，学术研究的主要的价值在于提示或引领我们去发现我们时代的重大问题，然后持续不断地探究。那些问题或许不会在学者的探究中被解决掉，但只有通过学者持续不断的探究，那些问题才会引起更大范围的关注，并为最后的变革积聚力量。基于此，期待未来有更多优秀的学者关注"高等教育规模扩张进程中精英教育发展"问题，并产出更多优秀的成果；也期待中国高等教育在普及化阶段迎来精英教育发展的黄金时代，为中华民族的伟大复兴奠定基础。

是为序。

王建华

2020 年初秋

前　言

精英对于社会的进步和文明的推动起着至关重要的作用。美国的建国之父、第一位总统亚当斯曾说，任何社会成员终将由精英统治。[1] 历史的发展足以证明精英对于社会整体进步的重大意义。尽管精英一词从出现的那一刻就注定与平等、民主这些主流的价值取向存在冲突，致使后来出现了精英主义与平等主义的对立，但精英本身与平等并不必然对立，"民主不等于牺牲标准，平等不等于否认差异。"不能藐视和回避"智识上的甄别"的意义，也不能因平等而忽视了客观标准和优劣之分，即使在罗尔斯那里的近乎于完美的公正也承认差别原则具有普遍合法性。

自大学诞生于中世纪以来，就是精英主义的，是精英的生产地。精英教育是大学的第一要务。为国家和社会培养精英是它与生俱来的功能。"大学的理想是精英主义的，大学培育精英，精英创造大学。精英阶层的存在赋予了大学精英主义的气质，大学理念的张扬灌输给精英超越功利与实用的理想。"[2]从 19 世纪中期持续到 20 世纪初这段漫长的历史时间内，高等教育一直以培养精英为核心使命。

20 世纪中叶，高等教育规模大扩张背景下，大学的精英主义理想和精英教育实践面临被放逐的命运。当社会的民主与平等意识日益增强，高等教育是否能给所有阶层的人提供均等进入大学的机会，成为上升到政治层面的问题。高等教育数量增长几乎对传统精英教育的每个方面都产生了影响。传统大学作为持续稳固的精英主义机构也不再固若金汤。在经历大众化和普及化的欧洲高等教育系统内部，源于中世纪大学的以古典和人文学科为核心的传统精英教育面临危机，欧洲的传统主义者——精英主义者试图捍卫自己

---

[1] 薛涌.美国是如何培养精英的[M].北京：新星出版社，2005：17.

[2] 同上。

的特权，却遭到平等主义者的攻击，他们的观点被认为与“民主”观点极其不适应。在民主社会中，进入大学不再是贵族或少数人的特权，所有的人能够从更多的知识和正当应用的更高的技能中得益。短暂的学术乐园年代已经终结。

随着适龄青年进入大学的比例越来越高，学生数量不断增长，需求愈发多样化，追求学科专业性和复杂性的高等职业教育兴起。它以一种与传统自由教育差异较大的模式得以开展，纯粹的精英主义理念逐渐消逝。平等主义的冲击对大学精英主义价值观造成威胁，规模的急剧扩张瓦解了传统的精英教育质量观。精英教育萎缩成高等教育系统中一个极小的部分，而不再是全部。总之，规模扩张进程中的精英教育面临被抛弃和被放逐的命运。为了在平等和优秀之间、规模与质量之间实现两全，精英教育与大众教育的妥协成为一种权衡之策，虽然表面上看解决了眼前的问题，但实质上并非如此，新的问题由此产生。

尽管如此，马丁·特罗坚定地相信，精英主义者所代表的对文明社会具有重要意义的价值观，不应被驱除；扩张主义改革者企图把传统精英教育完全转变成更加民主的、社会适应性更强的大众高等教育，也绝对不是最好的办法。他呼吁应对传统精英教育给予保存和捍卫，因为精英教育是任何社会所需要的。规模扩张进程中的精英教育应更多地与教学形式、教学实施的场所，以及师生关系而非课程内容相关。它从一种量的意义层面转变为追求学科专业性和复杂性的一种教育模式或层次，与大众化时代的大众高等教育，同时并存于高等教育体系中。

然而，精英教育将以什么样的方式存在？这是马丁·特罗、伯顿·克拉克等学者在大众化和普及化时代最为关心的问题。美国的多样性高等教育系统给如何发展精英教育做出了榜样。特罗把美国在规模扩张进程中取得的成功归结于其高等教育系统的组织结构，表现在竞争、多样化、对市场尤其是学生市场的适应以及在强有力的行政领导和多样性的资助来源下的院校自治等特征。[1] 美国是最早进入高等教育普及化的国家，虽然经历了规模

［1］ 菲利普·G·阿特巴赫.为美国高等教育辩护［C］.别敦荣，等，译.青岛：中国海洋大学出版社，2007：100.

扩张对传统精英教育的威胁，但是美国大学和学院已经创造性地应对了世界高等教育所面临的种种挑战。特罗认为，当前受到全球瞩目和尊重的美国精英教育仍一如既往地保存了曾经的“学术气质”，同时造就了不计其数的世界级政治精英、学术精英、技术精英……

然而，这样的精英教育即便值得期待，也必须同时考虑那些针对这种精英教育而表达的批判性意见。美国的精英教育在国内受到越来越多的强烈质疑，矛头直指精英教育机构——顶尖的研究型大学。有几个话题被反复提及，如这些精英大学的本科课程体系缺乏统一目的、学术标准下滑而造成本科教育贬值、大学沦为提供职业训练的基地、教师只考虑学术声望而导致师生关系逐渐疏远，等等。在这种精英教育制度下成长起来的许多精英，在其光鲜外表之下，恐惧、焦虑、失落、无知、焦虑伴随着他们，美国精英教育的劣势开始凸显。这一事实指出，复得的却并不一定是想要的。正如德雷克·博克所说的，“大学固然使学生受益匪浅，但原本他们可以学得更多”[1]，美国的精英教育固然已经成绩斐然，但它还可以变得更好。

我国的高等教育规模扩张似乎在重复西方国家走过的那段历程，但却更具特殊性。实质上，自新中国成立以来，我国经历了两次短时间内高等教育规模的急剧扩张。第一次是在新中国成立初的十余年间，“1952 年，高校招生 7.9 万，是 1949 年 3.1 万的 2.5 倍；1956 年，高校招生 18.5 万，是前年的 1.9 倍；1958 年，高校招生 26.5 万，是 1957 年的 2.5 倍。1958—1960 年，三年共招生 86.2 万。其任何一年的招生数，都超过民国时期毕业的大学生总和。”[2]第二次是从 1999 年至 2004 年，我国本专科招生的年增长率平均为 26.1%，研究生招生的年增长率平均为 28.6%。1998 年在校大学生 643 万，到 2005 年这数字窜升至 2300 万，是 7 年前的 3.6 倍；年增长率平均为 20%。此后几年的平均年增长率也不低。这次“扩招”速度是发达国家(还是小国)“最高速度”的 1.2—1.4 倍。[3] 引用这一系列数字并不想评判这两次扩张究

[1] 德雷克·博克.回归大学之道[M].侯定凯，等，译.上海：华东师范大学出版社.2012：导言 5.

[2] 沈登苗.双重断裂的代价：新中国为何出不了诺贝尔自然科学奖获得者之回答(二)[J].社会科学论坛，2011(7)：74.

[3] 沈登苗.双重断裂的代价：新中国为何出不了诺贝尔自然科学奖获得者之回答(二)[J].社会科学论坛，2011(9)：118.

竟是对是错，而是想说明这两次高等教育的数量增长现象与西方国家的大众化历程是不一样的，增长的速度较西方发达国家来说更快，时间却更短。高等教育系统必然没有这么快做出恰切的应对，传统的精英教育机构事实上承担了相当大比例的扩招任务。其次是高等教育的优质资源相对西方国家更为紧张。更何况，我国精英教育本身是西方精英教育的舶来品，有水土不服的现象，加之我国的近现代社会发展经历的若干次重大政治、经济变革，原本就薄弱的精英教育几经削弱。

我国高等教育发展已进入普及化阶段，尖端人才的培养是我国一直重视但又悬而未决的问题，对精英和能够培养出精英的教育渴求已成众望所归。近几十年来，政府以资源配置为主要手段，通过借鉴主要以美国为首的西方发达国家的精英教育发展经验，频频启动诸多旨在培养精英人才的"工程""项目""计划"等，就足以可见中国需要精英教育之迫切。然而，强势政府能否实现目的？外来的如何能适应本土？这一系列的大动作是否能有质的飞跃？如何在新的历史阶段发展新形式的精英教育，不是国家在政策层面上，启动若干个卓越人才培养项目能够解决的，而是需要在理论层面上进行系统性的深度反思。

目 录

第一章 高等教育中精英教育的演变

如果想要知道精英教育将来应该如何发展,那么精英教育的演变史将帮助我们了解精英教育过去曾是什么样,现代精英教育是怎样从历史上一步一步发展演变而来的。"如果你想要知道你要去哪儿,它帮助你了解你曾去过哪儿。"[1]如果不理解过去不同时代和地点存在过的精英教育,就不能真正理解当下的精英教育,包括高等教育规模扩张进程中的精英教育。正如高等教育是一个动态的、历史的概念一样,高等教育中的精英教育也是一个动态的、历史性的概念。当现代高等教育不可逆转的大众化以后,精英教育发生了质的改变,我们便很难再坚持中世纪大学的那种模式来培养适合于新时代需求的精英。此时,美国的研究型大学向世界宣称,它才是最适合职业精英培养的新型精英教育模式。作为古典精英教育始发地的欧洲大陆,没有一个国家在学术研究与科学家和工程师培养的规模和范围方面与美国的研究生教育并驾齐驱。然而,古典精英教育的式微并不代表全无可取之处。高等教育规模扩张背景下,越来越多的批判指向全然割裂自由教育与职业教育的现代精英教育,呼唤自由教育的复归。当然,历史不能重演,精英教育也不能倒退或者还原。大众化和普及化的进程仍在继续,随之而来的高等教育多样化也已渗透进现代精英教育的骨髓。

第一节 古代高等教育中的精英教育

古代高等教育中的精英教育是与近现代精英教育相对而言的,泛指古代高等教育中为培养当时需要的精英人才而举办的精英教育活动。从某种程度上讲,古代精英教育的历史与古代高等教育的历史是一脉相承的。由于古代高等

[1] 伯顿·克拉克.高等教育新论——多学科的研究[M].王承绪,等,译.杭州:浙江教育出版社,2001:49.

教育与近现代高等教育具有本质性的区别，古代高等教育中的精英教育、近代高等教育中的精英教育和现代高等教育中的精英教育也需要分别看待。“古代高等教育没有形成严格的小学、中学和大学三级教育体系，也没有出现‘高等教育’概念，但是，在一些较高层次的教育机构和特定的教育制度中，已经具有某些高等教育的属性，发挥着培养和选拔专门人才的功能。”[1]同样，高等教育中的精英教育也没有作为制度性的机构和独立的模式出现，只是在一些古代的高等教育机构和制度中，展露出某些精英教育的属性。

一、古代高等教育中精英教育的源起

要探寻精英教育的源起，必须沿着古代高等教育发展的脉络追溯至高等教育萌芽的源头，去探寻究竟哪些高等教育活动是以精英人才培养为目的的活动。在可以触及的关于高等教育历史研究中，高等教育的萌芽阶段，在东方最早发生在美索不达米亚流域，在西方则以古希腊时期为标志。下面将分别从东方和西方高等教育的源头寻觅精英教育的踪迹。这里甄别古代高等教育是否是精英教育，主要从教育目的，即是否以培养古代社会需要的精英人才为目的来判断。

（一）东方的精英教育源起

考古学者根据发掘的资料推断，在公元前 4000—前 3000 年的美索不达米亚流域就已出现形成人类最早的高等教育活动，尽管这种高等教育还没有被研究者明确称为精英教育，然而其教育目的以及围绕目的所教授的内容和施行的教学方式等各方面都已呈现出精英教育的特征。

原始社会的教育是非形式化的，直到奴隶制国家产生，统治者为巩固政权，必须把他们所掌握的统治国家的办法传给后代，从而产生了形式化的正规教育。在最早的时期，统治者如何实施这种教育活动是缺乏记载的。从有记载的教育史中可以找到，最早从事这种活动的学校是宫廷学校，宫廷学校是由法老在宫廷中设立，用来教育当时的皇子皇孙和朝臣子弟。其目的在于培养当时的政治领袖，教学内容包含军事统治的能力、司法和敛财的本领、用来控制奴役的法术、天文知识、建筑知识、丈量田地的数学知识，等等。此外，统治阶级为追求精神享受，文化艺术的修养也得到重视。总而言之，特权子弟有必要也有条件学习各种知识和养成多种能力。不过，因为时势不同和国情各异，各国宫廷学校的教学范围并不一致。[2]

---

[1] 刘海峰，史静寰.高等教育史[M].北京：高等教育出版社，2010：14.

[2] 曹孚等.外国古代教育史[M].北京：人民教育出版社，1981：30.

最早的宫廷学校诞生在美索不达米亚地区。主要原因是曾居住该地区的苏美尔人发明了最早的文字——楔形文字。由于楔形文字书写困难,需要常年训练才能掌握,培养能够掌握楔形文字的人才的活动便应运而生。该地区的宫廷学校,主要目的在于培养国家机关需要的书吏、文武双全的统治人才。教学内容虽不详,但都是教习作为国家统治者所需要技能、知识和素养。据说他们学习完毕就成为文士的后备队。文士通常也称书吏,一般精通文字,善书能写,任官治事,并受到尊重。他们被派往当时的政府机关接受锻炼,然后分别委充官吏。宫廷学校的教育是特权阶级的专利,贫苦人家和奴隶子弟几乎被剥夺了受教育的权利。此外,法老会邀请文人学者在宫廷学校讨论朝政和钻研治国之术,组成"文人之家",这也是统治者接受教育的另外一条途径,入学者是已毕业的文士,由于讨论的水平较高,很多人称其为当时的大学。

由于资料的缺乏,很难精确分析两河流域这种高等教育的真实情况,对于这些形式是否可以视为最早的高等教育活动,学者观点不一。有学者认为,这种教育只是为了学习文字书写,因此两河流域的教育还不能称之为建构在中等教育之上、性质与功能分化完全的高等教育。[1] 也有学者认为,当时的文士教育已经划分为两个阶段,即使初级阶段的教育内容是学写文字为主,例如文士教育还要求学习乘法、倒数、系数、账目核算等数学知识,娴熟司法用语。而当时可能出现的第二阶段教育则类似于今天高等教育层次的教育,被推测是修完文士教育的青年学习高深学科之地,因资料不详,其真实性尚待证实,若果真存在,则这种高等教育活动已经可以成为精英教育的雏形。[2]

总之,两河流域是否是东方最先出现精英教育的地区,虽无定论,但从已有的资料分析,这时的高等教育确是培养当时社会统治精英的教育活动。

(二)西方的精英教育源起

西方高等教育的源头始于古希腊,而"希腊高等教育源于智者哲人们耳提面命式的传道与授业,以后出现有组织的学术共同体——学派,及专门从事学术探讨与研修的学术机构——学园。"[3]毕达哥拉斯学派是整个西方最早的高等教育活动。

公元前6世纪,由毕达哥拉斯在意大利南部成立了毕达哥拉斯学派。从学派的教育目的和教育内容可以判断,它已经萌生出精英教育的雏形。毕达哥拉

[1] 刘海峰,史静寰.高等教育史[M].北京:高等教育出版社,2010:243.
[2] 滕大春.关于两河流域古代学校的考古发掘[J].河北大学学报,1984(4):67—68.
[3] 刘海峰,史静寰.高等教育史[M].北京:高等教育出版社,2010:78.

斯没有以培养统治精英为直接的教育目的，而是旨在培养具有高尚灵魂的公民。但在古希腊时期，公民并非现代意义上的大众，而是有闲暇参与政治事务的精英阶层，农民、手工业者、商人、工匠和佣人都被排除出公民的范畴。因此，毕达哥拉斯所谓的教育民主是精英主义的，他的公民教育就是精英主义的教育。这种精英主义的教育，与其说是倾向于培养政治贵族或是知识贵族，毋宁说是倾向于培养精神和灵魂上的贵族。毕达哥拉斯认为，教育的唯一且最终目的是净化公民的灵魂。“它的教育似乎没有形成或具有特殊经济特权的社会阶层，而是形成了一个学者圈，圈子里的人通过学习和研究来寻求解脱，……把教育体系的重点放在培养完人上，目的就是给所有的公民以社会生活中平等机会。”[1]他认为，只有每个公民的灵魂得到净化，整个社会才能治理良好、秩序完美。为了达到培养精神贵族的目的，毕达哥拉斯学派建立了一套以数为本源的知识体系。以数学为核心并延伸出来算术、几何、天文、音乐、体育和医学这几门科目。学派持有众生灵魂平等的观念，并由此广招学徒，甚至秉持男女平等，但这些在今天看来极为大众化的学科在古代社会则是高贵的知识，它们与闲暇、贵族、自由联系在一起，奴隶和普通民众一般与这些知识无缘。总而言之，尽管在当时的民主政治制度影响下，毕达哥拉斯学派的教育试图超越阶级的界限，尊重人与人之间的平等，但这种平等是限定在当时精英阶层内部的，而非社会所有阶级的平等，所以毕达哥拉斯所谓的民主的教育观仍然摆脱不了浓厚的精英主义色彩。这种精英教育的思想也极大程度上影响了柏拉图的“学园”、亚里士多德的“吕克昂”等古希腊的高等教育机构。学派研究和教学的数学、天文、音乐等科目也成为希腊乃至整个欧洲一千多年精英教育中最基本的教学内容。[2]

如果说，毕达哥拉斯学派的高等教育是古代西方精英教育的萌芽，那么柏拉图的学园及其教育理念就是西方精英教育的滥觞和真正源流。柏拉图的精英教育思想和教学方式则深受苏格拉底的影响。虽苏格拉底的后半生一直以教育为事业，且他的伟大丝毫不亚于柏拉图，但由于苏格拉底一直是柏拉图笔下的传说，而且也没有听说他曾创办固定的教育机构。因而在所有高等教育史的著作中，都没有将苏格拉底的教育作为单独的部分论述。因为柏拉图以及他的学园已经深深烙下苏格拉底的痕迹，所以这里也将略过苏格拉底，直接谈及柏拉图。柏拉图继承苏格拉底的衣钵，根据贵族标准，将人区分为自由人和鄙俗之人，对不同的人应该进行不同的教育，接受不同的知识，从事不同的职业。他认为自由

[1] 贺国庆.还原大学[M].合肥：安徽教育出版社，2012：12.

[2] 朱琦.古希腊的教化——从荷马到亚里士多德[M].成都：西南交通大学出版社，2014：75.

人的教育其终极目标是培养哲学王。只有哲学王才有资格成为柏拉图所设计的理想国中最高的统治者。柏拉图创办的"学园"外部看来是宗教组织，实质上是实现柏拉图实现培养哲学王作为统治者的这种精英教育理想的机构。培养哲学王的教育过程划分为不同阶段，包括幼儿教育、初等教育、中等教育和高等教育阶段。20 岁以后是高等教育阶段，受教育者应该用 10 年的时间边学习各门学科的高深知识，边参与管理城邦政治事务。在发现不同学科和知识之间的内在联系之后，才可以学习更高深的数学，而后经过选拔，极少数非常优秀的学生继续进行上述科目的学习，更重要的是接受最高形式的哲学教育，即辩证法的学习，到 35 岁可以担任官吏，直到 50 岁培养哲学王的教育才结束。[1] 柏拉图的课程体系已初步呈现基础教育和高深的专门教育两级，其中哲学和辩证法是最高形态的学习内容，数学及其分支学科——算术、几何、天文、音乐等作为预备课程，它重视数学、几何、雄辩术、音乐、哲学、诗歌等教学内容，主要采用互相讨论、辩论和讲演的教学方法，旨在培养具有理智、正义和王者技艺的政治家、哲学王和国家最高统治者。可以看出，柏拉图的精英教育是几乎持续人一生的不间断的过程，高等教育中的精英教育只是其中的一个阶段。尽管如此，柏拉图的学园以及哲学王的教育思想是古代西方精英教育的滥觞，它对亚里士多德的自由教育理念以及西方后来的精英教育理念和内容都产生了深刻影响。

二、古代高等教育中精英教育的变迁

（一）东方的精英教育变迁

继古埃及出现精英教育的萌芽之后，古印度、古中国、古巴比伦等古代东方国家的高等教育中相继出现精英教育的形式。

1. 古埃及、古印度的精英教育

印度古文献《吠陀经》记载，从公元前 16 世纪开始，印度形成了传授高级学问的中心，其代表性的高等教育中心有"塔克西拉"。"塔克西拉"的教学内容有难有易，而且目的也不完全旨在培养精英，不能称之为古代的精英教育机构。尽管如此，它仍然包含精英教育的成分。"塔克西拉"起初是由民间自发形成的小规模学习中心，主要讨论有关神学和哲学问题，一些青年借机倾听和学习。随着规模逐渐壮大，讨论的方法日益精进，开始成为讨论与教学并重的高等教育组织。除传播当时的主流教义——婆罗门教义之外，执教于"塔克西拉"的学者们根据自身专长，传授各种实用技艺和职业课程，包括逻辑、算数、音乐、军事、农

[1] 黄福涛.外国高等教育史[M].上海：上海教育出版社，2003：18.

业、记账、冶金术、绘画等，涉及面极其广泛。在这里，唯有作为最高种姓的“婆罗门”阶层的人才有权利学习《吠陀经》，接受道德和文学教育，成为当时的精英；而社会地位相对较低的“刹帝利”、“吠舍”只能学习实用的职业性内容，成为从事专门行业或职业的艺人或工匠。因此，婆罗门种姓的贵族后代在“塔克西拉”所接受的教育可视为精英教育。公元5世纪中期之后，印度古代的高等教育中心转移到了“那烂陀”。“那烂陀”以传播佛教而在南亚乃至整个亚洲享有盛名，中国、蒙古、朝鲜等国家的青年都纷纷来求学，我国唐代的玄奘就曾在此学习。它的规模很大，僧徒约8500人，僧师约1500人，由于能够得到大量的土地、房屋和资金捐赠，校舍也极为宏伟和壮观。虽然主要传播佛教教义，其他教派教义和专业知识也能在此讲授，并受到同样的尊重。因此，可称之为所有高级学问的大熔炉。[1]

古王国和中王国时期是古埃及的黄金时代，古王国时期已有了类似于两河流域的宫廷学校，教育皇子皇孙和朝臣的子弟，有时还作为文人学者议论朝政和钻研治术的场所。中王国时期开始出现职官学校、寺庙学校和文士学校等多种类型的学校。寺庙学校与培养政治精英的宫廷学校和职官学校相区别，它是培养僧侣的场所。在古埃及，法老具有至高无上的权力，他将国家的土地分给贵族和僧侣，因而寺庙的僧侣享有极高的政治地位和大量的财富。寺庙内的僧侣“对于数学、测量学、物理学等富有研究，寺里又收藏大量图书，便于探索钻研，因而不但要求深造的埃及青年趋之若鹜，就连犹太的摩西和希腊的泰洛斯、索伦、柏拉图等宗教家、哲学家、立法家，也曾游学其地。”[2]寺庙传授高级数学、天文学、建筑学等专门知识，旨在培养能力强且水平高的专业精英人才。因此，寺庙被誉为最普通和渊博的知识中心，可以被视为等同于现代大学中精英大学的地位。

2. 我国古代的精英教育

我国古代的精英教育缘起于夏商时期的“大学”。据《孟子·滕文公上》记载：“夏曰校，殷约序，周曰痒；学则三代共之。皆所以明人伦也。”[3]清代经学大师王念孙曾分析，校、序、痒分别为夏、殷、周的学校。夏商时期不仅有了学校，还有大学和小学之分。《礼记·王制》记载：“有虞氏养国老于上痒，养庶老于下痒。夏后氏养国老于东序，养庶老于西序。殷人养国老于右学，养庶老于左学。”[4]汉代经学大师郑玄作注说，上痒、东序和右学三种是大学，下痒、西序和左学三种

[1] 黄福涛.外国高等教育史[M].上海:上海教育出版社,2003:6.

[2] 曹孚等.外国古代教育史[M].北京:人民教育出版社,1981:19.

[3] 涂又光.中国高等教育史论[M].武汉:华中科技大学出版社,2014:8.

[4] 曲士培.中国大学教育发展史[M].北京:北京大学出版社,2006:3.

是小学。夏商时期的大学是奴隶主为了巩固自己的统治地位，以奴隶主贵族子弟为教育对象，培养他们成为自己的继承人。主要内容是统治国家所需的养老、生产知识、军事技能、礼仪、音乐以及道德教育。西周时期“辟雍”中的大学教育部分也同样具有精英教育的属性，辟雍是当时的国立大学，位于天子所在地，以“礼、乐、射、御、书、数”六种科目为教学内容，前四科为大学的教学内容，后两科是儿童的学习内容。入学者限于王太子、诸侯、大夫们的嫡长子和平民阶层中的俊秀。此后汉代的“太学”、“国子监”，宋代的“四学馆”等机构，与夏商时期的“大学”、西周的“辟雍”都是我国古代官学系统中地位最高的机构，它们均由每个朝代的中央政府直接主办，入学者皆为皇室和贵胄子弟，以培养统治人才为目的。这种由官府垄断的精英教育被统称为“官学”。

我国高等教育发展到春秋时期，原有的官学式微，私学兴起，墨家、道家、名家、法家等各家各派竞相开办私学，形成了较系统的教育理论。由于以孔子为代表的儒家成为奠定我国古代高等教育的理论基础，因而此时的精英教育也由儒家精英教育思想主宰。在孔子看来，高等教育就应培养统治阶级的精英，即君子，君子在西周和春秋时期是贵族的统称。到春秋末年，才逐渐泛指有道德、有知识的人。孔子认为的高等教育就是“大人”教育，这里的“大人”与“小人”相对，他们的区别并非年龄大小，小人是指劳动阶层，大人即君子，就是统治阶级，也就是孔子所认为的精英阶层。接受这种大人教育的人可以没有任何阶层的要求，但必须“志于学”，学“大道”而非小道。也就是说，他认为高等教育是培养有志于学习“大道”，成为君子的那些人。这里所学的“大道”包括“道”、“德”、“仁”，即要树立远大的志向，这种高远的志向要从道德行为开始培养，要对人对物有爱心。与之相对，小人则学“艺”，这里的“艺”则包括礼、乐、射、御、书、数，即六艺，小人只要学这些内容即可，而“大人”教育必须在六艺的基础上再学习道、德、仁，由此才能成为最终的统治人才。可以看出，孔子的精英教育重视人文教育。

秦汉时期，官学再次恢复主导地位，同时私学也获得新的发展。官学以太学为主要机构，但因不同帝王对教育重视程度不同，太学兴衰无常。尽管如此，太学建置对其后历朝的中央官学教育制度产生了巨大影响。太学的这种精英教育被宋代的理学家们批判为“只教做贵人，不做好人”[1]。为了纠正这种不正的教育之风，理学家们沿袭汉代的私学创建自己的私学，成为“精舍”或“书院”。而后明代清初的实学家们针对理学空谈心性的弊端，创办了以学习经史为主的实学派“精舍”和“书院”。与官学培养政治精英不同，书院则刻意与官学保持一定的

[1] 郑登云.中国高等教育史(上册)[M].上海:华东师大出版社,1994:16.

距离，以学术研究与教学相结合的方式培养有道德的学术精英。从北宋到清代，书院一直是独具特色的高等教育组织形式。

综上所述，我国古代精英教育产生于奴隶社会，发展于封建社会。奴隶社会时期，官学占据精英教育的主导地位，以“六艺”为核心教育内容，旨在培养统治阶级的接班人。封建社会时期，精英教育组织形式、教育目标和内容越来越多样化。组织形式主要分为官学和私学两类，它们在不同历史时期的地位不同，呈现出有时交叉有时并行发展的总体态势。不同组织形式的培养目标也完全各异，官学入学资格严苛，只有王族和奴隶主贵族或者少数富家子弟才能进入，以培养政治精英为目标，具有强烈的政治功利取向。私学与官府分离，是独立的学术和教育机构，不以传递官府的政治主张为目的，而是以本学派的政治和学术主张教授弟子，但私学的创办者大都希望弟子们学成入仕，成为“内圣外王”的政治人才，从而实现本学派的政治理想和抱负。而后来兴起的书院虽与私学一样是民间教育机构，但有学者认为它介于官学和私学之间，是独特的教育机构，在组织形式、教育功能、教学方式和师生关系等方面都颇具特色。书院的经费来源多样，既有官府拨款也有私人捐物捐款，因而书院也分为公办和民办两种类型；培养目标与私学和官学都不一样，不是入官而是做人，注重人格教育，旨在创造知识和培养学术人才。总之，我国古代精英教育的主流，是培养政治精英和经史方面的学术精英。

（二）古代西方的精英教育变迁

1. 古典自由教育理念的缘起及变迁

人才培养模式需要教育思想和教育理论作为指导。在没有形成特定的思想和理论之前，精英教育不能成为一种培养模式，只能作为一般的高等教育活动。精英教育的思想和理论的雏形，可以追溯至古希腊的自由教育理念。

古希腊时期，自由教育理念的倡导者有亚里士多德、西塞罗、塞涅卡等人，他们的自由教育理念虽各有差异，但总体而言，都是针对自由人的教育，而自由人就是当时的精英阶层，因而它是精英主义的。亚里士多德认为的自由人包括一般自由人和真正的自由人，“使真正的自由人区别于奴隶以及一般自由人的不仅仅是他们的出身和身份，而是他们所接受的教育，以及他们所拥有的德性，如智慧、慷慨、大方、正义、节制、审慎、勇敢，等等。拥有上述德性的自由人不是一般的自由人，而是真正的自由人，即绅士。”[1]“真正的自由人”包括两种人——政

[1] 沈文钦.西方博雅教育思想的起源、发展和现代转型：概念史的视角[M].广州：广东高等教育出版社，2011：58.

治家和哲学家。针对这两种精英阶层应实施不同的自由教育，对于实行统治的政治家（绅士）而言应进行绅士的自由教育，即不加批判的接受智慧；而对于哲学家进行的自由教育应旨在追求智慧，而不是拥有智慧。虽然不同的精英，自由教育的目标不完全一致，但均与实用教育相对立。在亚里士多德看来，那些生活所必须的实用知识和技艺是奴隶应该接受的教育，他认为的所谓自由则是摆脱生活必需品的自由，自由教育也是一种非实用的“自由人科学”[1]，虽然无法完整地得知“自由人科学”究竟包括哪些学科，但至少包括绘画、音乐、哲学和诗歌，学习这些科目并非为了谋生或生产必需品，而是为了培养参与政治或从事哲学活动所需的智慧和理性。

如果说亚里士多德更多地倾向于培养哲学家和政治家的话，那么古罗马时期西塞罗的自由教育则强调培养雄辩家。西塞罗心目中的雄辩家并非一般意义上的、具体可见的雄辩家，而是类似于柏拉图所说的理想型，是受到全面文化训练并将哲学与修辞学结合起来的“完美的雄辩家”。[2] 与古希腊的哲学家不同，雄辩家是国家政治的积极参与者和国家安全的捍卫者。培养这种雄辩家的自由人教育不仅要授予雄辩术，还要掌握自由人技艺，即包括集合、文法、算数这些基础性学科以及哲学、军事和法律等专业性学科。有学者认为，西塞罗的自由人技艺类似于人文学，它的复杂性与多义性为文艺复兴时期的人文主义者所继承，后来的纽曼也深受其影响。从这一角度看，“西塞罗的自由人教育观念既是后世英国博雅教育思想的一个源头，也是现代人文教育理想的源头。”[3]

与亚里士多德和西塞罗相比，塞涅卡在自由教育科目和对自由的理解上都有所变化。他认为自由人教育的科目只有文法、几何学、天文学、音乐和医学这几门，亚里士多德提到的绘画以及古罗马共和国时期最重视的修辞学都被塞涅卡排除在外。同时，他所列出的这几门科目也是自由教育的基础性学科，只是在心智尚未成熟的青少年时期才学习。真正自由的教育是那些关于美德的知识，主要是斯多葛学派所推崇的勇敢、忠诚、节制、节约、谦虚，等等，这些美德不可能通过上述学科来获得，只有哲学、尤其是道德哲学才能获得这些美德，从而成为智慧的人和真正自由的人。塞涅卡认为的真正自由的人与亚里士多德、西塞罗

[1] 沈文钦.西方博雅教育思想的起源、发展和现代转型：概念史的视角[M].广州：广东高等教育出版社，2011：46.

[2] 沈文钦.西方博雅教育思想的起源、发展和现代转型：概念史的视角[M].广州：广东高等教育出版社，2011：89.

[3] 沈文钦.西方博雅教育思想的起源、发展和现代转型：概念史的视角[M].广州：广东高等教育出版社，2011：95.

等前人的内涵并不一样。他认为真正的自由不是具有身份上的自由，而是心灵和精神的自由。大多数的贵族虽然身份自由，但他们有可能是性欲、金钱、野心或者是希望、恐惧的奴隶。只有少数的贵族才能通过接受哲学教育，实践德性的要求，从而获取精神的自由。总之，塞涅卡将一反自由人教育的传统理论，将其演变为使人自由的教育，尽管他的思想偏离了自由教育理念的正统路线，但他所倡导的仁慈、自我节制等思想深刻影响了17世纪的绅士形象。同时他强调的精神自由“为中世纪、文艺复兴和18世纪的思想家所继承。由塞涅卡开始，自由人教育与精神自由之间的关联成为自由人教育思想史的主线索之一。”[1]

总之，无论他们的自由教育思想有何区别，其共同核心在于“强调自由教育是唯一适合自由人的教育，它的根本目的不是进行职业准备，而是促进人的各种高级能力和理性的发展，从而使人从愚昧和精神的束缚中解放出来”。[2] 而自由人不包括普通的平民和奴隶，而是指富裕阶层和闲暇阶级，即当时的精英阶层。从这个意义上说，古希腊的自由教育理念也就是当时的精英教育思想，它不仅成为后来自由教育以及通识教育的源头，也成为整个近代精英教育理念的滥觞。

2. 古代西方的精英教育演变

与上述精英教育理念相对应，古希腊、希腊化时期以及古罗马时期先后出现两类典型的精英教育机构，即修辞学学校和哲学学校。哲学学校以希腊化时期亚里士多德的吕克昂学园、伊壁鸠鲁的学校和斯多葛学派的芝诺学校为代表。吕克昂学园基本承袭了柏拉图的阿基米德学园的组织形式，创新之处在于，在教学为主的基础上建立起运用实验研究进行知识探索和教育的方式，使教学与研究联系在一起。为此，学园配备了大型图书馆、博物馆和实验室，以供科学研究之用。为了发展青年的理性灵魂，学园中安排的学科主要有数学，包括算术、几何、天文、音乐这四艺科目，21岁以上的青年，据推断，可能还要研究物理学、宇宙学、生物学、心理学、哲学等。

与亚里士多德的吕克昂学园同时期的还有伊壁鸠鲁、芝诺等哲学学校，它们与吕克昂分别构成不同的哲学派别，传授的核心内容是有关道德伦理的知识，重视如何践行这些知识，在现实中获取安宁、幸福和有道德的生活。修辞学校与哲学学校几乎同步兴起，希腊时期的修辞学教育最为兴盛，“实质上主要是法学教

[1] 沈文钦.西方博雅教育思想的起源、发展和现代转型：概念史的视角[M].广州：广东高等教育出版社，2011：109.

[2] 张斌贤.外国教育思想史[M].北京：高等教育出版社，2007：18.

育，主要采用辩护律师的视角，告诉他们脱人之罪的技巧，尽管理论上有培训控告人的可能。古罗马大学教育即法学教育的传统是否为波隆那大学继承值得思考，巧合的是后者的主要教育内容也是法学，不过已不采取修辞学的角度，而是文本考据、化古为今的角度。”[1]典型的学校有伊索克拉底的修辞学学园和爱苏格拉底的修辞学校。

公元前334年—前30年，历史上称为希腊化时期。亚里士多德的学生马其顿王亚历山大征服了希腊及其地中海东岸、西南亚的大部分地区、非洲的埃及等地，建立了亚历山大帝国。首都亚历山大城出现了著名的图书馆和博物馆，史学家又称为亚历山大学校。由于这所学校的藏书异常丰富，吸引来自各地的学者前来从事研究。在这里没有种族歧视、教派偏见和狭隘的民族主义，学术自由和繁荣的景致类似于今天著名的国际化大学。学校成立之初，主要进行科学研究，没有从事教学活动。后来由于慕名求学的人不断增加，学者才开始选择优秀的学生进行个别辅导。系统的课程设置和教学直到后期才开始出现，公元4世纪，亚历山大学校逐渐发展成著名的大学城，尤其以医学教学和研究而闻名，培养了大批医学人才。同时由于其自然科学方面具有极深造诣的学者聚集于此，也培养了一些著名的科学家，如数学家欧几里得。总体而言，亚历山大学校的研究职能远远超过其人才培养的职能，因而它不完全是高等教育的机构。但由于学者在研究的同时，也的确兼顾传授高深知识的教学活动，并培养了众多学者和专业人才，所以也不能完全否定它是一个实施精英教育的机构。

希腊化后期，古罗马帝国兴起，西方高等教育中心逐渐转移到罗马。希腊延续下来的修辞学教育甚至超过了哲学教育，成为希腊高等教育的主流。罗马人并没有全盘接受希腊的教育模式，而是根据本民族的实际，创造了极具特色的古罗马高等教育。古罗马时代的早期，高等教育几乎由希腊化时期的修辞学校直接移植而来，无论教育形式还是内容都几乎是希腊教育的翻版。尤其是希腊化时期的修辞学校完全被罗马人接受。后期在延续希腊教育模式的同时，发展出独具特色的雄辩术教育，由于古罗马教育主要深受西塞罗的教育理念影响，这种以传授雄辩术为主的修辞教育同时呈现出人文学特性，包含广泛的自由人学科，也将哲学的内容囊括其中。不过在教学方法上，罗马与希腊化时期没有本质差异。除修辞学教育外，希腊的医学教育也在罗马得到继承和发展。与希腊教育不同的是，罗马的学校具有浓重的实用性色彩。那些希腊的科目——体操、舞蹈以及柏拉图追求纯粹理念的哲学教育无法为罗马人所接受。罗马时代的学者瓦

[1] 徐国栋.修辞学校在罗马的兴起与罗马的法学教育[J].河北法学，2013(12)：40.

罗在系统归纳希腊自由学科的基础上，首次提出“自由科目”的概念。他将自由课程分为三类，第一类是希腊和罗马时期培养雄辩家的基础课程（包括文法、修辞和辩证法），第二类源于毕达哥拉斯学派的教学，后为柏拉图所接受，成为柏拉图学园中的预备性课程（包括几何、算数、天文和音乐），第三类则是带有罗马特色的实用性科目（包括医学和建筑学）。[1] 至此，从古希腊流传下来的自由教育科目得到了系统的整理。

三、古代高等教育中精英教育的特征

比较古代东方和西方的精英教育，两者具有较明显的差异。首先，从产生的时间来看，古代东方的精英教育不仅远远早于西方，而且开设的科目在西方世界的影响长达几百年。这主要与西方教育家曾到东方游学有直接关联。其次，从办学方式上看，古代东方的精英教育无论从教学内容和培养目的上，都更注重实用和功利，为国家和统治者服务，如古埃及的“宫廷学校”、中国夏商时期的“大学”、西周的“辟雍”、汉代的“太学”和“国子监”、宋代的“四学馆”等官学机构等。西方的精英教育则产生于民间，大多由某个博学之士或学派创办，如柏拉图的学园、亚里士多德的吕克昂学园、伊索克拉底的修辞学学园等。尽管古代西方也培养政治精英，但并非按照国家统治者的意愿，而是以创办者的政治主张和教育思想为标准，具有理想主义的情结。由于东西方文化、政治和社会制度等因素的影响，精英教育存在差异是情理之中的事。然而，仔细分析和比较，可以窥视出古代东西方精英教育的诸多共性。

（一）精英教育自高等教育源起之时就已存在

从概念史的视角来看，古代高等教育中并未出现精英教育的概念。但由于实施高等教育活动的组织机构的唯一目的在于培养统治精英，因而最初的高等教育实质上就是高等的精英教育。同时，基于这一培养目标的内容，也呈现出精英教育的特征。只是古代高等教育中的精英教育还没有形成某种标准构造样式和运行方式，所以并不能将其视为一种模式，而只是一种教育活动或者说是人才培养的活动。从这一角度而言，古代精英教育与现代精英教育并没有直接的继承关系。尽管如此，无论其精英教育的理念还是内容或是组织形式，仍然在今天的精英教育中留下深刻的烙印。

高等教育之所以从发端起就是精英教育，其原因有二：首先，社会阶层的分化。精英本就是阶层出现后的产物，原始社会即便有教育的雏形，由于没有阶层

[1] 黄福涛.外国高等教育史（第二版）[M].上海：上海教育出版社，2008：32.

分化,就不可能有精英和精英教育一说。奴隶制国家出现后,社会阶层开始出现分化。政治上出现统治阶层,统治者为巩固政权,必须培养国家未来的统治者。因此,“通常把皇族子弟和贵胄青年安排在宫廷中,由富有经验阅历的人负责教导。”[1]这种只为培养上层阶级接班人的教育就已表现出精英教育的雏形。其次,文字和知识的复杂性。在文字诞生之初,文字的书写及基本的文书写作就被认为是极其复杂和困难的,必须经过长年累月的学习才能熟练地掌握。伴随文字的发明而产生的数学、天文、医学等知识,对于现代而言是极为基础性的,但当时来讲已经相当高深。一般的阶层不但没有接受教育的权利,即便有,也因为忙于生计而没有闲暇也没有必要来学习如此繁重的知识。只有将来的统治阶级才有精力,也需要学习并从事专门的脑力劳动。

(二)古代精英教育是统治阶层的特权

从入学资格的角度而言,古代能接受高等教育的人都是统治者、贵族的子弟。极其稀有的高等教育资源本就是提供给这些极其少数的人,即便古代社会发展到后期,教育资源逐渐丰富之后,也出现了少数不论出身和贫富广招生源的情况。如孔子的私学,就因有教无类而被广为传颂。但对于精英和普通人,孔子的教育目的却是不同的,也就是说不同阶层的人应该接受不同的教育。例如孔子认为贵族中的“士”必须是既有远大政治目标而又能躬行的君子,是能够真正把道运用到实践中去革除时弊的人。因此,最终能接受精英教育的几乎都是上流阶层人家的子女,其他阶层所受的教育要么内容比较简单,要么完全被剥夺受教育权。“在这种情况下,高等学校对于特权阶层子弟的意义不在于它能不能培养真正的英才,也就是说,能够进入高等学校接受高等教育,就意味着已经成为英才,同时也就意味着他们应该进入社会的上层,成为新的统治者。”[2]从这一角度看,古代精英教育等同于精英的教育,主要目的是精英阶层为了维护和延续自身本来的地位和社会角色,是否能培养出精英不是最重要的,重要的是它本身就是为精英而存在的。

(三)古代精英教育十分重视精英的道德养成

古代的精英教育,无论是西方柏拉图、亚里士多德培养的哲学家式的领袖人物,还是东方志于“周道”的统治阶级,都高度重视道德的熏陶和养成。“根据孔子的伦理学说,‘仁’是最高的美德和一切美德的总和。”[3]对士的教育应重在

[1] 曹孚等.外国古代教育史[M].北京:人民教育出版社,1981:13.

[2] 胡建华等.高等教育新论[M].南京:江苏教育出版社,1998:231.

[3] 乔伊·帕尔默.教育究竟是什么[M].诸惠芳,等,译.北京:北京大学出版社,2008:5.

“文、行、忠、信”，其中后面三项皆属于道德教育的部分。而柏拉图和亚里士多德提出只有哲学家才是具有最高的美德的人，才有资格成为国家的统治者，德性包括两种，一种是“智力上的德行，相当于我们所说的智慧或智力，主要是通过教学和教导获得的，而道德上的德性涉及我们对待别人的行为，它主要是通过实践获得的。”[1]虽然东西方培养精英的教育内容表现出较大差异，但由于都强调道德的重要性，因而教育内容中是否渗透着的道德伦理知识受到教育者的高度重视，传授知识往往不作为最终的目的，只是作为道德教化的重要手段。

第二节　中世纪大学的兴起与近代精英教育的变迁

欧洲中世纪大学的诞生是近代高等教育中精英教育发展的历史性起点，中世纪大学的诞生宣告了古代那种非模式化的精英教育成为过去，而作为一种人才培养模式的精英教育已经形成。中世纪大学成为古代与近代精英教育的临界点。“无论大学的产生与希腊、罗马或阿拉伯精神生活的推动力有多少关联，具体的中世纪大学都是一个全新的起点。”[2]在中世纪产生的大学中，没有任何一所学校的精英教育与希腊、罗马或阿拉伯学校之间能产生有机的延续。这是一种全新的精英教育，无法再与古代西方高等教育中的精英教育同日而语。因此，在论述近代高等教育中的精英教育之前，需要将时间往前推至公元12世纪初，首先回顾中世纪大学的诞生。

一、大学：与生俱来的精英教育机构

在中国，大学之名自古有之，但是，现代意义上的大学，其滥觞于中世纪欧洲的“大学”，而非中国古代高等教育中的“大学”。近代高等教育中，精英人才培养主要由大学来承担。其理由在于，中世纪大学在欧洲诞生之初就是精英教育的机构。下面将分为三个部分着重论证，为何大学是与生俱来的精英教育机构。

（一）中世纪大学诞生的复杂性因素

中世纪大学是在各种各样的势力夹缝中开出的娇艳之花，无法简单地断定哪个因素最终决定了大学的诞生，但可以肯定的是，大学在诞生之初从未把自己的目标确定在培养精英人才方面。因此，如果与判断古代高等教育中的精英教育一样，从教育目的的视角来审视中世纪大学是否是精英教育的机构，恐怕是行

[1]　乔伊·帕尔默.教育究竟是什么[M].诸惠芳，等，译.北京：北京大学出版社，2008：21.

[2]　艾伦·B·科班.中世纪大学：发展与组织[M].周常明，等，译.济南：山东教育出版社，2013：27.

不通的。古代的精英教育机构目的单纯且明确,无非是为了培养维护统治阶级的统治人才。与之形成鲜明对比的是,中世纪大学的起源则是一个艰难和复杂的课题。或许可以列举出各种催生大学出现的因素,如自治城市的出现、市民阶层的形成、世俗势力的壮大、经院哲学的发展等,却没有任何证据可以表明培养社会精英是大学得以出现的主要初衷。

在刚诞生的大学中,教师和学生们对于大学最原始的期望,是为研究和学习找一个相对自由和安全的空间。事实上,除了大学教师的职业之外,中世纪大学并不提供任何其他职业的训练。在大学之外,学位也并不意味着从事任何特定职业的资格,接受大学教育在最初不被认为是使一个阶级底层的人上升到精英阶层最佳的途径。那些职业方面的知识和能力在没有大学的帮助下照样可以通过其他途径获得。神学的学习不是成为牧师的先决条件,得到法官的职位也不一定获得相应学位。大学教育训练出来的职业医学者,也只是城市中医生的小部分,很难与那些偶然地、非正式地帮助他人的医疗者之间划分清楚的界限。通过自学或家族遗传获得的医学者们在许多方面也是训练有素的,为了争取贵族或王室的患者,以便换来经济上的富足和地位上的尊重,与接受过大学教育的职业医者展开竞争。由此可见,"进入大学,甚或毕业,并不能使学生自动地获得尊敬,也不会被认为是一种促进职业发展的新条件。"[1]大学毕业的重要意义只是获得步入社会的起点,而不是进入精英阶层的门票。因而,12—13世纪的大学事实上只是"知识权力"[2]的场所,培养精英更多地可以被视为一种无意识的派生物。

(二)精英人才培养职能源自于大学无意识的自我塑造

尽管非其所愿,大学的天然特质却下意识地将自己塑造成精英教育的机构。天然特质是指大学在成立时自然携带的基因,那就是从遥远的古希腊、古罗马那里遗传下来的知识以及人们探索高深学问的欲望。知识迁移使中世纪大学在教育内容上成为古代精英教育的直接衍生物。柏拉图、亚里士多德以及古罗马在归纳前人的自由学科基础上开设的预备性自由科目,被中世纪大学中的文学院继承下来。在不同地域的大学和不同的时期,三艺和四艺的内部以及两类学科之间的发展不均衡,侧重点也不同,但所有这些差异都源于一个共同的知识体系,成为中世纪大学内部被普遍接受的预备教育部分;尽管这个知识体系的地位

[1] 希尔德·德·里德-西蒙斯.欧洲大学史(第一卷)[M].张斌贤,等,译.保定:河北大学出版社,2007:269.

[2] 希尔德·德·里德-西蒙斯.欧洲大学史(第一卷)[M].张斌贤,等,译.保定:河北大学出版社,2007:58.

低于专业学科，但仍然是自由人的学科，即绅士教育的内容，流淌着贵族的血液。同时，在古希腊罗马时期，医学、法学等享有高社会等级和贵族式地位的职业及其相关的知识，也并没有随时间而消逝。反之，在人们对于知识探索的欲望驱使下被深深地沉淀下来。例如在中世纪，萨莱诺医学院的兴起与“古罗马灿烂的医学传统一直徘徊在泛希腊地区的物质文明当中”[1]这一内生因素有直接关联。又如，人们对古罗马法理学遗产从未消失的求知激情直接造就了博洛尼亚大学繁荣的研究和学习生活。由于整个中世纪大学是在教会权力和王权的博弈之下的社会，教会企图用神学钳制世人的思想和灵魂，从而达到与王权抗衡的目的，神学在大学内被置于最高地位。例如在巴黎大学，“准备进入神学院的学生必须花费 5 至 6 年的时间学习文学院的有关课程，经过考试，取得硕士学位后，才可以进入最高阶段的神学院学习。”[2]完成神学的学习时间也比其他法学和医学更长，一般需要 10 年则可以获得大学中的最高学位——博士学位。无论法学、医学或是神学，只要获得博士学位，那么同时得到的不仅仅是步入社会地位的起点，领取特许证后便可以自己独立创办学校，也可以直接留校任教，或担任教会或国家机关的重要职位，而无论承担什么工作，博士头衔本身已近似于贵族头衔。总之，法学、医学、神学等专业知识和文法、音乐、算数等自由学科，在古代高等教育中本就是精英教育的专属，中世纪大学以制度化的形式继承并发展了这些学科，虽各自地位和作用发生了微妙的转变，但仍未改变这些知识所反映的阶层属性。即便没有直接的目的性，以这些学科为内容的教育，也必然承载的不是培养普通劳动者的使命，只要怀有对这些精英的学科求知欲，只要能经过长时间的学习和严格的考核从而顺利毕业，那么这些毕业生们已然具备通往精英阶层的砝码。

如果将大学成为精英教育机构的根本原因仅仅归结于探索真理的基本冲动，似乎过于偏激和理想化，那么将中世纪大学的教育受到对知识探索的欲望与众人获得实际训练的需要之间张力的支配，则显得更为客观和理性。[3] 围绕这些精英阶层专属的学科知识进行研究和探讨，以此培养出来的学生，无论他原来处于什么样的社会阶层，卓越的教师以及高深的知识都默默地给学生铺设了一条通往精英阶层的康庄大道，尽管这只是一种可能性。以中世纪早期大学中法

---

[1] 海斯汀·拉斯达尔.中世纪的欧洲大学——大学的起源[M].崔延强，等，译.重庆：重庆大学出版社，2011：59.

[2] 贺国庆.欧洲中世纪大学[M].北京：人民教育出版社，2009：68.

[3] 希尔德·德·里德-西蒙斯.欧洲大学史（第一卷）[M].张斌贤，等，译.保定：河北大学出版社，2007：443.

律专业的毕业生为例,少部分杰出的学生留校任教,成为国王俯就欢迎并向之咨询的对象。其他大多数学生毕业之后占据国家或教会重要的管理职位。在教会里,职位可能是"教皇、主教、教廷官员或者主教教区的官员,或者圣职团的成员,低一级是修道院或其他宗教团体的成员"。[1] 在世俗管理部门中,法律毕业生占据着从帝国或者王国的高等法院法官到低级的职位。称其为"可能性"首先是由于比例极低的毕业率。在博洛尼亚 598 名学生中,只有 159 位获得硕士学位、博士学位毕业证书或者某专业的许可证,毕业率为 26.5%。[2] 其次,只有毕业生中的一部分"构成了中世纪社会劳动力的精英,他们是舆论的制造者,是引导社会力量的必不可少的支柱。然而,大多数大学毕业生可能更多的是保存制度的普通技师而不是具有革新精神的思想和行动方式的发起人。"[3]即便如此,无论当时从事某个职业是否要求一定要拥有一个大学学位,或者大学的学位获得有多困难,大学实质上已经开始成为培养精英的场所。

(三)大学培养精英的潜在功能逐渐显性化和固定化

大学自古以来就不是真正的象牙塔,它一直就受到外部各种势力的干扰。大学培养精英的潜在功能,在国家和个人的重视下逐渐显性化和固定化。大学里的毕业生逐渐构成一个鲜明的精英阶层,大学毕业生逐渐占据教会和国家行政管理的最高职位,非大学毕业生进入精英阶层的人数逐渐减少、难度加大。13 世纪后期开始,这种无意识的培养精英的潜能被外部势力所发现和利用,西欧很多大型的商业城市的王权势力和教会势力开始逐渐看到大学培养精英的可能性和优势,考虑到各自的利益需求,他们开始企图以法律、财政等手段控制大学,让大学有意识地培养为自己服务的精英人才。至此,大学为高级职位或专业培养人才已经被公认为主要目的之一,即便有时并不被认为是最重要的目的。到 18 世纪末,法国资产阶级革命爆发,封建王权取代教会势力,高等教育也被国家政权控制。资产阶级不仅将原来已有的大学归为国家控制,政府还另外创设新的高等教育机构,新建这些机构的目的非常明确,那就是为巩固封建资产阶级政权而培养高级技术人才和官僚。

到近代晚期,大学仍然不是精英形成中必须的要素,尤其是职业精英的身份和能力可以通过自学成才、家庭教育或者家族的地位遗传等其他途径获得。但

---

[1] 希尔德·德·里德-西蒙斯.欧洲大学史(第一卷)[M].张斌贤,等,译.保定:河北大学出版社,2007:446.

[2] 希尔德·德·里德-西蒙斯.欧洲大学史(第一卷)[M].张斌贤,等,译.保定:河北大学出版社,2007:445.

[3] 黄福涛.外国高等教育史[M].上海:上海教育出版社,2003:70.

这种状况并不能阻止精英教育机构越来越显示出精英人才培养的优势和社会价值,这种价值主要表现在培养表面上具有职业专长,实质上却是接受了自由教育,有能力在专业领域或政治部门作为领导者的统治精英。例如在美国大学里传授的伦理学"涵盖了逻辑学、修辞学、自然法、政治学以及哲学方面的知识,目的是为了培养一批道德高尚的人,从而抵制那些对公众事务的影响力越来越大的卑鄙政客和粗俗的商人。……大学里的学术社团鼓励学生思考社会问题,例如性别平等、普选权、废除黑奴制度、禁酒运动、童工和社会机构改革等问题。那个时代最有影响的作家中的大部分人,包括爱默生、霍桑和梭罗,都是大学毕业生。"[1]在英国,传统基于自由教育理念的精英教育在牛津大学和剑桥大学保存得最为完好,基于学术共同体的亲密师生关系的建立最终不是为了学生从事某一具体职业做准备,而是教会学生如何过一种绅士的生活。在欧洲大陆,尽管课程仍然是基于专业知识的,其主要目的还在延续中世纪大学的传统,即培养为公共服务、为政治服务的官员、专业人员和教授,越来越多的政治运动和社会改革的主要领导人接受过大学教育。总之,国家发现大学培养精英可以巩固已有的政权,个人接受大学教育愈发成为进入上层社会的最佳途径,而这些观念随着时间的推移变得越来越根深蒂固,最初大学潜在的却是天然具有的精英教育功能,最终在外力的推动下转变成显性且固定的职能被保留下来。

二、近代高等教育中精英教育的变迁

(一)欧洲精英教育的变迁

大学是与生俱来的精英教育机构,这一命题在历史长河中恐怕只适用于中世纪,甚至要缩短至 12 至 15 世纪这段时间内,只有在这个短暂的时间里,大学就是大学,而不是其他的什么高等教育机构。15 世纪左右意味着一个新的历史转折点,有历史学者认为中世纪至此已经结束,内部的变革和外部新机构的出现使大学不再具有确定的内涵和外延,从前的大学只能被称为老大学或者传统大学,变革后的传统大学或者其他的新机构能否被称之为精英教育机构则要另当别论了。

公元 1500 年至 1800 年,有些学者认为中世纪已经结束,应划分到近代早期,但更多学者仍将它归属为中世纪。从精英教育的演变来看,这一阶段相对于中世纪早期的变化更少,而与 18 世纪末之后表现出质的差异。之所以与中世纪早期做出区分,主要因为这一历史阶段的高等教育机构多样化致使大学的界限

[1] 亚瑟·科恩.美国高等教育通史[M].北京:北京大学出版社,2010:87.

开始模糊，同时，由于未建立起一个清晰的教育分级系统，要辨别高等教育与中等教育开始变得困难。有些机构属于夹在高等教育系统与中等教育系统的中间领域，比如，具有准大学性质的精英学校和一些教学学园，即便它们很多时候被纳入广义的大学范围内，声称具有等同于传统大学的地位，但事实上并未获得大学的某些特权，特别是授予学位的权力。因而，尽管这些学校以培养精英为目的，却无法将它们纳入这里所讨论的精英教育机构。基于这一理由，该时期的精英教育仍然由那些从 12 至 15 世纪间建立起来的传统大学所主导。所谓传统大学，就是以文科课程为预备学科，医学、法学、神学为高级学科的职业精英教育机构。但这一阶段被单独划分是由于出现了许多重大事件，使它明显区别于 15 世纪之前，例如克拉克·克尔认为，“西欧大学模式最大的转变发生在宗教改革时期，大学世界被分成天主教大学和耶稣教大学。……宗教改革以后，民族的和宗教的特征导致产生几种模式，……从而发展了民族国家的大学。……不再有一种课程，‘三艺’和‘四艺’完全消失。”[1]

1789 年爆发的法国资产阶级革命和拿破仑战争对欧洲传统大学产生了毁灭性的影响，许多欧洲国家对传统大学的根本性变革和新大学的建立直接颠覆了原本同质性的精英教育，趋异的国家模式得到强化。在法国，几乎取缔了所有中世纪时期的神、医、文、法学院和专门学校，重新建立起一种新的高等教育形式，即大学校模式。大学校是法国十几所专门学院的统称，这些专门学院按照传授一门科学、一门技术或一门专业的方针设置，传授相关的实用科目，培养特定的高级专门人才，涵盖物理、伦理、文学、机械、农业、军事、兽医等几乎所有近代新兴实用性学科。此外，综合理工学院也是法国重要的精英教育机构，它完全以国家和政府附属教育机构的面貌出现，学生不仅多来自上层阶级，而且毕业后也基本步入仕途，控制政府各个重要部门。在德国，“科学精神的成功强化了一种将传统大学的法人自治与其成员在教学、学习和研究中的自由相结合的模式。……拒绝了法国的专门学院模式，使中世纪大学的结构现代化。”[2]德国大学中仍旧可以清晰地找到中世纪精英教育的印记。这可能与德国的大学和学生数在欧洲中世纪大学中所占比例较大有关，也可能与德国政治、经济发展的相对迟滞有关，原因是多方面的。继承的基础上，德国创造出世界瞩目的新大学模式，那就是洪堡模式。该模式在 19 世纪格廷根大学和哈勒大学的改革中，个别

[1] 克拉克·克尔.高等教育不能回避历史——21 世纪的问题[M].王承绪，译.杭州：浙江教育出版社，2001：9.

[2] 希尔德·德·里德-西蒙斯.欧洲大学史（第三卷）[M].张斌贤，等，译.保定：河北大学出版社，2007：54.

要素就已经形成，包括研究对于教学和学习的重要性，最终形成于 1810 年的柏林大学。但中世纪传统大学的印记深刻地烙在柏林大学的哲学系中，不仅如此，洪堡还将文学院改为哲学院，使其从一个单纯的教学部门转变为教学与研究相结合的科学研究中心，由此将原来地位卑微的文学院上升为新大学中居支配地位的部门。与柏林大学同时兴起的是工科大学，这些大学由原来的多科技术学校升格而来，由于它们与柏林大学一样，重视教学和科学的一体化和人文教育，因此也成为德国培养精英人才的重要组成部分。相对于德国和法国，英国的变革更趋向于保守，以牛津大学和剑桥大学为典范的精英教育是数个世纪的传统与长期局部改革相妥协的结果。在这种以自由教育培养社会精英的传统大学之外，新兴大学开始在精英的培养中占据一定份额。如伦敦大学，这是个比较特殊的大学，甚至弗莱克斯纳并不认为它是一所真正的大学，“它只是由大量的质量与目的很不相同的机构组成的混合体。……伦敦大学之所以不是一所合格的大学，不是因为它缺少牛津大学和剑桥大学的条件，而是因为它缺少精神和设计的统一。”[1]这些新兴大学并不能全部够得上精英教育机构的称号。因为承担的职能极为多样，所以精英人才培养也是其众多职能中的一个。19 世纪后半叶，伦敦大学仍深受传统大学模式的影响，人文主义和自由教育的倾向逐渐增强。加之德国模式的影响、重建旧大学的尝试等因素，到近代后期，英国的精英教育系统出现向传统大学同化的趋势。

民族主义兴起之后的欧洲精英教育虽然呈现出国家特性，但是，欧洲其他各国由于主动效仿或者殖民主义造成的被动移植，与英国、法国或德国显现出或多或少的同质性。如拿破仑将法国模式强加给被占领的西班牙、奥地利等国，即使这些国家都没有达到法国大学校或德国高等学校的水平和层次。德国的洪堡模式影响则更为深远和广泛，除奥地利、匈牙利、沙皇俄国等国家外，同时也征服了英国的牛津和剑桥、法国的大学校以及意大利的大学。最终，崇尚自由教育、重视研究与教学的统一、以学院为基本构成单位等特征普遍反映在欧洲各国的精英教育中。这种转折标志着新的开端，即以培养学术精英为目的现代精英教育的起点，也是与传统精英教育观的一种决裂。然而，不应忽视另一个方面，那就是，超越国界的对大学以及大学中高深知识的共同崇敬与信仰，战胜了个别民族国家中政策内在的政治与机制障碍，造就了以中世纪为基石的欧洲大学的复兴之路，也造就了基于差异之上的可以被称为欧洲模式的精英教育共同体。

---

[1] 弗来克斯纳.现代大学论[M].徐辉，等，译.杭州：浙江教育出版社，2001：78.

（二）美国的精英教育变迁

第一批殖民地学院的建立意味着美国高等教育的萌芽。以哈佛学院和威廉玛丽学院为代表的九所殖民地学院是以欧洲的传统精英教育模式为基础建立起来的，其中英国的剑桥大学对其影响最深。剑桥大学保留下来的源自于中世纪大学的七艺课程被殖民地的学院效仿，这些学院普遍认为，古典人文学科已被普遍认为是永恒的真理，它们不是无用的，而是实用性的，是从事任何职业所必不可少的，也是具有良好教养和健全人格的象征，更是象征阶级地位的标志。课程是移植的，在管理模式上却开创了适合美洲独特的物质和社会条件的制度——学院制度。这种学院规模很小，每个学院几十人到几百人不等，没有像欧洲传统大学那样由神学、医学等数个下属学院组成。学院不是学者自发建立的学术共同体，也不是由学生管理大学，而是由社区建立，将苏格兰大学的董事会管理模式与来源于剑桥大学的课程和寄宿制相结合。萌芽时期的美国高等教育就已经造就了属于自身独特的精英教育，这种创新的本能为美国现代高等教育的辉煌奠定了根基。当然，从严格意义上讲，美国殖民地时期的精英教育并非是属于高等教育的层次，而是介于中等教育与高等教育之间。

18 世纪末至 19 世纪 60 至 70 年代之前，在经历独立战争的短暂创伤后，美国高等教育迅速走向繁荣。造成这种繁荣景象的是数百所新学院的建立。由于传统的学院制受到各方的批判，大量的新式学院兴起，这些被称为学院的学校“除了文理学院、综合型大学和研究型大学以外，还包括了技术学校、成人学习中心、初级学院和社区学院、研究中心、研究院等其他形式。”[1]直至 19 世纪 60 年代之前，已经建立了 500 多所学院，这一阶段的美国高等教育属于学院制的阶段。[2] 在 18 世纪末之前，精英教育的发展和变革方面是极其有限的，直至 19 世纪初，美国高等教育中的精英教育体系正式诞生，这主要得益于德国的科学研究风气在美国新老学院中的普遍增长。在殖民地时期老学院内部，开始扩大规模，建立研究院，引进科学家；新的学院自建立初期就全面模仿德国模式，如在赠地学院引导下建立的一批州立大学中，以西部州立大学——密歇根大学为代表，该校全面借鉴普鲁士教育和柏林大学，提供相当于中等教育层次的英国模式所没有的高级课程，引进在英国很少与大学有联系的学术大师，由此，殖民地时期介于中等与高等教育之间的精英教育正式提升至高等教育层次。

19 世纪 60—70 年代到二战前，近代高等教育中的精英教育已发展成为世

[1] 亚瑟・科恩.美国高等教育通史[M].李子江，译.北京：北京大学出版社，2010：53.

[2] 亚瑟・科恩.美国高等教育通史[M].李子江，译.北京：北京大学出版社，2010：53.

界上最多样、最优秀的模式。一是重新建立以研究生教育为重点的新型大学。约翰霍普金斯大学创造了一种与英式学院相当不同的精英教育氛围，在霍普金斯大学的带动下，一大批研究型大学涌现出来，如斯坦福大学、芝加哥大学。二是哈佛、耶鲁等老牌学院式大学也没有停止改革的进程。至 1900 年，美国大学协会（AAU）成立，标志着研究型大学群落的正式形成。培养学术精英成为研究型大学的根本使命。但并不是所有的学院都能发展成为研究型的大学，有 40％的学院倒闭或被合并，还有 15％被转变为初级学院。[1] 至此，学院最终被划分成高等教育中的精英教育机构、高等教育中的非精英教育机构和介于中等教育与高等教育之间的中学后教育机构三种类型。而到二战前，在美国完整的三级高等教育体系中，精英教育的机构或者形式也已经表现得比较分明而又极具多样化。

（三）东亚的精英教育变迁

日本近代高等教育始于 1868 年的明治维新。明治维新实质上就是在美国侵入日本后，明治政府为了富国强兵，提倡向西方文明学习的社会大变革。在教育上，明治政府也已引进和吸收欧美先进教育思想和体制为主导方向，同时结合自身国情，推行国家主义教育政策，建立起“拿来主义”“国家主义”与“实学主义”为主要特点的近代高等教育制度。[2] 高等教育中的精英教育也体现为这三种特点的融合。1877 年，由文部省所辖的原昌平学校、东京开成学校和东京医学校合并，按照欧洲大学尤其是德国大学的模式，成立东京大学。它是日本近代高等教育中第一个培养精英人才的大学。1885 年之前，日本整个高等教育体系中只有东京大学 1 所大学和其他 102 所专门学校。但此时的部分专门学校也承担着精英人才培养的职能，如 1871 年创办的工学寮和司法省创办的明法寮，他们培养的毕业生地位甚至高于东京大学的毕业生。1886 年《帝国大学令》颁布后，东京大学与工学寮、明法寮合并，组成“帝国大学”。从此，一直到 1897 年之前，日本形成以国立帝国大学为唯一一所精英大学的局面。据统计，“1888 年至 1897 年帝国大学的法科大学培养的 697 名毕业生，66％进入官厅担任行政官或司法官；当时日本政府的大藏次官、法务次官、各县知事，几乎全被帝大毕业生垄断。战前日本政府总理大臣 25 人中，8 名是帝大毕业生。”[3]这些数据不仅表明帝国大学已获得凌驾于其他高等教育机构之上的权威地位，也反映它的主要

［1］ 亚瑟·科恩.美国高等教育通史[M].李子江，译.北京：北京大学出版社，2010：102.

［2］ 黄福涛.外国高等教育史（第二版）[M].上海：上海教育出版社，2008：150.

［3］ 黄福涛.外国高等教育史（第二版）[M].上海：上海教育出版社，2008：155.

目的在于培养国家官员。而后，京都帝国大学、东北帝国大学、九州帝国大学相继成立。在区域方位上，均匀分布于日本的东、西、南、北方，体制上基本相同，都由理、工、农、医等学部构成，并效仿美国大学制度设立研究生院。第一次世界大战前，日本形成以四所国立帝国大学为高等教育系统中的精英教育层次的鲜明特色。

中国近代高等教育始于晚清，结束于20世纪初，是中国古代高等教育向近代高等教育逐步转型的重要过渡阶段。与日本出于自愿效仿不同，当西方文明侵入中国，悠久的传统秩序和儒家学说要被取而代之时，紧迫之间却又心存芥蒂。因而，首次近代化的尝试以不彻底而告终。1862年，在洋务派推动下，京师同文馆建立，随后，外语、军事、技术类学堂陆续创立。从办学层次上看，这些以培养高级专门人才为目的的新式学堂兼具中等教育和高等教育的特征；从地位和影响上看，由于没有建立完整的近代高等教育制度，又游离于传统高等教育体制之外，所以这类学堂难以为社会所认同。尽管存在各种局限性，新式学堂的出现毕竟突破了传统封建主义制度下高等教育制度的藩篱，具有明显的历史进步性。中国高等教育的近代化以京师大学堂的建立和《癸卯学制》的颁布为标志。京师大学堂成立于1898年，采纳近代日本大学章程，被视为中国近代第一所综合性大学，为国家培养适用的通才为办学宗旨。1902年，《癸卯学制》确立了比较完整的新式学校系统，从该学制中可以明确看到，高等教育主要由高等学堂、大学堂和通儒院组成，以京师大学堂为代表的大学堂以及内部设置的通儒院构成精英教育的主要部分。而高等学堂则由古代书院改办而成，成为大学的预科。在这一学制之外，还有一类特殊的精英教育机构，就是教会大学，一方面它是帝国主义侵略我国的标志，但另一方面它又对我国的高等教育尤其是精英教育产生较重要的影响。如1888年成立的燕京大学、1871年成立的东吴大学、1913年成立的金陵女子大学等。民国时期，以"壬戌学制"的颁布和施行为标志，我国高等教育从日本模式转向美国模式，同时与中国实际相结合，发展了一批国内外声誉很高的精英教育机构，如北京大学、中央大学、复旦大学、厦门大学、清华大学等，并形成国立大学、省立大学、私立大学三者并举的局面。

总之，由于移植，东亚许多国家本身具有的历史悠久的精英教育，在19世纪之前就被破坏或者遗弃。尽管如此，移植的过程也激发了这些效仿者的创新意识和精神，结果最终得以形成具有国家或区域特色的精英教育。而欧洲大学模式，尽管具有多样性和模糊性，它仍是近代高等教育史上精英教育最主要的一面镜子，它已然改变了所有接受这一模式的国家的精英教育面貌，并生产出了近代高等教育中的精英教育基本模式。

三、近代高等教育中精英教育的特征

（一）不平等的现实和对平等的追求

古代高等教育中，由于社会等级的差异注定精英教育只是当权者的特权。当社会制度发生变革，民主和平等意识开始强化。精英教育也开始在有意和无意间对平等做出了回应，结果是追求平等的同时却注定摆脱不了阶层的歧视。

从中世纪大学诞生开始，学生入学时不再有阶层的观念，反之，走向另一个极端，即追求绝对的平等原则。主要表现在学生入学没有任何特殊的要求，无论出身或等级、贫穷或富有、本地或异地、健康或残疾，都有资格入学。大学接纳每一位希望成为大学成员的人，只是在年龄上有大致的规定，但跨度也比现今更大，据推断当为 13 至 16 岁之间。[1] 如此平等的入学机制，导致无法肯定是否所有进入大学的学生都具备基本的读写能力。直至 14 世纪，大部分大学生开始接受大学之前的准备教育，这仍然不是因为大学对入学者提出的要求，而是出于两个原因：一是当时教育制度分化导致非大学的学校教育的出现，在事实上普遍提高了进入大学的学生基础素质；二是越来越多的家庭感到有必要在接受更高层次的学习前有更充分的准备。大学仍然存在着对所学内容不知所云的学生，无论学生属于何种背景，教师都会提供各种各样的知识教育，也会进行个别辅导。

事实证明，追求绝对的平等对于中世纪大学而言并不可行。由于中世纪大学可以获得的资助可谓捉襟见肘，为了生存不得不向学生收取各种费用。其中，入学时的宣誓和注册费构成大学收入最重要的来源之一。中产阶级的学生是履行注册义务的主要群体。处于下层的贫困学生一般情况下不会得到特殊关照，他们会被催促着尽可能履行这项义务。而对于那些贵族阶层的学生，学校更希望他们在注册费之外提供额外的捐赠。那些愿意捐赠的社会权贵在大学里可以享受到许多特权，例如上课时这群人可以前排就坐等。他们在大学中处于仅次于校长的地位，与毕业生中等级最高的博士并列或位于博士之上。而对于贫困生，大学并没有改变他们命运的责任，只是给予一些消极的鼓励，如少得可怜的奖学金。这些优惠实际上强化了贫困学生的边缘地位。不仅如此，有时还会设置比其他学生更多的障碍。仅仅收费的问题就将入学时的平等化为泡影。实质上，并非只是因为收费造成了不平等的状况，而是由于学生及其家庭已占有一定

[1] 海斯汀·拉斯达尔.中世纪的欧洲大学——博雅教育的兴起[M].崔延强，等，译.重庆：重庆大学出版社，2011：209.

的社会等级地位，他们将这种差异平移到学校，构成大学内部类似于社会上的等级结构。因此，"尽管从法律意义上讲，大学成员是平等的和共享特权的，但大学同其他任何一种社团一样，如市民团体、行会和教会，这种从法律上消除成员身份差异的平等，并不意味着实际的社会平等。"[1]

至19世纪末之前，这种不平等的情形一直没有得到缓解，甚至呈逐渐加剧的态势，就连入学时的平等也消失得无影无踪。19世纪早期，英国的牛津和剑桥大学来自土地所有者和教士家庭的学生分别占到近1/3的比例，专门职业群体约占20%，来自中产阶级商人家庭的比例排在第四位，而几乎没有工人阶级、普通职员家庭的学生。从1797年到1857年德国五所精英大学社会来源的统计表明，来自上层和中上阶层家庭的大学生比例实际从1797年的65%上升至1857年的74%。[2] 而在法国，资产阶级占据大学校的绝大部分比例。法国资产阶级包括旧制度下的富贵家庭、19世纪新兴的少数贵族地主和其他类型的资本所有者，以及产业精英家庭。1864年，法国的法学院中有75%～80%的学生来自资产阶级家庭。同时，由于初等和中等教育中的精英教育与高等教育中的精英教育开始形成紧密的衔接，这使得大学入学的不平等已经被提前至高等教育之前。例如在英国，精英型独立中学在1902—1904年为牛津和剑桥提供了近2/3的新生。[3] 在中国，以京师大学堂(北京大学)为例，该校"初办时所收学生都是京官，所以学生都被称为老爷，而监督及教员都被称为中堂或大人"[4]，在蔡元培改革前，由于女生入学受到歧视，北大只有男生。即便后来逐渐演变，由于官僚习气、性别歧视等原因造成的不平等现象依然严重。美国在殖民地时期，尽管学费低廉，也很少有家庭可以付得起学费，支持自己的孩子进入学院学习，再加之严格的招生入学条件进一步限制了入学人数。虽然到19世纪初期学生人数不断增长，越来越多元化，但仍只有白人男子才可以入学，直到19世纪末，才开始有少数非裔美国人和女学生。

(二) 精英教育的绝对主导地位与大众教育的萌发

精英教育和大众教育各自的出现以及两者间的区隔并不是高等教育规模扩

---

[1] 希尔德·德·里德-西蒙斯.欧洲大学史(第一卷)[M].张斌贤，等，译.保定:河北大学出版社，2007:220—221.

[2] 希尔德·德·里德-西蒙斯.欧洲大学史(第三卷)[M].张斌贤，等，译.保定:河北大学出版社，2007:269.

[3] 希尔德·德·里德-西蒙斯.欧洲大学史(第三卷)[M].张斌贤，等，译.保定:河北大学出版社，2007:269—274.

[4] 曲士培.中国大学教育发展史[M].北京:北京大学出版社，2006:256.

张的结果，在近代高等教育漫长的演变进程中，早已发展出这两种截然不同的高等教育。在大学刚刚诞生的中世纪早期，大学作为无意识地培养精英人才的机构存在。无可置疑的是，有且只有大学才是精英教育的机构，精英教育也只在大学这一机构中存在，也就是说，大学和精英教育是合二为一的。随着高等教育机构的多样化，大学的定义被泛化，大学不再是高等教育的唯一机构，也不再是精英教育的专属。大致从15世纪左右，不同的国家和地区，实施精英教育的机构以各种各样的名称来替代中世纪的老大学，从法国的大学校、英国的学院到日本的帝国大学、中国的大学堂……尽管名称各异，但在它们所属的高等教育系统中，这些机构都越来越被推至系统的顶端，并以规模小、知识高深、崇尚研究等特征著称。而在系统的中下层，庞大的大众教育支撑和衬托着精英教育的与众不同，大众教育机构在校生数一般较多，普及专门技术知识，以培养普通技术和应用型人才为目的，如英国的城市大学、法国的工科学院、中国的高等学堂、日本的专门学校等等。总之，除极个别的情况外（英国的伦敦大学），精英教育或大众教育是以高等教育机构来呈现的，即对于每个独立的高等教育机构而言，要么是精英教育的，要么就是非精英教育的，机构内部没有模棱两可，也没有两者兼有的现象。在一个完整的高等教育系统中，若干机构构成精英教育子系统和大众教育子系统，两个系统间没有有机的衔接制度，相对独立。单个的精英教育机构和大众教育机构间也同样互不干涉，学生的唯一出路就是走向社会就业。当近代高等教育发展到晚期时，真正使精英教育和大众教育界限得以分明的已经不再是规模、课程，也不是像识别古代精英教育那样，简单地以培养出的人才是否被赋予精英的身份为标准。虽然精英教育与学生人数的多少、知识的深浅、毕业生的社会地位有关，但精英教育已经开始成为高等教育的一种模式或理念与大众教育区隔开来，“它的精髓在于对人精英意识的培养而非精英身份的赋予。”[1]这种清晰的精英教育边界被后来高等教育的大众化所彻底打破。

（三）古典自由教育的传承与通识教育的兴起

古代高等教育中的精英教育提倡自由教育理念，并且事实上，这种自由教育理念也正是为精英教育而生。自由教育在古希腊罗马时期与精英教育是合体，无论精英教育还是自由教育都是为贵族、精英和统治阶层而存在。在17世纪，自由教育在约翰·洛克、约翰·格雷勒等人那里，等同于绅士阶层相对于下等阶层的一种优势教育，是出身高贵者的教育。随着时间的推移，政治的解放、经济的发展以及民主观念的兴起，这种贵族气质的自由教育失去了根本的社会基础，

---

[1] 王建华.大学理想与精英教育[J].清华大学教育研究，2010(4)：3.

以古典课程作为精英教育机构的知识根基也不再牢靠，大学是否实施自由教育不再成为区分是否是精英教育的唯一标志。即便如此，从根本上讲，在近代高等教育历史中，整个高等教育的系统仍然延续了古代精英教育的本质，那就是基于古典自由学科之上的，试图使人们获得一种普通道德与文化观念，努力形成智力与情感、态度、品质为标志的教育形式。尽管国家和民族对科学的需求开始超出对自由学科的需求，但自由学科仍被视为与科学同样“有用”的科目，近代高等教育中的精英教育将专业教育与自由教育融合在一起，专业教育是基于自由教育之上的，自由教育是为专业教育做准备的。这种“为了培养某个人去养成与一定社会地位相符合的生活方式的绅士教育，与适应某一特定职业的专家的培养截然不同。绅士教育（英国）抑或全人教育（欧陆）的目的都是在为各种领导角色做准备，这些领导角色所需要的技术方面的知识则能在工作中获得。”[1]因此，近代高等教育中的精英教育被视为一种以心智养成为目的的自由教育。

然而，通识教育的兴起使这种承袭古典自由教育的精英教育开始转向，并与专业教育相对立。早在 1778 年，约瑟夫·普莱斯特里就已经在教育论著中使用“通识教育”这一概念，而后，本杰明·伦福德、理查德·埃奇沃斯、迈克尔·罗素和威廉·汉密尔顿等人都曾使用通识教育，表达与职业教育相对的教育形式。到 19 世纪，自由教育与通识教育已经成为同义词，均指非专业的教育。在英国的牛津、剑桥，通识教育的理念，即非专业的教育成为教育的主要目的。尽管从课程的设置和学生的去向来看，似乎提供的是一种专业教育，但大学并不为这些专门职业阶层提供专业知识，专业教育基本上都在大学之外进行，即便有时学生真的接受专业教育，但在此之前，也必须学习古典课程。从牛津、剑桥毕业的学生，他们拥有的专门职业的崇高地位更多地来自其从业人员的古典修养，而不是专业技能。总之，通识教育的兴起使精英教育分裂为非专业教育与专业教育两种理念及其实践形态。

第三节 现代高等教育中的精英教育

现代高等教育主要指 20 世纪初始至 80 年代之间的高等教育历史，其间两次世界大战对高等教育的转向起到至关重要的作用。与一战相比，二战带来了更多的高等教育变革，因此以二战为时间节点来探讨现代高等教育中的精英教

[1] 马丁·特罗.从精英到大众再到普及高等教育的反思：二战后现代社会高等教育的形态与阶段[J].徐丹、连进军，译，谢作栩，校.大学教育科学，2009(3)：8.

育演变更为合适。在二战前，各个民族和国家的精英教育转型是模糊不清的，它与近代高等教育中的精英教育更具有延续性，只是各地各处的小细节发生改变，而二战后，在必要的传统得以保留的基础上，世界各国的高等教育经历了一次较彻底的修订和重组，以适应新的世界秩序。总体而言，如果说古代高等教育是以东方和西方平分秋色，近代高等教育是以欧洲模式占据世界的统治地位，而现代高等教育则由美国模式主导，高等教育的精英教育亦是如此。

一、现代高等教育中精英教育的本质及其实践形态

从古希腊到中世纪再到法国资产阶级革命时期，精英教育经历了漫长的演变历程。其间，它的组织形态发生了巨变，未变的是，它“总是意味着博雅教育的形式”[1]。但是，二战后高等教育规模的扩张最终导致这一最具本质性的特征不再存在。因此，在探讨现代高等教育中的精英教育演变前，必须重审什么是现代高等教育中的精英教育。

（一）高等教育规模扩张是精英教育发生质变的直接动因

现代高等教育中精英教育发生了根本性的质变，其直接动因是高等教育规模的扩张。现代高等教育的演变进程中，最为突出的特点就是高等教育规模的普遍扩张，尽管不同国家扩张的速度和程度各异，但是扩张的共同趋势仍然十分明显。在第二次世界大战结束的几年内，美国高等教育系统招收30%的适龄青年接受高等教育，欧洲国家虽然在二战刚刚结束时仍保持不到5%的入学率，但到20世纪60年代，均以15%的入学率进入高等教育大众化阶段。“在第三世界，高等教育的扩展速度更加令人瞩目。在规模极小和极为精英化的大学的基础上，第三世界的高等教育在第二次世界大战结束伊始的一段时间迅速扩展。在印度，在校生由1947年独立式的10万人增加到20世纪90年代的400多万人。撒哈拉以南非洲地区高等教育扩展同样十分显著。接受中学后教育的学生数从1975年的18.1万人增加到20年后的170多万人。”[2]根据马丁·特罗的观点，“现代，一些国家的精英高等教育，在其规模扩大到能为15%左右的适龄青年提供学习机会之前，它的性质基本上不会改变。”[3]但是，当高等教育入学

[1] 马万华.多样性与领导力——马丁·特罗论美国高等教育和研究型大学[C].北京：教育科学出版社，2011：49.

[2] 菲利普·G·阿特巴赫等.21世纪的美国高等教育——社会、政治、经济的挑战（第2版）[C].蒋凯，主译.青岛：中国海洋大学出版社，2007：14.

[3] 马丁·特罗.从精英向大众高等教育转变中的问题[J].王香丽译.外国高等教育资料，1999(1)：3.

率超过15%时，精英教育本质发生了变化。原先作为高等教育全部或至少绝大部分的精英教育不再仅仅是单纯的数量增长或类型的增加而已，而是直接导致“精英高等教育总是意味着博雅教育的形式，大众化高等教育总是意味着职业教育的形式”[1]这一明显区别不再存在。

（二）规模扩张背景下精英教育本质的变化

所谓精英教育的本质，是透过精英教育形式上的多样化，可以寻觅到的可以被称之为是精英教育的内在根本属性。要找到精英教育的本质，就不能再仅仅局限于内容教育本身。马丁·特罗曾说：“今天所谓的精英高等教育更加与教与学的形式有关，与教和学的环境有关，更与师生的关系有关……从1850年到1950年的100年间，精英高等教育建立在一个广泛的共识之上，即对于受教育者来说，什么知识是最有价值的，受教育者应当具有什么样的品质和个性。”[2]在马丁·特罗看来，二战前，尽管各个国家和社会对什么是精英教育的观念已经开始发生分歧，然而对于什么知识是精英教育应该传授的，以及什么样的品质和个性是大学应该赋予精英人才的，这两点上仍然是存有共识的。二战后大众高等教育的增长导致在内容方面的共识被打破，关于培养精英究竟需要什么必要的内容，各个社会已没有一致的看法，甚至在同一社会内部也有不同的派别。

即便如此，在大众高等教育体系中，仍有很多人用精英教育来描述高等教育中培养精英的那部分活动。当然，它再也不是从前那种所谓统治阶层的特权；引领它的教育观念也不再是培养心智的自由教育理念；实践这一教育模式的主体也不再是古典式的大学。培养精英的高等教育活动似乎更多地在表达与大众高等教育不同的一种教育模式，它拥有更高和更严格的入学标准，将具有良好家庭背景或具有优秀才能或是两者兼具的那些优秀者作为培养的对象，这种教育往往通过相对亲密和长久的师生关系来维系，也需要更加高深的知识和环境设施来实施。指导这种模式的教育理念不再延续古典的自由教育理念，而是偏重专业知识的获得和职业能力的提高。与此同时，也仍然保留着传统精英教育中培养统治精英时的教育理念，即重视激发学生的远大理想和抱负，重视批判性思维和良好德性的养成，以便让学生做好在各种社会机构中或者在职业领域中充当领导者的准备。而作为实践这一模式的机构或层次，则是具备上述教育形式和教育观念的具体实践主体，由于更严格的入学筛选标准、更高深的知识、更远大

[1] 马万华.多样性与领导力——马丁·特罗论美国高等教育和研究型大学[C].北京：教育科学出版社，2011：49.

[2] 马万华.多样性与领导力——马丁·特罗论美国高等教育和研究型大学[C].北京：教育科学出版社，2011：49.

的教育目的等这些特征集中于这类机构或教育层次，所以在现代高等教育系统中，它们往往凌驾于大众教育机构之上，处在整个大众高等教育系统的金字塔之巅。

（三）规模扩张背景下精英教育实践形态变化的总体态势

在马丁·特罗界定的精英高等教育阶段，精英教育实践形态的变迁实质上就是高等教育的演变。而在大众或普及高等教育阶段，情况则截然不同，精英教育只是高等教育的一部分，需要首先区分出高等教育中的精英教育，才能进一步梳理出它的演变历程。由于已经对大众化背景下的精英教育特质做出了说明，因而可以较清楚地找到精英教育的具体实践形态。马丁·特罗认为，"在法国的大学校中，在德国大学的高级研讨班上，在美国大学的研究生院和很多专业学院内，在麻省理工的本科课程学习中，在哈佛和芝加哥大学的本科学院中，在美国一流的文理学院，以及英国大学的一些本科生的学习中一样，可发现精英高等教育的形态。"[1]这些传统精英教育保留下来的形态，仍在大众化时代发挥精英人才培养的功用。它们现在是学术规范和科研生涯规范高度社会化的中心，也是高度专业技术化的中心，而专业技术化则是构成当代学术性博士学位专业训练的核心。"[2]美国、英国和欧洲已经用研究生层次的实体机构实施的技术教育（职业教育）替代博雅教育，以此作为在现代高等教育中的精英教育形式而存在。尽管这种精英教育在很多情况下不排斥传统精英教育中的人文学科对于人的理智培养的价值，但它更倾向于追求知识尤其是科学知识的复杂性，崇尚研究对于促进知识进步和精英培养的重要作用。不过，在现代高等教育中，如果将研究生教育与精英教育等同，那将是极其狭隘的。如马丁·特罗所认为的那样，传统精英教育的一些核心特征在其他层次的教育中也得以继承和发扬。例如，"对远大理想和抱负的鼓励"，这种精英教育最显著的特征在现代英国、法国的本科生教育仍然得以保留。虽然美国的本科教育已经很难被很多本国的学者将其归属于精英教育，他们认为甚至是美国最顶尖的本科教育，头两年只是补偿欧洲高级中学的功能，学生在整个本科学习获得的既不代表扎实的中等教育，也不代表职业训练，至于自由教育的课程也收效甚微。学生的才能和心智在本科毕业时远不能达到令人满意的境界。但是，这并不妨碍美国最顶尖的精英大学内部的本科教育被认定为是一种精英教育，正是有这样的教育理想和目标，才会有对现实如

[1] 马丁·特罗.从精英到大众再到普及高等教育的反思：二战后现代社会高等教育的形态与阶段[J].徐丹、连进军，译，谢作栩，校.大学教育科学，2009(3)：8.

[2] 马万华.多样性与领导力——马丁·特罗论美国高等教育和研究型大学[C].北京：教育科学出版社，2011：51.

此激烈的批判。总之,即便本科教育已不是现代高等教育中的精英教育主流,而且正在向以研究生教育层次为主的美国精英教育的模式靠拢,仍然不能忽视这部分精英教育形式的存在。没有卓越的本科教育,研究生层次的精英教育只能成为空中楼阁。

二、美国、欧洲以及东亚现代高等教育中的精英教育

二战后,培养通识人才为主要目的的精英教育逐渐式微,而培养高度专业化人才的精英教育迅速兴起,成为现代高等教育中精英教育的主角。尽管德国是学术精英教育模式的滥觞,但是该模式最终得以确立,是在美国而不是在德国。与此同时,东亚的精英教育在二战中受到重创后通过主动或被动移植,试图加快追赶西方国家的步伐。

(一)美国学术精英培养模式的兴起

大学的科学研究使美国在二战中获得了极大受益,联邦政府开始强烈意识到资助高等教育从事科学研究和培养科研人才的重要性。1941 年 7 月,美国政府成立了科学研究与发展局(OSRD),"其职责就是对所有自然科学研究和对战争有重要影响的其他学科的研究负责。个别学科则由分委会负责管理。其中最重要的分委会就是由哈佛大学校长科南特担任主席的国防研究委员会(NDRC),它与军队、企业和所有的大学研究中心都保持着密切的联系。"[1]二战后联邦政府对研究型大学群落的资助持续增长,50 年代初国家科学基金会启动了研究生奖学金项目,面向全国范围内选拔最优秀的学生给予国家资助,鼓励他们致力于科研训练。在 1952 年,535 名研究生奖学金获得者中,后来出现了 3 个诺贝尔奖得主。60 年代初,6 所著名研究型大学获得 57%的联邦科研经费。排名前 20 名的大学中,联邦科研经费占学校全部经费的 20%~80%。[2] 诸如此类的各种资助为学术精英培养提供了雄厚的经济基础。在研究型大学拥有的科研人才中,有相当一部分是由二战时德国纳粹出于种族或者政治原因被驱赶出国的知名学者和专家,他们大都移民到美国,成为美国研究型大学中的科研和教学骨干。除战争的原因外,当然还有其他因素综合促进的结果,如战前已经形成的完备的三级高等教育结构为美国高等教育规模的扩张奠定了良好基础,其他大众教育机构的存在使研究型大学受入学人数急剧增长的冲击得到很大程度

[1] 希尔德·德·里德-西蒙斯.欧洲大学史(第三卷)[M].张斌贤,等,译.保定:河北大学出版社,2007:716.

[2] 刘海峰,史静寰.高等教育史[M].北京:高等教育出版社,2010:448.

的缓冲。

研究型大学的出现以约翰·霍普金斯大学的成立为标志，在19世纪后半期崛起。世纪交接之时，形成了研究型大学的群落。在二战后的1945年至1970年是美国研究型大学发展和大变革的黄金时代。至1970年，卡内基分类体系中以这种界定，确认在美国2837所大学中，有173所被列为博士学位授予大学。2000年，美国博士研究型大学在全部院校中的比例不到7%。[1]研究型大学的首要职能是培养高层次的研究型人才，即学术精英，这可以从美国卡内基分类和对研究型大学的界定看出。美国卡内基运用两个变量将所有大学划分为四个类别："每年联邦财政资助的总额和每年授予的博士学位数量"[2]，研究型大学特质的标志性指标是"以博士研究生教育统领的高层次人才培养，由大笔联邦经费支持的基础性科学研究，通过高选拔组成的教师和学生队伍等。"[3]可见拥有博士学位的学术精英培养被认定为研究型大学的重要标准之一。根据国家科学基金会的调查，2000年不到7%的博士研究型大学授予了93%的博士学位。[4]将专业领域具有高度复杂性知识传授给这些博士研究生，教给他们创造新知识的能力，以此获得作为一名学术精英身份，实现在专业领域的抱负并改变社会或某个领域进程，这就是研究型大学的教育目的以及被国家赋予的职责。

在某种程度上，美国的博士教育确实获得了巨大成功，它培养了世界一流的研究人员，成为其他国家研究型博士教育体系发展的范例。当然，这种学术精英培养模式也并非没有问题，"长期以来，教育工作者一直担心研究生教育的迅速发展可能对本科生教育带来不利的影响。因为教师所面临的获得研究基金以及大量研究成果的压力越来越大，他们不得不将更多的精力从本科教学工作转移到研究上。"[5]另外，目前大多数博士教育都致力于把学生培养成独立的研究者，却很少有学生能够找到独立研究的工作，大多数都是在工业界谋职，从而出现博士过剩现象。有人提议，博士教育的培养太过狭隘，致使学生只知道怎样解决高技术含量和高度专业化的问题，应该拓宽思路，"让学生真正知道怎样提出问题，并从强有力的和根本性的原理出发，……使他们更好地为未来各种不同的

[1] 休·戴维斯·格拉汉姆，南希·戴蒙德.美国研究型大学的兴起——战后年代的精英大学的挑战者[M].张斌贤，等，译.保定：河北大学出版社，2008：44.

[2] 休·戴维斯·格拉汉姆，南希·戴蒙德.美国研究型大学的兴起——战后年代的精英大学的挑战者[M].张斌贤，等，译.保定：河北大学出版社 2008：45.

[3] 刘海峰，史静寰.高等教育史[M].北京：高等教育出版社，2010：447.

[4] 刘海峰，史静寰.高等教育史[M].北京：高等教育出版社，2010：447.

[5] 菲利普·G·阿特巴赫等.为美国高等教育辩护[C].别敦荣，等，译.青岛：中国海洋大学出版社，2007：213.

工作和职业做准备。”[1]这里还有一个担忧，那就是从精英教育本质出发，这些精英大学是否在重视学术精英的研究能力之时，也将内在优秀思维和心智的养成作为教育的重要目的。

尽管如此，理论上的诘难并不能否认这些精英大学的已有成就，也不能阻挡美国的学术精英教育模式为全世界所仰慕和效仿。美国的研究生教育从现代一直到当代，越来越成为精英教育发展的总体趋势。尽管教学漂移和科研漂移的现象启示我们教学、科研和学习的连结体不能到处维持，但是也应该防止将科研和教学并置于过分简单化的关系之中，在极具多样化和复杂性的现代高等教育体系中，仍有可能探索出一种将科研、教学和学习形成一个无缝混合物的模式，以实现洪堡的理念为终极目标。伯顿·克拉克的一个观点是正确的，那就是“在现代社会，科研所产生的新的知识和技术转移到学生的头脑，很可能是最重要的知识转让的形式。这种教育就是高级的人力资本精致化的一条快车道。”[2]

（二）欧洲精英教育的没落

在美国的研究生教育走向繁荣之时，从中世纪那里继承下来的欧洲传统精英教育开始走向没落。美国的研究生教育之所以发达，与发展精英教育系统之外的高等教育形式来应对高等教育规模扩张有关，与此相反，欧洲没有保持自己的传统优势，与他们未能很好地将精英高等教育系统转变成大众高等教育系统密切相关。马丁·特罗的观点是，美国在实际拥有大众高等教育之前，已经拥有了适应大众化的结构，而欧洲国家高等教育系统并没有做好大众化的准备。较之美国，欧洲的大众化进程显得较为缓慢和艰难。当美国完成大众化，向普及化过渡时，欧洲的大多数国家刚刚迈向大众化；当美国的研究生教育已经相当完善时，欧洲的高等教育还在忙于以各种政策文件的颁布来应对规模扩张的任务。当然，还有其他各种原因，比如欧洲高等教育是一个被高度规制的行业，而美国高等教育所受的限制较少；又如以英国、法国和德国为例，它们并没有在大众化过程中分化出与美国相似的十分明显的研究生教育层次；此外，欧洲许多国家的政府对原有的精英教育体系在面对大众化的压力时没有给予充分的政策和资金上的支持。

在整个高等教育现代化过程中，英、法、德等欧洲国家的高等教育总体仍然

---

[1] 菲利普·G·阿特巴赫等.为美国高等教育辩护[C].别敦荣，等，译.青岛：中国海洋大学出版社，2007：216.

[2] 伯顿·克拉克.探究的场所——现代大学的科研和研究生教育[M].王承绪，译.杭州：浙江教育出版社，2001：导言 17.

由曾经的精英教育体系在承担。英国仍然是以牛津和剑桥为代表的传统大学主宰，与这两所大学齐头并进的是英国的公学主导的贵族式中等教育，由公学和传统大学构成了英国社会和教会需要的精英教育体系。正如弗莱克斯纳总结的："他们都是圣公会的机构；他们都对不信奉国教者抱有敌意；它们都是培养一种类型的人——英国绅士的机构。"[1]在现代化过程中，教育机会增长和平等主义观念的兴起并没有完全打开英国传统大学和公学之间封闭的社会和知识圈。权威容易变得保守，改革是有限且艰难的。根深蒂固的传统使大学面临人数的激增表现出沉重的压力；为贵族服务的公学也并没有真正随民主化的社会发展趋势而缩小社会鸿沟。这种情形使英国长期以来的以亲密师生关系和高质量本科生教学著称的精英教育开始没落。

自 20 世纪初期至第一次世界大战前，柏林大学的兴建及洪堡模式的辉煌，使德国在整个西方甚至世界高等教育中占有统领精英教育的态势。第一次世界大战前，全部 42 名诺贝尔自然科学奖得主中有 14 名德国学者，全部为大学教授，仅柏林大学就有 8 名。[2] 两次世界大战使德国政治、经济、军事，包括大学，蒙受了双重灾难。二战后，德国大学得以重建，高等教育大众化在传统大学之外得到进展，但是研究型大学仍面临入学学生基础的下降、资金的匮乏等多重挑战，同时因试图坚持旧时的结构和传统，变革的道路显得更为艰难。即使洪堡原则是一个理智的力量，但在负荷过重的大学中，研究与教学相结合的理想已经被扭曲。

法国在二战以前已经形成了"大学"与"大学校"并行的双轨制高等教育体系。大学校在经历两次大战后，尽管发展缓慢，仍然坚持该模式创建时培养和训练高水平的官员和工程师的精英教育传统。大学校之外的大学系统历史短暂，中世纪的大学在法国大革命中被废除，拿破仑没有恢复这些大学，直至 19 世纪末在有识之士的强烈呼吁下才恢复大学的法人资格。相对于大学校系统，大学系统历史较短却发展迅速，受洪堡模式的影响，二战期间在科学研究方面出现许多新的令人瞩目的成绩，战后经过研究生教育的改革成为精英人才培养的重要组成部分。尽管大学系统已然成为法国高等教育的主体，但高等教育中的精英教育主体仍由大学校承担，大学校系统是以高等专门院校构成，"是实施精英高等教育的场所，与经济界和企业界有着良好的关系，是政府各级官员、企业领导

[1] 亚伯拉罕·弗莱克斯纳.现代大学论[M].徐辉，译.杭州：浙江教育出版社，2001：196.

[2] 贺国庆.德国与美国大学发达史[M].北京：人民教育出版社，1998：79—80.

人、工程技术人员、科研人员和其他管理人员的培养场所。”[1]

自从美国的学术精英培养取得瞩目的成就之后，英、法、德便纷纷开始效仿美国，从各自的高等教育系统中尝试分离出研究生教育层次。德国倾向于继续在系统内部建立富有成效的分化，法国在高等教育系统之外以独立的科研部门发展科研事业，而“英国支持以科研为基础的研究生教育的问题，由于一个常常不表示同情，甚至怀有敌意的政府所实行的沉重的财政紧张状态，加强了一个已经是规模小的以本科生为中心的系统的紧张情况，使问题更加深化并带有新的色彩。”[2]总体而言，欧洲的学术精英培养并没有获得与美国同样的成功。

（三）东亚对他国模式的主动或被动移植

儒家文化圈地区也被称为东亚世界，在此基础上，有学者提出由于中国历史上教育文化的渗透，整个东亚世界在教育上也可以抽取出共同要素，由此形成了东亚教育圈。整个东亚的精英教育可以分为主动效仿和被动移植两种方式。东南亚被动输入了英国的院校模式，越南则被动移植了法国模式，韩国二战后先被动移植日本而后主动效仿美国，日本则主要效仿美国模式，中国在半殖民地时期被动输入了多样化的西方模式，后又主动效仿苏联，继而效仿美国。无论是欧洲模式还是美国模式都在亚洲各个国家面临与本土文化和传统教育融合的问题。这也导致亚洲的现代精英教育面临缺乏自主权和学术自由等传统，加之发生在世界的高等教育规模扩张又使亚洲国家的精英教育遭受新的危机。

日本是东亚教育圈中较早进入大众化的国家，在精英教育方面，它的优势集中在了工业和医学等较为有限的几个领域。两次世界大战间，日本以帝国大学占绝对主导地位的情况得到改变。1918 年的《大学令》打破了《帝国大学令》以来的局面，规定大学除帝国大学及其他国立之外，还应包括该法令规定设立的公立与私立大学，从而为私立及公立大学的发展和高等教育规模的扩大开辟了前景。然而，大众化和民主化的结果有其两面性，以大学系统替代帝国大学系统的结果就是精英教育由谁承担开始变得不明晰。新建的大学包括原来的帝国大学，一方面要开展高水准的学术研究，另一方面必须完成给予各阶层民众高水平的职业教育和市民教养的重要任务。尽管如此，日本政府在资源分配政策方面仍然偏爱传统的少数国立大学，它们仍然承担着为国家培养精英的重任，入学人数的扩张主要集中在后起的私立院校。日本的研究生教育发展主要兴起于

[1] 刘海峰，史静寰.高等教育史[M].北京：高等教育出版社，2010：224.

[2] 伯顿・克拉克.探究的场所——现代大学的科研和研究生教育[M].王承绪，译.杭州：浙江教育出版社，2001：导言 10.

1971年《关于今后学校教育整体扩充改善的基本政策》的咨询报告之后，该报告提出建立培养目标和课程结构各有不同的5种类型、层次的高等教育机构之后，以研究生院和研究院协作和建立的研究生教育组织开始呈现，但是由于资金缺乏，潜在的学生被诱导到工业领域，“日本的各大学已经适应一种模式，日本工业成为应用研究以及有关的科研训练和越来越多的基础研究的发电站。”[1]

与日本主动效仿不同，中国的整个近代和现代高等教育中的精英教育是被动移植的结果，一方面初步形成了近代化以及现代化进程中人才培养需要的精英教育模式，另一方面本土特色的传统模式遭到遗弃。中国清末时期，通过废科举、改学制，切断了与传统书院的精英教育模式，将西方的精英教育模式实施全面移植，但由于移植初始主要出于对其科学、军事技术方面的认可，重点主要是教学模式和课程设置等器物层面的移植，因此改革并不彻底，而是以西方精英教育的躯壳装着中国传统教育理念和制度。到19世纪下半叶，维新变法之后才在制度层面完全西方化，建立西式的现代高等教育制度。真正从理念和制度再到课程和教学形式的彻底移植，是发生在民国时期，而且也同时注重对中国国情的适应性，和中西精英教育的融合，但中国对西方精英教育的排斥仍然存在，新文化运动和五四运动就是东西方文明之间的遭遇战，而它们首先爆发于精英大学中的知识分子群体中。

高等教育规模扩张对于美国而言成为精英教育发展的契机，而给亚洲高等教育带来更多的是压力和挑战。在日本的率先转变下，亚洲尤其是东亚的大部分地区在80年代出现高等教育需求增加的趋势，韩国、新加坡和我国台湾地区以及我国大陆先后进入高等教育大众化，尽管大部分东亚国家都是以私立高等教育发挥了规模扩张中的主要作用，中国、新加坡等少数国家则属于例外，直至21世纪，这些少数国家才开始鼓励发展私立高等教育以满足日益增长的高等教育需求。在大众化的进程中，有些东亚国家，如日本、我国台湾等国家和地区精英教育相对发展稳定，这主要得益于私立高等教育在规模扩张中发挥了较大作用；而在中国的大众化过程中，原来的精英高等教育系统本身承担了规模扩张的重担。庆幸的是，随着东亚经济变得越来越依赖技术、信息和服务，一些国家开始意识到高等教育，尤其是能够培养尖端创新人才的大学的重要性，同时也开始意识到原本就是移植而来的精英教育体系已经遭受大众化的破坏，而无法回归原来的质量。现在，总体的做法就是集中有限的资源确保一些处于系统顶端的

[1] 伯顿·克拉克.探究的场所——现代大学的科研和研究生教育[M].王承绪，译.杭州：浙江教育出版社，2001：导言13.

基础较好的大学作为精英人才培养的重地。

三、现代高等教育中的精英教育特征及其趋势

（一）从高等教育的全部到一个不断变小的部分

精英教育规模变小不是绝对的，而是相对的。也就是说，在一个高等教育系统内，精英教育的绝对规模没有缩减，甚至是不断扩大的。只是由于非精英教育部分的不断增加，导致精英教育在高等教育系统中所占的比例不断减少。

古代高等教育中，精英教育几乎是高等教育的全部，到近代，精英教育开始表现为缩小的趋势，但总体来说，整个高等教育系统仍然更多地表现出精英教育的特征，而在现代高等教育系统中，精英教育不再像近代以前那样，以整个高等教育系统的形式出现，作为连接中等教育和社会之间的桥梁，而是缩小成高等教育系统中的一部分，两头连接的也不再是中等教育系统和社会，而有可能连接的是高等教育系统中的其他层次。这一现象主要可归结为原来的精英教育系统受到高等教育规模的扩张和多样化的影响。一方面，传统精英教育机构之外的各类高等教育机构不断出现，原来的精英高等教育系统开始过渡到大众高等教育系统；另一方面，传统精英教育机构内部受民主化的影响开始实施非精英教育的形式。基于这两个方面，原来的精英教育部分不断变小再变小。不同国家的高等教育系统中，精英教育所占的比例差异较大。“在美国、前苏联和日本三个主要国家，大约在10%～20%的范围内。”[1]20世纪80年代，美国第一级教育在高等教育系统中所占的比例为20%。在日本，26所研究型大学招收全部本科生的11.4%。在前苏联，69所大学招收第三级教育全部学生的10.6%。[2]

精英教育在现代大众高等教育系统中所占的比例大小，主要受到高等教育规模扩张的程度、国家原有的精英教育系统保守程度以及政府、市场对大众化的应对态度等综合因素的影响。美国的市场、政府和高等教育系统对大众化采取了完全开放式的态度。主要采用多样化的系统结构将大众教育和精英教育做出功能上的区分，这种方式更为直接和容易，更重要的是，不会影响到原来精英教育的形式和功能，同时可以为人数日益增长的大学适龄群体提供许多新的功能。例如，1945—1975年，高等教育集中扩张的三十年中，新建600所公立院校中有500所是两年制学院。从这一数据可以推断，美国将更多地重心倾向于通过两

[1] 克拉克·克尔.高等教育不能回避历史——21世纪的问题[M].王承绪，译.杭州：浙江教育出版社，2001：107.

[2] 克拉克·克尔.高等教育不能回避历史——21世纪的问题[M].王承绪，译.杭州：浙江教育出版社，2001：107.

年制学院来普及高等教育的结果就是精英教育在系统所占比例的不断缩小。

欧洲国家在应对规模扩张时则相对趋于保守，执着于维持整个系统的精英教育，没有及时或者提前发展出大众高等教育的有机体系，从而导致在规模扩张进程缓慢的同时也没有能够有效保护原来的精英教育不受侵蚀。近几十年来，欧洲国家已经普遍开始进一步扩大规模，并致力于使传统的精英教育系统转变为大众高等教育系统，同时开始集中资源建设少数几所顶尖的精英大学，以维护和提高精英教育的质量。

必须承认，能够具有成为精英的基本潜能的学生永远都只是极少的一部分。在现代高等教育系统中，按照授予学位的高低来划分，多样化的高等教育机构被分成若干层次，一般高层级的机构承担了更多精英教育的职能。从美国开始，研究型大学开始被已经进入大众化的国家广泛接受为精英教育的主要承担者。共识已然存在："研究型大学是迈入 21 世纪知识经济大门的钥匙。研究型大学不仅承担人才培养的重要任务，而且提供高层次的科学交流形成通向全球科学信息的窗口。"[1]然而，不是所有研究型大学都是精英教育的机构，而且也不应该这样。规模的扩大必然导致资源的需求扩大，尤其是经费和高端学术人才的增加，研究型大学往往更需要昂贵的维持费用和最富有学识的人才，然而这两样在任何时候都是有限的。例如，德国把所有大学都视为研究型大学，结果是国家不能对其中任何大学提供充分资助。从理论上讲，比起必须的资源和经费，具有准精英潜能的学生和具有培养精英人才资质的教师更难获得。反之，精英教育也并不必然只是研究型大学的专属职能。在一个精英高等教育系统中，中等教育的质量对高等教育具有极重要的奠基意义。此外，在大众高等教育系统中，精英教育本身就应该是一个体系，而不仅仅是研究型大学一种机构可以独立承担的。它包括研究生层次、本科层次甚至专科层次(美国的副学士学位)。低层次的机构提供的生源质量和数量决定研究生层次的培养质量和数量。从这个角度讲，没有培养精英的本科教育，甚至专科教育，便没有优质的研究生教育。

(二) 从边界的封闭到边界的开放

精英教育的边界是指它作为高等教育系统层面的一种人才培养模式，与其他培养模式之间的区隔。在高等教育大众化之前，区隔的方式以独立的大学机构或者整个系统来呈现，因此，精英教育的边界就是可见的大学机构的边界或整个高等教育系统的边界。迈入大众化之后，边界从封闭走向开放，意味着精英人才培养与其他人才培养之间逐渐形成相互衔接或融合的关系。在机构内部表现

[1] 菲利普·G.阿特巴赫.高等教育变革的国际趋势[M].蒋凯，译.北京：北京大学出版社，1999：71.

为原本整个机构集中于精英人才的培养，现在开始包含其他类型人才的培养模式；在系统层面表现为，精英教育系统与大众教育系统之间从互不干涉的两个平行系统逐渐转变为相互接轨的整体。

当精英教育的边界逐渐开放，也就意味着与大众教育之间的区隔逐渐模糊或者消失。在曾经作为纯粹的精英教育机构——大学中，已不再仅仅履行精英教育职能，而是摇身变成培养多种人才类型为一体的“多元巨型大学”[1]，就连最顶尖的美国哈佛大学也不再可以称得上是单纯实施精英教育的机构。在弗莱克斯纳看来，哈佛的工商管理研究院、家政学院和新闻学院根本算不上是精英教育，而同样的情况也发生在加利福尼亚大学，“现在有近20万人在其各种进修班上课。该州每三个律师，每六个医生中就有一个参加听课。”[2]这样的事情在现代精英教育机构中时有发生。系统层面，作为子系统的精英教育也走向开放。典型的案例是法国的大学校系统，该系统原本只对极少数群体开放，是一个典型的封闭型精英教育系统，与法国的大学系统几乎平行，从不交叉。这种现象正在转变，“在《建立高等教育的欧洲模式》的报告中特别强调了大学校和大学要相互靠拢。这种靠拢主要体现在：成立共同的‘高等教育园区’、设立共同的或协调一致的课程、建立等值的学位文凭、交换和流动教师以及使用共同的设施等。”[3]这是开放大学校这个封闭系统的重要一步，也被认为是法国高等教育健康发展的关键举措。

精英教育边界适度的开放，无论对于国家和个人都是有利的，它将为那些身处低层次却有潜能的学生提供接受更高层次教育的机会。例如在美国的加利福尼亚大学系统中，适度的开放意味着在禁止不同功能的学院跨层级的同时，积极鼓励不同功能院校之间的学生流动。社区学院中学习出色的学生允许并且被鼓励转入加州大学学习，在社区学院前两年的学分也会得到加州大学的认可。加州高等教育总体规划的领导者克拉克·克尔认为，这一案例为精英教育边界的适度开放提供了一个可参考的设想。总之，两者之间保持适度的开放，将有利于维持精英教育在大众化乃至普及化背景下的独特地位。

过度的开放意味着边界的完全消失，这种情况无论对精英教育还是大众教育都不利。非常普遍的过度开放现象就是在一所传统的精英大学内部，同时安排大众化功能和精英化功能，结果是在机构的内部，同一批教学人员教全体学

---

[1] 克拉克·克尔.大学的功用[M].陈学飞，等，译.南昌：江西教育出版社，1993：6.

[2] 克拉克·克尔.大学的功用[M].陈学飞，等，译.南昌：江西教育出版社，1993：5.

[3] 沈丽丽.大学校：法国高等教育多样化发展中的精英取向[J].世界教育信息，2007(11)：66.

生,只授予一种学位。这种所谓的精英教育机构既不能促进优秀也无法对平等主义给予什么承诺,而且低层次可能会将最高级的精英教育功能退化。在高等教育的系统层面有个更加不好的趋势,那就是非精英教育机构向精英教育机构的升格。这种升格的结果导致系统中精英与非精英机构间的界限趋向于模糊。这种趋势来源于洪堡模式的现代大学深层观念中,那些没有将教学与科研联系在一起的机构总将科研与教学相结合的研究型大学作为理想的高等教育机构,以此作为优秀的标准。

无边界的精英教育在一种情况下,暂时无法评判其利弊得失,那就是在网络空间实施精英教育的可能性。"信息技术模糊了各种边界,包括国家的边界、院校的边界和学科的边界。"[1]最终,它也将模糊精英教育的边界。迄今为止,很难将慕课平台上的课程教学归并为大众教育或是精英教育中的任何一类,它似乎介于大众教育和精英教育之间。但正如很难预测高等教育的未来一样,也很难预言处于高等教育系统金字塔顶尖部分的精英教育未来会是什么样。技术的发展速度往往超出人们的想象,由此带来高等教育发展的多重可能性,使我们讨论教育以及精英教育的未来变得极为复杂。精英教育的本质在于对人的批判观点、探索精神、抱负心等的培养,而这一核心和永恒的功能主要由人文学科和教师承载。现在的问题是,有没有必要假定人文学科所传递的价值观一定要被限制在小小的物理空间内,这决定了有无必要阻止通过慕课方式实施精英教育的可能性。加强学术和研究之外的性格养成可能需要技术上的再次突破,技术必须能够以低成本且更容易的方式延伸实体空间的互动关系。远程教育要成为塑造心灵、人格和敏锐感知力的途径,而不是像目前那样仅仅传输信息和知识,这将取决于教师和学生的动机和智慧。可见,网络空间无边界的精英教育还只是一种预期,但没有任何证据表明,这是无法实现的目标。

(三)从单一到多样

关于多样化,人们谈论更多的是由于高等教育规模扩张带来的机构的多样化,从而可以满足日益增加的入学者对高等教育的多元需求。这仅指在传统精英教育之外更多的非精英教育机构的产生而导致的多样化。然而,在进入大众化之后的大众高等教育系统内,精英教育作为子系统仍占据一席之地,且具有不可替代性。与发生在精英教育子系统外部的多样化趋势一样,精英教育子系统内部也在规模扩张的压力以及其他诸多因素的综合作用下,已发生并正发生着

---

[1] 菲利普·G·阿特巴赫.为美国高等教育辩护[C].别敦荣,等,译.青岛:中国海洋大学出版社,2007:111—112.

多样化的变革。其变革最显著的体现在教育目的的多样化和精英教育机构类型的多样化。

古代和近代的精英教育以培养政治精英是主要目的，这种精英教育虽然也通过职业课程教授给学生专业的知识和技能，但其终极目的并非旨在培养职业领域的精英，而是旨在养成健全的心智和高尚的灵魂，以便能适应政府部门的领导工作，这几乎成为近代以前精英教育的唯一目的。而在现代高等教育中，精英教育的目的已远不止于统治精英的培养。由于社会分工的不断细化，精英本身涉及的领域就已经广泛到无法计数的地步，高等教育必须培养适应于各个领域的精英，如商业精英、技术精英、文化精英、思想精英、学术精英，等等。而在商业、技术、文化、学术等领域又可细分成众多的子门类。新知识的指数级增长和社会分工的细化是推动精英种类不断增加的主要动力，而大学由于自身发展和竞争的需要，也并没有阻止知识和社会工种不断分化的趋势，而是采取迎合的态度不断地适应和变革。无论在欧洲、美国或亚洲，一些传统的师范学院、单科性院校或者只有少数几种专业的精英大学大都开始增加新的学科或者使现有学科的范围不断扩展，学科的分化和重构成为一种经常发生的现象，加之这些大学对科研的日益重视，因而以更加深奥的专业知识造就某个狭小领域的精英成为主要的趋势，一所这样的综合性大学有多少专业就意味着培养多少不同领域的精英。比如在美国，“比起艾奇逊和杜勒斯时期，政府机构的厅廊里少了一些前常春藤盟员的声音。但是，它的软力量却前所未有的增强了，扩展为由医生、外交家、银行家、电影制片人、记者和律师结成的一张巨网，它构成了现代的上层阶级。”[1]

世界范围来看，精英教育机构的多样化趋势在近代高等教育中已开始萌发。18 世纪末，欧洲各国开始了国家化和民族化的高等教育改革进程，以传统欧洲中世纪大学为统一模式的精英高等教育在不同国家遭遇不同的命运。法国完全摒弃了中世纪大学的遗产，重新创造出独特的大学校模式，德国在继承与创新的基础上发展了以柏林大学为典范的洪堡模式，而英国则以相对保守的态度较好地保存了传统中世纪大学的自由教育模式。然而，就某个国家而言，由独立且分散的少数精英教育机构转变为多样且关联的精英教育系统，还是高等教育现代化的结果。以英国为例，该国的精英教育体系以往以极度均质化为特点，20 世纪后半期，在以牛津和剑桥为代表的传统精英教育机构外部，开始重点发展培养高等科技人才的教育体系，在《罗宾斯报告》中曾提出，要把 5 所高级技术学院建

[1] 罗斯·格雷戈里·多塞特.特权：哈佛与统治阶层的教育[M].珍栎，译.北京：生活·读书·新知三联书店，2014：11.

设成类似于美国麻省理工学院的科技教育与专门学院，此后不久，有 8 所高级技术学院升格为大学，吸引更多高质量的新生，提高英国高级工程师和技术专家的培养水平。从此，英国作为自治机构的大学系统不再只包含古典大学，也容纳了为社会服务、注重应用人才培养的工科大学。法国也由原来单一的大学校逐步发展成由大学系统与大学校系统共同承担精英人才培养。虽然每个国家的精英教育系统都呈现出各自的特点和机构类型上的侧重，但总体而言，精英教育系统层面的多样化表现在公立大学与私立大学并存、巨型大学与微型学院并存、单科性与多科性并存等各个方面。

第二章 高等教育规模扩张与精英教育发展的危机

在现代高等教育中，不管经济发展水平、政治制度或者教育观念如何，高等教育规模扩展已成为最重要且不可逆转的趋势。它开端于20世纪中叶，首先在美国，在二战刚刚结束的几年内，美国高等教育系统就招收了30%左右的适龄青年。接着在欧洲，到20世纪60年代，欧洲国家陆续招收的适龄学生超过15%，然后蔓延到全球范围内，包括经济不发达的非洲、亚洲地区的许多新兴工业化国家都得到了显著发展，而且第三世界的高等教育扩展无论速度还是幅度都更加令人瞩目。在规模得到巨大发展的同时，绝大多数国家也随之遭遇了各种棘手的问题，其中最为突出的就是平等与优秀的冲突、规模与质量的矛盾。随着扩张的持续化和快速化，这两对矛盾开始升级。为了缓解这两大难题，所有国家采取的措施是实现从精英高等教育系统向大众高等教育系统转化。这种让精英教育与大众教育相互妥协的方式，表面上解决了眼前的问题，但实质上并未如此，新的问题由此产生。

第一节　规模与质量的矛盾

规模与质量的矛盾是所有高等教育大众化和普及化国家都关注的问题。精英教育的质量与高等教育整体规模扩大的矛盾体现在三个层面：一是高等教育大众化改变了传统的精英教育质量观，使得曾经的致力于培养精英的一元化质量观显得不合时宜；二是进入精英教育机构的人数增加，造成维系师生之间密切关系的精英教育形式受到冲击；三是高等教育规模扩张使原来几乎占据高等教育全部份额的精英教育，受到普及型高等教育的排挤，比例急剧萎缩，地位迅速下降。

一、规模扩张对精英教育质量观的冲击

（一）规模扩张进程中一元化的质量观造成精英教育发展的两难困境

二战后，许多西方国家处于高等教育扩张的初始阶段，高等教育既要应对民主观念的兴起对高等教育扩张的要求，还要保持与传统精英教育同样的高质量，这一双重的承诺让这些国家陷入两难困境。造成这一两难困境的原因主要在于对传统精英教育为标准的质量评价方式持有执着的坚守态度。抱有这种态度的人，被叫作"一元论者"，"因为他们坚持单一高等教育系统的承诺，以共同的标准进行管理——过去他们也常常致力于大学变革，使其具有更多非精英大学的功能，与此同时提高非精英大学的质量（尤其是高等教育技术教育的质量），以使其达到大学的标准。"[1]实质上，这是一种强烈的平等主义意识在作祟。这种平等主义意识的增强发生在二战后，高等教育规模的扩张也有很大程度上是基于平等主义的推动。但是，过激的平等主义并不满足于高等教育机会的扩大，而是在满足受教育机会的同时还强调提供完全平等的质量。

由于资源的有限性，如果要提供传统观念中更费钱的高质量的精英教育几乎是不可能的。传统精小的精英型院校大多是由政府给予资助的，而在高等教育规模急剧扩张的情况下，一些国家仍然在大众化初期的一段时间内保持了这样一种单一的投入方式。然而，却没有一个国家的政府能够为如此之多但却同等高质量的机构提供同样充裕的经费。政府财政的危机并不仅仅是因为高等教育本身的扩张导致的，因为政府的责任不是唯独对高等教育而言，它还需要应对更多人接受更高质量的学前教育、中小学教育的要求，以及其他国防、交通、社会福利等多方面的要求。就对于教育系统的投入而言，事实上，整个20世纪下半叶，发展中国家教育发展的重心放在扩大基础教育规模，而不是高等教育的发展。虽然起点很低，但成果巨大。1965年，发展中国家成年人口中的文盲率达一半，其中南亚地区和撒哈拉以南非洲地区的文盲超过三分之二。到20世纪末，已经有70%的成年人会基本的读写，撒哈拉以南非洲地区识字率超过一半。即便如此，与发达国家相比，他们的基础教育仍需要继续优先发展。因而，这些地区和国家的教育支出仍然向基础教育倾斜，在公共教育开支提高的同时，高等教育开支并没有提高甚至出现下降的态势，例如阿拉伯地区和大多数非洲国

---

[1] 马万华.多样性与领导力——马丁·特罗论美国高等教育和研究型大学[C].北京：教育科学出版社，2011：66.

家。[1] 总的来说，在绝大多数国家，包括经济发达的国家，基础教育、中等教育以及中等后非第三级教育在国民生产总值中的比例是中等后教育的三倍之多。[2] 可见，无论国家的经济是否发达，基础教育的发展状况如何，国家仍然更加侧重对高等教育之外其他教育系统的投入。

应对经费投入有限的办法只能是在维持高质量和扩大规模两者中选其一，要么扩大高等教育规模，这意味着丧失对传统精英教育质量的坚守；要么抑制规模的扩张，这就意味着传统精英高等教育系统向大众高等教育系统的转变。如果一定要坚持持续地扩大规模，那么势必降低生均投入，从而降低对质量的评价标准；而如果一定要坚持所有院校的成本都和传统精英大学一样的耗钱，那么基于资源的有限性，高等教育的扩张必然是慎之又慎的。德国是前一种情况的典型，近乎激进的平等主义让德国在传统精英大学内部进行扩张，与此同时，政府试图免费向每个公民提供同样高质量的高等教育，这就使德国维持大学的高质量并没有建立一个扎实的资金基础。德国原本就因战争而千疮百孔的精英教育从此更加雪上加霜。后者以英国为例，英国高等教育的大众化进程缓慢与它对传统精英高等教育的眷恋有着重要关联。即使在意味着大众化进程具有巨大进展的"罗宾斯报告"中，一方面强调所有具备入学能力和资格并希望接受高等教育的青年都应该获得高等教育的机会，另一方面也提出要在不失去传统学术自由和优秀标准的情况下扩张高等教育。因而，英国的精英型大学内部承担了规模扩张的任务，使大众化成为一种扩大了的精英教育。列维(Neave)对此评价道："英国发展大众型高等教育时，把精英标准扩大到多科技术学院和教育学院这些非尖子高等教育部门，从而导致大学和非大学两类高等教育部门入学标准空前的一致性。一句话，英国的大众型高等教育只是写得大一些的尖子高等教育。"[3]由于精英高等教育质量观的束缚，英国曾一度挣扎在大众化的边缘，与其他西欧国家相比，适龄学生进入高等教育的数量停滞不前。

（二）多元质量观之下精英教育质量的下降仍旧不可规避

当在一元论者那里，规模与质量陷入进退维谷的困境之后，人们开始寻求在大众化背景下如何对质量标准做出一个现实而有效的定义，以便能够走出这样

[1] Education at a Glance 2010[DB/OL]. http://www.keepeek.com/Digital-Asset-Management/oecd/education/education-at-a-glance-2010_eag-2010-en#page1, 2016-11-11.

[2] Education at a Glance 2010[DB/OL]. http://www.keepeek.com/Digital-Asset-Management/oecd/education/education-at-a-glance-2010_eag-2010-en#page1, 2016-11-11.

[3] Guy R.Neave.Elite and Mass Higher Education in Britain: A Regressive Model? [J].Comparative Education Review, 1985(3): 347-361.

一个高等教育发展的两难困境。曾经是特权阶层专属的大学，与提供给更加多样化的学生的高等教育制度之间，存在着一个严重的质量上的差别，这就造成传统精英主义的高等教育质量观显得不合时宜，需要一个完全彻底的转变，否则就会产生更多的问题。学生数量的增长带来学生类型的多样化，质量层次不齐、求学目的不一的学生开始进入到高等教育中。高等教育的大门开始向更多受过中等教育的学生敞开，而曾经只有中等教育中极其优秀的少数人才能有这样的资格。许多曾经没有资格被录取的学生进入高等教育，他们缺乏对大学学习的充分准备，也缺少学习的动机，对他们自己的专业选择和未来充满困惑。已经工作的成年人也开始希望通过接受进一步的升造来改善自己的职业前景和生活质量，而这一类人群的数目持续地增长。传统的精英型高等教育面对这种突如其来的转变，表现出极度的不适应。当一种高质量的且小规模的，到目前为止的主要作用是培养尖子的教育制度要改变为一种更广泛的，能够接收大量来源不一的学生的新教育制度时，就会出现一些极其复杂的问题。但这一趋势已经势不可挡，贵族式的精英教育不得不接受它的教育对象正在发生巨大变化这一不可避免的事实，即使在有些精英大学内部，规模扩张后所精心挑选的学生的智力和能力相比从前并不差，但学生的入学动机、学术兴趣等方面与以往也截然不同，而这些学生被精英部门吸收得越多，精英教育面临的困难将会越大。

有鉴于此，新形势下的精英教育再也不能保持它那曾经神圣不可侵犯的固有标准，多元化的质量观顺势而生。多元化的质量观认为，在规模扩张背景下固守一成不变的和绝对的标准来评价教育的质量，已不再有意义。质量和水平应该是相对的，相对于特定的时间、地点和特定的学习者而言的。时间会改变对质量的定义，比如说，适合于 19 世纪学生的教育肯定不适合 20 世纪的学生。不同国家的教育质量也不应用同样的标尺衡量，发展中国家从发达国家引进的精英教育模式也不一定适合自己国家的学生，因而发展中国家的精英教育也不应是发达国家教育的翻版，所谓的国际标准也不一定具有普遍适用性。总之，在多元化的质量观视角下，质量的下滑有时并非完全是规模扩张的结果，而是在扩张的情况下仍然试图维持传统的质量观使然。即使这种多样化的质量观有时能够为发展多样化的高等教育提供一个恰切的理由，但如果单独就高等教育的精英部分而言，精英教育的质量已经受到侵蚀是无可否认的，这一事实不能因质量观的转变而被忽视或者掩盖。“民主的大众教育并不会自动地妨碍在旧的英才教育模式下的优秀教育水平，更多的教育并不一定就意味着更差的教育，但我们必须承认，这还是有可能发生的，尤其是因为民主大众教育制度的任务从来就比英才教育更困难。”[1]民主大众教育制度不仅要顾及那些最聪明学生的潜力，还要挖掘每一个希望接受高等教育的学生的潜力。这就使传统精英教育的目的不再是高等教育的唯一目的，而只是其中之一，甚至变成极其微小的一部分。这一观点已经在许多大众化和普及化的国家得到验证。

尽管上述原因是极为重要的，但实际上，发展精英教育的困难并不止于此。更多的问题不是大众教育的发展造成的，也并不是其他精英教育系统外部因素使然，而是精英教育机构内部由于规模扩张所悄然发生的变化致使一些精英教育存在的根基被动摇。所谓精英教育存在的根基就是作为高质量的“教育”已经被忽视。脱离了教育的意义，高质量的高等教育将无从谈起。无论外部环境强加给高等教育多少附加的价值和功用，它首先应作为教育的一种形式存在，而不是其他什么。如果忽视了这一点，就等同于忽视了高等教育最根本的意义，质量问题也彻底失去探讨的根基。在大众化以前，精英主义统领高等教育的价值观，大学一直是精英的生产地，“无论在哪个国家，精英学校一直履行着神化的职能，它们在教育过程中完成的那些技术性活动其实与制度化仪式的各个时刻是紧密联系在一起的；这两个教育体系的存在或许就足以让我们注意到这一点：选拔就是‘当选’，考试即是‘考验’，训练就是‘苦行’，离群索居就是接受奥义传授时的避静，技能就是卡里斯玛资格。在精英学校通过分离和聚合这样的神奇活动完成的转化过程倾向于产生被神化的精英群体。”[2]

规模的扩张正在使培养高质量的人这个最根本的宗旨被忘却。如果从培养服务社会经济发展和知识创新的科研精英的意义上，精英教育的成就不是在减弱而是日益增强，能够培养研究型和创新型的精英已经成为顶尖大学最值得骄傲和炫耀的事情，而它们也确实正在这条路上越走越远，无论社会、国家还是学生、教师、家长，这似乎符合所有人的共同利益。即便它无可厚非，但从更宏大和更长远的全人类福祉来看，这样的精英教育却是偏狭的。如果一种精英教育在培养学生的创新能力上是最优秀的，“那么这个最优秀的也是够糟糕的了。”[3]精英教育机构内部的扩张绝不只是表面上的生均经费减少对人才培养质量的影响如此简单和直接，在马丁·特罗看来，规模扩张对教学和科研赖以生存的环境性质产生了影响，而这一层面的影响间接地使教育的使命被遗忘至角落。特罗曾经指出，“一种同精英高等教育中相对较小规模联系紧密的规范认为，从事学

[1] 菲利普·H·库姆斯.世界教育危机[M].赵宝恒，等，译.北京：人民教育出版社，2000：111.

[2] 王建华.大学理想与精英教育[J].清华大学教育研究，2010(4)：4.

[3] 威廉·德雷谢维奇.优秀的绵羊[M].林杰，译.北京：九州出版社，2016：11.

术工作的人在他的有生之年有义务对他自己大学中任何学科的人以及自己学科中世界各地的任何人提供建议等方面的帮助"[1]，而当学生数的增长要求每一个学科的成员都开始成倍的增加时，而学术生活规范还没有相应发生大的变革时，"这样就引起了'制度化疯狂'的格局。从事学术工作的中层和高层人士发现，对自己的时间和注意力的要求的增加至少与'相应的同事'的增长成比例，这可能很快形成学术生活中的交流模式。速度和活动的整个水平都在提高；人们被邀请参与讨论其他人的研究项目；增加会议的次数；为更多的杂志提供更多的经过鉴定的文章；承担更为复杂的同大机构或系统相联系的管理重担。"[2]学者们在面对应接不暇的非传统的额外任务时，有的采取索性回避的方式，较少出现在学校中的办公室或研究机构中；有的则从众多事务中选择对自己利益更为相关的，放弃或者怠慢不相关的事情。最后，增长的代价就是让教师远离学生，远离教学，远离与教育的使命有关的一切。哈瑞·刘易斯不否认，研究能够促进社会发展的设想、发明及创新，着实可以称得上卓越，然而从更重要的教育学生的角度，学术成就显赫的大学并不一定是成功的，至少在塑造学生成为富有学识和智慧，能为自己的生活和社会承担责任的成年人方面，大学是失败的，因此，所谓卓越也只能是失去灵魂的卓越。[3] 总之，精英教育不再全部以培养精英人才为目的，就连最古老的传统精英大学对这个最原始的使命也开始失守。

二、规模扩张对传统精英教育形式的挑战

在大众或普及高等教育阶段，高质量的精英教育更多地与教育形式有关，而不再与内容有关。在马丁·特罗看来，"从 1850 年到 1950 年的 100 年间，精英高等教育建立在一个广泛的共识之上，即对于受教育者来说，什么知识是最有价值的，受教育者应当具有什么样的品质和个性。"[4]而当高等教育入学规模的扩张，尤其是入学率达到 15%左右时，特罗发现，不同的社会甚至同一社会的不同派别对于培养精英需要何种必要的内容，已经不再能形成一致的看法。如果说，在大众化以后的高等教育中，还存在着精英教育，那么就只能从形式上而不是内

[1] 马丁·特罗.从精英向大众高等教育转变中的问题[J].王香丽，译.外国高等教育资料，1999(1):2.

[2] 马丁·特罗.从精英向大众高等教育转变中的问题[J].王香丽，译，外国高等教育资料，1999(1):2.

[3] 哈瑞·刘易斯.失去灵魂的卓越:哈佛是如何忘记教育宗旨的[M].侯定凯，译.上海:华东师范大学出版社，2012:英文版序言 11.

[4] 马万华.多样性与领导力——马丁·特罗论美国高等教育和研究型大学[M].北京:教育科学出版社，2011:49.

容上来描述它。这种形式主要表现在维系相对比较亲密和长久的师生关系，并且创造和维护一种相应的环境设施去实施这一师生关系。[1] 而这种师生关系的维系需要更多的教师数量和更高的教师质量，以便能将师生比固定在较低的比例；也需要更高的教育成本，为维系这种师生关系提供一个相对精小的客观环境。就这一点而言，比之大众教育，入学规模造成的资源紧缺对精英教育的挑战更为严峻。

（一）亲密师生关系是确保精英教育质量的核心要素

牛津经济学者舒美克在其风靡一时的著作《小的是美丽的》中提到，“承认巨型组织在今后是必要的，而最根本的任务是在大组织中获求精小”[2]。精小的共同体能为师生的接触提供亲切的环境，在师生经常亲密接触的过程中提供对话的机会，便会自然形成知识性和文化性的沟通，不仅能形成一种有机的小型学习团体，更能养成学生的良好品性。

大学从诞生时就是一个学术共同体，它是有灵魂且有核心原则的生命体。从形式上，共同体最重要的特征就是规模小，通过一个老师和少数学生长久、固定且密切的交往活动而受到教育，这种形式反映大学本质上为实现学生自我解放的终极目的。在英国，牛津、剑桥的导师制作为典型但并非唯一的自由教育方式，至今仍然被认为是帮助学生实现个体的改造与解放的最彻底的方式。导师制所蕴含的教育价值并不在于学生专心听取老师传授的知识，而在于学生为师生间的探讨而收集材料、撰写论文的前期准备过程，以及在讨论期间学生为论文进行辩护的过程。当导师在讨论中将注意力集中在一个学生身上时，这会使学生觉得值得为这场讨论付出极大的心血。理性的奠基与启蒙从准备的那一刻就已经开始。而真正的解放发生在导师制教学中采取诘问的方式，“导师通过不断诘问学生传达出自己对所教科目的真实想法，而学生在被导师不断诘问的过程中学会了如何向自我发问，并真正弄清自己在思考些什么。”[3]学生不断审视自己的思想、认知、价值和实践，逐渐习惯于表明自己的观点，并接受他人的批判，当学生的思想和行动都上升到不断自我反思和自我超越的阶段时，也就实现了理性的真正自由和解放。另一种在英国被称为研讨班形式的教学虽不及导师制教学有如此巨大的优势，但与导师制相近的是，它仍然维持着师生之间亲密的交往关系，能够达到与导师制较为相近的效果。在剑桥、牛津以及英国的其他大学

---

[1] 马万华.多样性与领导力——马丁·特罗论美国高等教育和研究型大学[M].北京：教育科学出版社，2011：50.

[2] 金耀基.大学之理念[M].北京：生活·读书·新知三联书店，2001：20.

[3] 大卫·帕尔菲曼.高等教育何以为“高”[M].冯青来，译.北京：北京大学出版社，2011：179.

被普遍采用。为了健全学生的心智,形成这种亲密的学术共同体不仅限于正式的教学环境,还应该创造师生可以亲密接触的生活环境。在牛津、剑桥,本科生寄宿制学院作为一个自给自足的单位进行运作,它不仅作为生活的场所,也作为富有教育意义的单位存在。在这里"教学人员不是'教授'而是'研究员'、'导师'和'学监',大学教师对学生品格的培养感到强烈的兴趣,对品格培养和自由教育,明显地不是专业教育,肯定地也不是学科教育,但确是一剂良药。"[1]

在美国、德国以及其他国家的任何一所追求卓越的大学内,都可以看到尽量为师生间创设更多交流机会的措施。埃利奥特在19世纪哈佛大学的改革中也同样倡导过与英国的研讨班相似的互动式课堂。20世纪初,洛厄尔曾在哈佛创建学生宿舍的制度,让几百个背景不同的学生与教授、导师们共处一地;即使在被视为师生交流中的反面典型的讲座课程中,哈佛也尽量控制课程的规模,并鼓励教师加强课后与学生的交往来弥补其缺陷。在德国大学中,研究班与其他组织机构一样可以追溯到18世纪,到19世纪研究班制度扩展到大学教学的所有系科,它的主要目的是引导学生进入科学研究,认识科学工作并学会如何从事该工作,其他对话、辩论和复述等教学方式作为伴随讲座的练习方法,帮助学生理解吸收讲座中的内容,解决困难,回答问题[2]。

也许无法确认导师制是否依然是牛津和剑桥"皇冠上的宝石",而研讨班的教学模式也已有所改变、正在改变并将继续改变,但毋庸置疑的是,当下的精英教育必须以一种或多种形式来维系师生间的亲密关系,其终极目的就是让将学生作为人来教育而不仅仅作为器物进行单向的灌输。只有这样,才可能使高等教育区别于初等和中等阶段的教育。在初等和中等教育阶段,或许大部分时间都用来学习事实性的知识,这种知识的积累主要通过不断的重复、死记硬背来进行。不得不承认,在知识爆发性增长的社会中,确实有大量的事实性知识需要掌握,这有利于进入高等教育阶段从事更具挑战性的研究性学习。但如果高等教育仍以传授被广泛接受的传统知识为主要目的的话,便无法区别于初等和中等层次的教育。也只有这样,才能使高等教育区别于普及化的职业教育。尽管精英教育曾经或者现在仍是通向某一固定职业的起点,不过,这种教育始于职业培养,却不止于获得职业技能,它意在为专门性职业培养具有反思意识的从业者。这一目的最终需要通过超越职业教育的自由教育获得。总之,只有让学生学会探究问题,对理所当然的许多观念和信仰产生质疑,颠覆原先被认为理所当然的

[1] 亚伯拉罕·弗莱克斯纳.现代大学论[M].徐辉,等,译.杭州:浙江教育出版社,2001:59.

[2] 弗里德里希·包尔生.德国大学与大学学习[M].张弛,等,译.北京:人民教育出版社,2009:212.

知识，才能使他的心灵得到解放，心智得以开启，才能称得上是真正的高等教育，即我们所说的精英教育。

（二）生师比的下降使亲密师生关系难以维系

学生规模的扩大使当今的大学成为一座"城市"，要维持一个整体性的有机体已变得十分困难。问题的根本不在于组织上的变革，而是经费、师资等维系小规模教学和师生亲密接触的资源的紧缺。为了维系师生间作为一个学术共同体而不是松散的临时结合体，各种教学形式对于学生的人数都有极为严苛的要求。导师制教学的学生越少效果越好，研讨班即使不需要一对一形式，但学生的人数也应控制在七到十人为宜。但在资金和时间上的代价无疑是极其高昂的。在精英高等教育阶段，接受精英教育的学生人数有限，政府、外部捐赠以及绝大多数来自富裕家庭的学生，都可以为这些代价不菲的教学模式支付附加的学费，教师承担的教学任务即使繁重，也在可以承受的范围内。而在一个大学内部学生人数开始成倍数增长时，首先面临的就是教学经费的紧缺，即使有再多的经费支撑，也无法克服教师数量的紧缺。教师由于过多的工作量以及教学以外的任务而没有充足的精力来保障小班教学的质量，更无暇顾及课后与学生个别化的交往。其次，大学有意地采取措施保护真正的大学教授从事研究工作，使真正承担教学工作的教师愈发紧缺。

一旦规模扩张到一定程度，各种形式的共同体原先的目的将难以达成。首先受到严峻挑战的是导师制。在牛津、剑桥内，以往一对一的导师制教学在很多时候学生增加到三到四人，理工科专业则可能更多。导师辅导课也被削减到仅仅只是规定的最少时间。尽管有些学生对于这种变化持欢迎的态度，但他们也同时发现很难找到时机来讨论自己论文中的闪光点或缺陷，而教师也失去了为学生个体提供更加详细、深入建议的机会，而这正是传统导师制的显著优势。在英国大学普遍实行的研讨班中，由于入学人数增加导致经费紧缺，学生人均年补助急剧减少，从而使研讨班的学生人数不得不从原来的十人以下增长到二十人以上，这样，研讨班无法给每个学生充分讨论的机会，以往学生所能体验到的美妙经历和收获到的感悟，如今的学生也不再有机会获得。在美国的巨型大学中，师生间要展开一对一的交流就更为困难，师生关系不仅开始疏远，甚至恶化为一种相互敌视的关系，有时"学生毫无疑问地将教师当成他们天然的敌人。师生之间很少有心平气和的交流，即使有也通常是秘密进行的。"[1]总之，一个精英教育的共同体，无论以何种形式存在，其规模都不可能无限扩大。当导师制教学已

[1] 哈瑞·刘易斯.失去灵魂的"卓越"[M].侯定凯，译.上海：华东师范大学出版社，2012：72.

经从教师面向一个学生朝着面向两个、三个甚至更多学生的方向发展，有时人数已多到导师制教学名不副实的地步；当研讨班的人数超过能够正常组织讨论的范围；当讲座制的人数超过教师可以用课后的各种方式进行交流来加以弥补的地步……“这种廉价换来的高等教育‘大众化’对一些升入大学的年轻人来说，就意味着今天的‘大学生经历’只能算是过去标准的贫乏的版本。”[1]

为了保证质量，在面对高等教育整体范围内的大规模压力时，坚持精英教育内部的小规模是必要的。我们可以看到在很多地方，仍然在坚守着这一关键的特征。在大众化甚至普及化的高等教育系统中，很多大学以三到四万名学生和教师构成一个混杂的居住和交流群体，而以精英教育为主的大学以各种形式保持着以往几千名学生在一起的共同体。即使学生人数不断增长，也往往会拆分成小的单元。“美国研究型大学当中稍低一层级的‘学院’就是这样的代表。因为被分成小的教学机构，这些院校的真正规模与宣称的规模是不一样的。有许多学员其实是有名无实的，只是教师和学生自发形成的无形学院。在欧洲大陆的大学，这些学术共同体是由一个系或一个研究项目的人员、一个实验室，或者有某个教授领导的高级研讨班来定义的。”[2]这些大学可能还会同时承担着大众教育的功能，但往往与精英教育的部分有着明显的界限，例如安排一个单独的部门承担大众教育，或者接受大众教育的学生往往通过走读的方式，又或者利用与精英教育交错的时间进行，也有可能是这几种方式的组合。相对于巨型大学的混合性，美国的部分小型文理学院则较为纯粹地维持着教学共同体的形式。它们的课堂教学几乎全部以研讨的形式进行，教授都是全职，极少数有兼职的，更没有助教替代教授上课的现象。教授在教学方面投入极大的精力，为学生提供个体咨询，与巨型大学相比，文理学院的教授和学生更具有学校大家庭身份的认同感。

在 80 年代入学人数的增加导致英国大学教学时间出现下降的背景之下，一些英国的精英大学开始试图恢复牛津、剑桥的真正物超所值的教育。21 世纪初时，曼彻斯特大学决心重新为所有学生提供接近于一对一的学习辅导，兰开斯特大学也试图重新保证在校生与老师接触的时间每周不少于 10 个小时。[3] 在教师个人层面，使用助教制来克服困难是目前较为普遍且有效的途径。例如，牛津大学的教授为了坚持一对一的传统导师制，借用美国助教制的做法，让一些研究

[1] 大卫·帕尔菲曼.高等教育何以为“高”[M].冯青来，译.北京：北京大学出版社，2011：51.

[2] 马万华.多样性与领导力——马丁·特罗论美国高等教育和研究型大学[C].北京：教育科学出版社，2011：56.

[3] 大卫·帕尔菲曼.高等教育何以为“高”[M].冯青来，译.北京：北京大学出版社，2011：70.

生来担任初级导师，教授本人和研究生将共同承担辅导课。这些初级导师不够智慧和博学，但他们的热情、对新生事物的敏锐和与本科生之间较小的年龄差距，是教授所不具备的优势。尽管如此，大多数情形下，补救性的办法总会显得如此的无力。助教参与教学的问题正日益复杂化。由于助教的能力所限，教授们分配给助教的通常是乏味的苦差事，这使助教对教学的兴趣难以被激发，更不会考虑利用助教机会提升自己的水准。而家长和学生认为，助教正是嵌入学生和教授之间一个不必要的中间层，越来越成为教学中的焦点问题。各种各样的共同体正在适时地重新定义自身以满足不断增长的学生数量和学校规模，并且以这样或那样的方式勉强延续下来。但是，它们在结构、过程和目的上都正在改变并将继续改变。且不说曾经牛津、剑桥大学的导师制教学有多少的闪光点，在高等教育如此一往无前地扩大着规模的时代，我们还能否坚守这种背道而驰的精英教育形式，也难以定论。

三、规模扩张使精英教育地位逐渐式微

在精英高等教育阶段，精英教育就是高等教育的全部，然而，随着高等教育规模的扩大，其他非精英教育机构开始如雨后春笋般崛起，精英教育在高等教育系统中的份额日益缩小，即便精英教育如何重要，其地位的下降也在所难免。

首先，精英教育的资源被大众教育所挤占。高等教育所有资源中，最关键的就是资金，资金充裕与否事关质量的高低。而发展其他形式的高等教育因其大量的增加需要资金的支持，精英教育却因其本身就是一种经费高昂得近乎奢侈的教育模式而需要维持一贯的风格。在高等教育规模急剧扩张的情况下，整个高等教育系统的经费上涨并不是跟规模成正比例的，在有些国家的一些时期，甚至表现出负增长的情况。尤其规模的扩充呈现出无计划的、失控的甚至是混乱无序的状况下，后果就是高等教育财政出现危机。故而，两者在财政紧缩的情况下，资金的互相争夺就会越发激烈。而在平等主义至上的年代，为更多的人提供高等教育的机会成为首要任务，扩张中的大众教育变成了资金抢夺中更有利的一方，精英教育则不得不降低自己的教育成本，以此导致质量的下降。学生和教师是一个学校的生存之本。尤其在学费成为学校重要的资金来源时，越多的学生就意味着越多的金钱，这种赤裸裸的近乎拜金主义的生源抢夺战已经上演，而优质的生源则更加抢手。教师的质量和数量对教育的质量也至关重要，学生的急剧增加不得不使各个机构想尽办法招聘更多和更优秀的教师。虽然在某种程度上，许多非精英教育机构对学生资质和教师的要求并不在一个层面上，但为了获得与精英大学同等的地位和资金支持，非精英大学容易竞相仿效精英大学，以

那些精英大学招聘教师和选拔学生的标准来提升自己的规格，希冀能获得更高的声誉和地位。不管是否能够成功，以此为手段，一步步地向高层次院校升格成为它们的最大抱负。

其次，精英教育一贯的自主权遭到破坏。以高深学问为合法性存在基础的精英教育，有史以来就以学术自由的大学自治为其生存和发展的根基。只有具备充分的自主权，才能更好地发挥其培养精英的功能。较之精英教育，新兴的普及高等教育更多受到国家和社会的控制，教育目的也更多地被束缚于外部的直接和即时的需要，所以一般拥有更少的自主权。当高等教育与外部环境愈发紧密联系在一起时，这种政策往往偏向于受外部控制较多的普及性高等教育一方，精英教育的自主权继而受到侵蚀。如果在一个精英教育机构内部也同时存在大众教育的职能，那么自主权更加会受到破坏。几乎在任何地方，传统精英大学都曾经由学者管理，学生也是重要的治理参与者，学生和老师容易对这个属于他们的共同体取得价值观方面的广泛认同。但是，当院校增加了大众教育的功能后，更多不同背景的学生和老师对院校有着自己多元化的看法和观念，他们之间便失去了以往对精英大学的传统理念的共识。基于学者和学生的自治变得不再可能，相反地，一个强有力的校长和领导团队显得更为重要。无论在系统层面还是在学校内部，当自主权受到抑制而外部的控制加强之后，可能对于完成大众教育职能的影响并不大，甚至是有益的，但是对完成科研活动和高深学问的教学和学习却是具有破坏性的。

最后，在一个精英主义的大学内部进行大规模扩张，大学容易遭到有形和无形的双重危机。如果规模扩张不是在传统精英大学外部，而是在历史悠久且规模一直较小的精英大学内部，那么事实证明，这是一个不明智的选择。有形的危机主要表现为学校的设施被过度使用。如果过度使用教学和研究设施，就会导致教师和学生的不满，并降低教学质量和学术标准。意大利的精英教育曾经如此优秀，而当大量的学生进入历史悠久的精英大学内部，有限的设施已经遭到极度的破坏。无形的打击则更加可怕。如果在精英高等教育系统内部，以低于传统大学的标准招收学生，更多能力和素质不足的学生进入大学，一方面教师想传授最前沿的专业知识，一方面学生并没有学习欲望。除此之外，高等教育快速扩张也将对课程质量、师生关系产生影响，甚至还引入了庸俗的市场、大众政治与民俗文化。为了迎合作为“消费者”的学生，打着平等主义的谎言，它们不再仅限于所谓的高深学问，许多中间水平的学问，尤其是实用性的专门知识得到精英大学的承认和扩展。传统的大学文凭遭到贬值，大量拿着贬值后的文凭的毕业生进入市场，要么导致失业，要么导致不充分的就业。对学生个体而言，关系到他们一生的前途和命运；就整个社会而言，有可能导致经济上的消极后果和政治上的不稳定。

总之，当精英教育成为高等教育系统中不断萎缩的一个部分时，它的地位被逐渐边缘化，传统观念也会被逐渐异化，精英教育极其容易陷入非精英化的漩涡，糟糕的是，这是几乎所有大众化的国家都曾经存在或正在经历的问题。

第二节 优秀与平等的冲突

高等教育历来就在优秀与平等的双重价值之间进行无休止的协调。不同时代和不同社会的教育发展史表明，追求优秀和平等是历代人所努力的两个核心价值观，但两者之间往往冲突不断。一个理想的社会非常注重宣扬选优政策，这种政策鼓励从社会上选拔最具有创造性和能动性的人才，让他们接受更高一级的教育，但是这种以优秀为原则选拔人才的方式只会强化对弱势群体的歧视，而且还会使这些人更难以发挥学习潜力。同样，如果以降低高等教育赖以存在的优秀标准为代价，实施高等教育的平等计划，那么这一计划将难以持久。对优秀标准的放松，也不能算作什么公共利益。而两者的冲突在大众化背景下则显得更为突出，在激进平等主义观的冲击下，优秀的丧失是不可避免的。

一、优秀的获得与平等的牺牲

一直以来，高等教育中优秀的获得大多是以平等的牺牲为前提的，即使随着民主意识的增强，在称为最优秀的高等教育中，越来越强调平等的重要性，但最终平等仍是一件牺牲品。

在漫长的高等教育发展历程中，曾经有很长一段时间，精英主义一直占据着上峰，培养精英人才是高等教育无可争议的使命。精英主义的基本观点是“社会原则上应该由天生有才干和严谨而富有冲劲的精英人才按照效率和产出的标准来管理，社会中的利益和责任也应该严格按照对生产力的总体贡献来予以分配。”[1]精英主义的理论依据是基于一个简单事实，那就是有些人比其他人更出色，即更聪明、更博学、更能干、更难取代。也许不能否认每个人对这个世界都有贡献，但并不意味着所有的贡献都同等重要。没有人能够否认人生来就在能力上具有差异性这一简单的事实，也没有人能够藐视和回避“智识上的甄别”[2]的

---

[1] 凯·尼尔森.平等与自由[M].傅强，译.北京：中国人民大学出版社，2015：146.

[2] 威廉·亨利.为精英主义辩护[M].胡利平，译.南京：译林出版社，2000：3.

意义。在教育中通过将聪明人与笨人的分隔，聪明人的才智将会发挥到极致，是大学的重要使命。自大学诞生之日起，其本质就是精英主义的。“一方面精英主义价值观反映了政治领域‘精英统治论’对大学的影响；另一方面大学本身也具有适合于精英主义价值观生长的环境。”[1]精英统治论坚持认为，任何社会最终都将由精英统治。只有那些最优秀的人才能实现社会总体上的进步。为了稳定精英统治，学校系统必须沿着精英主义路线并使之合理化。在机构内部，提倡学生博学多识比孤陋寡闻好。在机构之间，提倡自由竞争、优胜劣汰，则比平庸凡俗要好。唯有如此，学校才能挑选并培养出各个领域的精英人物，引领社会经济、文化、政治等方面的全面发展。中世纪的大学甚至更早以前的古代高等教育机构就具备精英主义价值观生长的土壤。中世纪以前的古典和人文学科是这种精英主义价值观的主要来源。以这些学科为主要内容的大学教育承载的并非是培养普通大众的使命，而是让学生成为某种特定类型的人，这样的人可能从事牧师、律师、医生、教师或者其他什么职业。但绝非仅仅局限于职业，这样的人更是具有高尚的品性、杰出的智慧、与众不同的气质的绅士。19 世纪虽然自然科学的内容进入大学，但精英主义价值观仍然反映了大学的根本使命，即大学就是要为社会和国家培养精英人才。在现代社会中，经济学再次为精英主义在高等教育中站稳脚跟提供了强有力的理由。从经济效率考虑，高等教育花费如此巨大的成本，应该尽所能强调个人潜能的最大释放，才能使投入产生更大的效益。

事实上，精英主义的大学一直存在着不平等的现象，只是在等级制度森严的历史阶段，精英教育是否平等并不重要，重要的是能否为统治阶层服务。随着平等意识的增长，人们发现“教育机会方面的英才主义所导致的不是公正而是不公正。”[2]单就财富的差异而言，高收入的群体比低收入群体更容易得到接受高等教育的机会。也同样因为经济原因，越是顶尖的精英大学，它的学生构成就越是不平等。除了费用的问题，精英主义的大学所承认的有成就和天赋的学生需要更高的社会地位和更优越的家庭背景，这样才能比处于相对劣势的学生获得更多的社会和文化资本。越来越多的方面表明，“精英学校不仅无力逆转这个越来越不平等的社会，它们甚至在雪上加霜。”[3]学校不是在缩小阶层之间的差距，而是固化阶级特权，妨碍社会流动性，对阶层再生产起着促进作用，甚至在某种程度上扩大社会的不平等。经济因素只能是造成机会不平等的主要原因，但不

[1] 王建华.大学理想与精英教育[J].清华大学教育研究，2010(4)：3.

[2] 约翰·S·布鲁贝克.高等教育哲学[M].王承绪，等，译.杭州：浙江教育出版社，2001：70.

[3] 威廉·德雷谢维奇.优秀的绵羊[M].林杰，译.北京：九州出版社，2016：188.

是唯一的原因。机会的多少还会受到学生所处出生地的地理条件等其他方面的制约。这个意义上，平等的价值已经而且正在继续被追求优秀的动机所侵蚀。

另一个决定是否能被精英大学录取的关键因素是学生、学生的家庭是否与大学共处于同一个权力场域，这个场域本身就是一种不平等的存在。在精英主义至上的高等教育发展阶段，能够进入大学的是统治阶层的子弟，而统治阶层正是高等教育的举办者，他们创办学校就是以培养自己的继承者为目的的，故而学生、学生的家庭以及大学本身明显地共处于一个权力场域之中。民主意识的觉醒要求其他阶层也应该有接受这种高等教育的权利，从表面上看，越来越多的学生来自统治阶层构成的权力场域之外，实质上却并非如此，只不过表现形式更加隐蔽和间接。由于越是精英化的大学在选拔时越依赖于主观性的评价而不是实证性的数据。学校中参与入学选拔的考官们认为优秀的申请者身上所体现出来的天赋和能力是来自中上阶层家庭的考生所具有的；相反，那些不被考官们所看好的学生身上所具有的品性正是那些来自普通大众家庭的考生所具有的特征。而这些好或者不好的品质正是学校教育的产物。精英主义认为“社会分层是不可避免的，并且如果这种分层是基于能力的话，那么就是公平的。”[1]然而，即使是看似公平的基于能力的选择，也并非符合官方宣称的机会平等原则。实质上是无数选择造成的结果，而学校在其中扮演着关键性的角色。具体而言，学生在选择学校时总是倾向于某一所学校，而这个学校一般与他们家庭所反复灌输的习性最为接近。反之，学校内部的学业机制也引导学生选择自己，因为家庭灌输的习性是权力场域给予的，而学校又是权力场域的引导者。在布迪厄看来，“无论是教师在对学生进行引导和选拔的过程中完成的选择，还是学生按照志向选择逻辑在进行自我引导、自我选择的过程中实施的选择，总之，行动者的所有选择都受到了学校、学科、专业结构的支配，他们必须采用与学校方面的这些客观划分相对应的关注原则和划分原则，以便按照学校、学科和专业的结构进行自我定义。”[2]

问题还不仅仅在于精英学校的录取流程，改变录取流程也远不能改变这个社会的不平等。更深层的问题是，那些经过精心选拔进入名校的人，接受的教育不足以让他们真正明白精英教育到底给他们带来了什么。很多时候，精英主义的大学传递给学生的是高高在上的精英主义价值观。按照杰斐逊的观点来说，

---

[1] 凯·尼尔森.平等与自由[M].傅强，译.北京：中国人民大学出版社，2015：149.

[2] P.布尔迪厄.国家精英——名牌大学与群体精神[M].杨亚平，译.北京：商务印刷出版社，2004：241.

他们是天生的贵族，这些人所具备的能力理应获得更多的回报。一位哈佛的优秀毕业生曾这样批判自己母校的文化，他认为这种文化“将各种真诚的理想，诸如多样化、为公众服务和宽容精神，仅仅挂在口头；实际上则向学生们灌输成功的交易，引诱他们……非常微妙地，向他们许诺；他们所拥有的一切皆为他们天资的权利所赋予。”[1]不仅在哈佛，在任何一个国家的选拔和栽培社会领导者的顶尖学校中，都让学生相信，现代精英的统治被认为是正义的、名副其实的，他们在社会上的地位也绝不是偶然的，完全是适才适所。于是，那些从精英大学走出来的精英心安理得地认为世界由他们统治是理所当然的，因为他们是最优秀的。怀着这样的心态，一旦他们控制了关键领域的权力，通过手中的权力为自己和所在的群体谋利也似乎成为符合正义的行为。从而，他们以正当的名义进一步延续或者扩大社会阶层在利益分配上的不平等。即使财富不是精英追求的唯一目标也是重要目标之一。精英获得利益的多少在很大程度上取决于精英们的同质性，比如出身于中上阶层、受过良好的高等教育、在各个重要部门高层职位之间的规律性变动等。米切尔·哈特曼发现，尽管同质性本身并不能说明每个精英所掌握权力的程度，但精英们之间同质性越强越能更好地帮他们植根于统治阶级，从而运用权力强制执行自己的利益。哈特曼比较了欧洲四类收入差异不同的国家，精英之间同质性最弱的国家，社会不平等程度是最低的，如斯堪的纳维亚国家；而英国、西班牙、葡萄牙等国家的典型特征是精英有较高的社会出身和高度的同质性，如预期所料，这些国家的贫富差距是非常悬殊的。[2]

理论上，大众或普及高等教育阶段的精英教育不再是统治阶层的特权，实际上，却正在变得更加特权。对于特权的照顾以各种形式暗藏于精英学校的入学选拔过程中。种种迹象表明，精英学校在选拔生源时，并没有给低收入的家庭多少机会，反而更加倾向于高收入和上层家庭的子女。在欧洲，精英教育的封闭性仍然是不可否认的事实，美国、日本等国家的精英教育虽并不像欧洲那样被上层阶级垄断，但对极少数劣势群体的照顾并没有改变作为一种特权的精英教育本质。丹尼尔·古登曾经详细描述了精英学校录取学生时，如何照顾特殊的三类人：“捐款人、潜在捐款人，以及名人子女；教工子弟；运动员和校友子女（人数最多）。每一类人所占的比例大约从10%到25%不等。”[3]在哈佛大学这样一个最为精英主义的校园里，聚集着出身高贵的学生，来自非特权背景的奋斗者们只

[1] 罗斯·格雷戈里·多塞特.特权：哈佛与统治阶层的教育[M].珍栎，译.北京：生活·读书·新知三联书店，2014：12.

[2] 米切尔·哈特曼.精英与权力[M].霍艳芳，译.北京：中国社会科学出版社，2011：9.

[3] 威廉·德雷谢维奇.优秀的绵羊[M].林杰，译.北京：九州出版社，2016：189.

是沧海里的一叶扁舟。除了肤色不同，他们都几乎来自世界各国最优秀的高中，住在各地的上流社区。总之，在平等意识激增的压力之下，性别和种族的多样性在一些平等主义者看来，只是个幌子，甚至是一种托词。它所掩盖的是社会阶层日趋分化的残酷现实。对于绝大多数普通大众家庭的孩子而言，所谓机会的平等没有任何意义，因为他们根本就没有机会申请精英大学，从天赋条件到成长过程中的学习经历所形成的差异已经注定被淘汰出局的命运。

与此同时，在高等教育大众化和普及化的国家，一个普遍的趋势是，越是卓越的大学，学费越是高昂。由于规模扩张使大学办学经费日益紧张，许多国家开始向学生收取学费，以此缓解捉襟见肘的经费问题。有些免费向学生提供高等教育的国家开始收取学费，另一些原本就收费的国家则不断地提高学费。有些学者研究发现，虽然受教育机会的平等似乎得到了改善，但进一步调查发现那些社会经济地位较低的学生往往只能以高昂的学费获得低质量的教育，还发现这些学生需要通过兼职来偿还自己的学费，致使在教育过程中也出现了不平等。[1] 耶鲁、普林斯顿和哈佛三所顶尖名校学费十分高昂，而“这三所大学的大多数学生几乎无需任何经济资助，不用贷款或奖学金，便可以直接付清学费——这一点最有利地证明了在不考虑家庭经济状况的招生政策开始实施的三十年之后，三巨头仍旧吸收着绝大部分来自最富裕家庭的学生。”[2]所以，至今为止，在这类的世界顶尖院校中，除了肤色不同，他们其实都来自同样的背景——富裕或者有地位的家庭。学费只是一个方面，在那些所谓被认定为高质量的精英大学内，经济因素对一个学生能否被录取显得更加关键。对于一个经济困窘的家庭来说，能让子女踏进这些精英大学的门槛也是天方夜谭。一项在美国宾夕法尼亚州进行的有关智商在 110 以上年轻人的研究表明，在家庭财富中上水平的人群中，有 57%的子女进入文理学院，但在那些中下水平家庭的子女中，仅有 13%的人上了学院。如果加上一般智力的年轻人，从机会平等的原则而言，即使上不了传统的学院，也应该进入高中后的其他初级学院、技术学院等接受培训或教育。但事实上，受到经济条件的限制，贫困家庭的学生甚至连高中教育都不能完成。美国来自低收入群体的孩子中只有三分之一能从高中毕业。[3] 加之，培养

[1] Wang Hsiou-Huai. The Dilemma and Solutions for the Conflicts Between Equality and Excellenc-e in the Massification of Higher Education in Taiwan[J]. Chinese Education and Society, 2012(5):82-98.

[2] 杰罗姆·卡拉贝尔.被选中的:哈佛、耶鲁和普林斯顿的入学标准秘史[M].谢爱磊，等，译.北京:中国人民大学出版社，2014:799.

[3] 哈佛委员会.哈佛通识教育红皮书[M].李曼丽，译.北京:北京大学出版社，2010:63.

一个有能力角逐精英大学有限入学名额的孩子需要极高的成本，富裕家庭倾注在孩子身上的各种资源不是普通家庭能够承受的。所以，即使在哈佛大学等精英大学中呼吁平等，只是照顾到弱势种族中并不属于弱势，而是居于上流阶层的极少部分人。总之哈佛还是富庶人家子女的哈佛，至于那些极少数来自非特权背景的奋斗者们只是“米饭里的调味品”[1]。

通往精英的世界如此残酷，虽然我们总喜欢用卓越、优秀、高贵之类的词语来形容精英及精英教育的世界，但事实上，这个世界背后充满了算计、不公、偏狭和利益交换。而对这一切，只要追求优秀的心存在一天，背后的不平等就会跟着存在一天。

二、平等的承诺与优秀的丧失

高等教育中的平等，其核心思想是受高等教育机会的均等，“特别是指获得一种教育，从而获得更好的职业和更加令人满意的生活可能性的机会的均等”[2]。克拉克・克尔将高等教育的机会均等归纳为两种，一种是未经调节的机会的平等，另一种是补偿的机会的平等。未经调节的机会的平等“意味着在个人的发展的性向相似的地方，给他们开放的机会也应该相似——没有由于种族、性别或信念等的不平等待遇。按她或他现有的能力和以前的特权进行分配。”[3]有些精英主义者也会支持这种机会平等的观念，他们在提倡人们竞争社会各种稀缺资源时是完全自由的，人人都可以参与，这样的竞争中是“根据人们的天赋和成就来给予奖励，而不是根据社会地位、阶级、种族、性别、友谊或是恩惠。”[4]精英主义也因不反对“未经调节的机会的平等”而被称为旧式平等主义。但精英主义认为，机会平等的重要性应该置于按能分配之后，价值主要根据智力和努力，或者根据能力和贡献来加以衡量，在此之后，其他的社会阶层根据他们各自的价值在公平机会的环境下被赋予奖励与责任。新式平等主义比旧式平等主义更强调机会平等的首要性，即倡导克尔所说的第二种——“补偿的机会的平等”这一观念，“这意味着在个人的潜在的性向相似的地方，补偿的机会应该给那些由于以前缺少特权而少受优惠的发展他们的性向。”[5]罗尔斯作为新式平等

[1] 罗斯・格雷戈里・多塞特.特权：哈佛与统治阶层的教育[M].珍栎，译.北京：生活・读书・新知三联书店，2014：52.

[2] 克拉克・克尔.高等教育不能回避历史[M].王承绪，译.杭州：浙江高等教育出版社，2001：235.

[3] 克拉克・克尔.高等教育不能回避历史[M].王承绪，译.杭州：浙江高等教育出版社，2001：64.

[4] 凯・尼尔森.平等与自由[M].傅强，译.北京：中国人民大学出版社，2015：147.

[5] 克拉克・克尔.高等教育不能回避历史[M].王承绪，译.杭州：浙江高等教育出版社，2001：65.

主义代表认为，“人们的不同生活前景受到政治体制和一般的经济社会条件的限制和影响，也受到人们出生伊始所具有的不平等的社会地位和自然禀赋的深刻而持久的影响，然而这种不平等却是个人无法自我选择的。”[1]因此，由于出发点方面而形成的能力上的差异，应该通过调节主要的社会制度予以补偿，亦即高等教育结果的平等。他们“强烈反对将高等教育各个部分之间差异制度化。……致力于消除高等教育各部分之间的鸿沟，降低高等教育系统中各个部分及院校之间存在的社会地位、质量、成本及设施方面的差异。”[2]他们坚持认为高等教育系统中各种机构和形式之间的差异最终引起学生、教师等其他方面质量的显著不同，较低层次的机构和形式总是与来自社会中下层的学生紧密相关。基于人道主义的立场，应提高低层次的高等教育“质量”，达到尽量接近高层次的高等教育的标准，以此消解因受到不平等的教育而产生新的阶级分化，或继续扩大原有阶级分层间的鸿沟。总之，强调机会均等鼓励高等教育的差异，强调结果平等则致力于高等教育资源的均等分配，不同的平等观必然导致截然不同的高等教育变革方向。

强调补偿性的机会平等，虽然有利于为弱势群体生活前景方面提供更多的机会，但会同时产生两种使优秀丧失的后果。一方面，为才智平庸者提供超出能力范围之外的过多的机会，这既是对极其稀有的精英教育资源的浪费，是对“优秀”的不公，也是对才智平庸者的另一种不平等。为了矫正过去的种族或民族歧视，在大学录取时，将弱势种族或民族作为优先考虑的对象，实行补偿性的机会平等原则。这种原则使弱势群体在同等条件之下，比较容易被一流大学录取，比如拉美裔、非裔或者北美原住民和太平洋岛民，而先天具有种族优势的白人就会难一点，至于超常成功的亚裔或犹太人就更难一点。一些得到政策照顾的学生，表面上实现了补偿性的机会平等，为这些学生增加了融入主流文化的机会，事实上由于语言的问题、原有基础的极其薄弱、生活习惯的巨大差异等各种原因，少数种族学生在校园内学习和生活极为艰难，这些学生的毕业率相当糟糕。如果这些学生最后招致学业的失败，那么开始的平等将没有任何意义。从这一角度而言，平等的机会不仅没有排除因出生不平等对他们生活前景的影响，反而抑制了他们的内在能力，与其给予特殊的照顾，不如让他们到一个与自身能力相匹配的学校学习。为实现补偿性的机会平等而制定针对劣势群体的优惠政策也剥夺

[1] 约翰·罗尔斯.正义论[M].何怀宏，等，译.北京：中国社会科学出版社，1988：译者前言 5.

[2] 马万华.多样性与领导力——马丁·特罗论美国高等教育和研究型大学[C].北京：教育科学出版社，2011：66.

了少数种族学生凭借自身能力参与竞争的自由和机会。一些少数民族学生认为,优惠政策本身就是对少数民族的歧视和偏见,他们以享受优惠政策为耻,更愿意平等竞争,不需要通过特殊途径获得上大学的机会。有时候,一个靠个人勤奋、好学取得成就的黑人在白人眼里会想当然地被认为他依靠的是某些特殊途径而不是自身的履历。

另一方面,才智平庸者占据稀有的精英教育资源就意味着另一些更优秀的人丧失了使自己潜能得到充分发挥的机会和前景,这是对"优秀"的一种漠视。美国就曾经发生这样的典型案例。在20世纪60年代,美国民权运动主张作为补偿性的机会平等观念应该进入高等教育领域,因而美国规定在大学录取学生时不同民族的学生采取不同比例的名额,精英大学也不例外。政策的目的是弥补不足的少数民族群体在高等教育中由于历史、经济和社会等方面的劣势而无法实现平等的受教育机会。然而,这样的政策一直持续遭到来自白人和亚洲团体的极大抗议,理由是这样基于少数民族成员的招生名额分配是不公平的,因为它没有把一个人的优点和能力考虑在内。这样就把许多比黑人和拉丁美洲的人更好学习成绩的白人和亚裔排除在外。1978年的贝克案就是典型案例之一。加州大学戴维斯医学院的政策规定每年在100名新生名额中留出16个名额,给那些处于不利地位的申请者。名叫贝克的学生没有达到依一般规定的录取分数线,两次被该校拒绝。他向法院起诉,称如果他来自少数民族,他的分数可以使他获得进入医学院学习的机会。因而他认为这一优惠政策是对他作为一个白人的"反向种族歧视",剥夺了宪法给与他的平等权利,违反了平等原则。最后,尽管法院的意见极不统一,法官刘易斯·鲍威尔还是判定贝克为胜诉方。[1] 补偿性的制度近来被越来越多的人视为一种表面文章,因为它不仅没有达到缩小差异的目的,反而侵犯了以能力、智力为基础进行竞争的自由。奥谢的话极为有力地证明了"在一个民主社会中,阻止一个在智力或性格与体力上属于强者的人取得凭天赋能力所能取得的成绩,其不公正、不民主和犯罪的程度正如阻碍一个弱者在与同伴竞争时最大限度地发挥其能力一样。"[2]对劣势群体的优惠政策某种程度上限制了具有同等条件甚至条件更为优秀的人获得更好的发展机会。在入学名额有限的情况下,补偿少数劣势群体不平等的社会地位,同时减少其他有能力者进入一流大学的可能性,在新式平等主义看来,这种正义原则是对价值和

[1] 菲利普·G·阿特巴赫.21世纪的美国高等教育[M].施晓光,等,译.青岛:中国海洋大学出版社,2007:414.

[2] 约翰·S·布鲁贝克.高等教育哲学[M].王承绪,等,译.杭州:浙江教育出版社,2001:73.

应得的拒绝。

追求平等本身并无罪，但是当平等趋向于接近极端的平等时，平等往往会阻碍优秀。高等教育中平等与能力的对抗在新式平等主义那里不是最为激烈的，因为新式平等主义也同样坚定地相信存在天生智慧和美德的贵族，他们将指引社会的发展进程。适当的平等是给才能和努力开启大门，在这里公平的机会平等将会保障为了进入精英层级而进行的竞争。”[1]而当“不假思索、部分好坏优劣的平等主义的错误一方频频获胜。一股反智识的平民主义思潮甚嚣尘上”[2]之时，“追求优秀、卓越彻底被贬斥为不合法的行径。在结果上主张的精英主义也遭到平等的背弃。在激进平等主义看来，承认能力和智力差异所致的不平等似乎具备充分的道德合理性，实质上却是道德专断，精英主义，一定是平等主义的道德敌人。这种看似最为彻底的平等化实质上是对真正的平等主义的讽刺。因为这样一来，就剥夺了所有人的智识资本和道德资本。原本正是在这层意义上，精英教育才开始有机会享有自己公正的份额。毕竟，天赋与后天才能方面具有超出常人水平的人是极度稀有的，以其他理由排除对少数“天才的贵族”既是事与愿违的也是不公正的。正如布迪厄所言，名牌大学与普通大学的分离构成了基本对立面，促进整个社会空间结构和权力场域结构的形成，而学业机制又引导那些被灌输了相应习性的学生选择与之匹配的学校，学校与社会的互动过程最终使社会空间的构成性差异得以永存。[3] 这对于致力于无阶层社会的激进平等主义者而言，是无法接受的事实。他们不放弃对无阶层社会的构想。这样的社会没有主人和仆人，没有老板和雇员，“每个人都在同等需要的情况下，对能够被共享的可用资源有权拥有平等的份额。”[4]只有这样的情境才是对民主思想和平等主义思想的根本解释。激进平等主义者对结果平等的亲睐与高等教育对优秀的双重承诺要求高等教育质量的绝对平均化成为一种不可能实现的美好愿景。

三、规模扩张进程中两种价值观冲突导致的精英教育危机

第二次世界大战后，西方关于精英主义与平等主义的论战愈发激烈，围绕着这两极的论争构成一系列社会问题的基础。一般认为，高等教育的大众化进一步扩大了受教育的机会，促进了高等教育的平等。然而，事实却并非如此简单。

[1] 凯·尼尔森.平等与自由[M].傅强，译.北京：中国人民大学出版社，2015：153.
[2] 威廉·亨利.为精英主义辩护[M].胡利平，译.南京：译林出版社，2000：4.
[3] 布尔迪厄.国家精英——名牌大学与群体精神[M].杨亚平，译.北京：商务印书馆，2004：234.
[4] 凯·尼尔森.平等与自由[M].傅强，译.北京：中国人民大学出版社，2015：67.

强调平等的人认为，高等教育应该为每个人提供平等的机会，为此，政府应该建立足够的学院和大学来满足所有人的需要。强调优秀的一方却认为，高等教育不是义务教育，并不是每个人都适合高等教育，应在研究和教学中追求卓越，把重点放在为社会提供更高水平的人力资源做准备。双方各执一词，互不相让。直至两者之间的张力失去平衡，平等主义最终一胜再胜。

许多国家将高等教育作为促进平等的重要政治工具，相信高等教育能起到促进社会阶层流动的功能，进而有利于社会更加民主，故而将高等教育急剧扩张作为首要任务，同时，越来越多的青年人也意识到高等教育对于改变社会不利地位的重要性。入学者、社会和国家对高等教育的需求共同促使规模的扩张，并期待它能真正成为实现平等的利器。“当入学人数极为有限时，接受高等教育被普遍认为是出身好或天赋或两者兼备的人的特权，而当入学率达到适龄人口的15％时，人们开始逐渐把接受高等教育看作是那些具有一定资格者的一种权利，当入学率达到总人口的50％时(在有些地区更高)，接受高等教育越来越被看作一种义务。”[1]这种权利或者义务并不意味着接受精英教育的权利或义务，因为随着规模的日益扩充，任何一个国家都没有办法提供与原来精英高等教育阶段同等的高等教育。当人们对高等教育的期望没有随之降低时，就发生了所谓平等与优秀的冲突。追求优秀是人的本能，加之高等教育越来越成为人们获得更好的生活前景和社会地位的一种必要条件时，他们不仅把接受普通的高等教育作为一种权利，还将接受更加优质的高等教育作为一种基本权利。而这种优质的高等教育往往是以传统的精英教育质量作为衡量标尺的。也就是说当传统精英型的高等教育由于规模扩张发生变化时，人们对它的认知和期望仍然停留在过去，当扩张后的高等教育无法达到原有的标准时，即便提供了另一种所谓大众型的高等教育，人们仍然认为没有得到公平的待遇。

规模扩张背景下，精英教育质量的下降已是不争的事实，精英主义的价值观受到侵蚀，平等的实现是以优秀标准的降低为前提的。从表面上看，确实有更多的人接受了高等教育，但他们所受到的高等教育不再是以前的精英教育。这在欧洲国家尤为明显，平等主义的入学政策虽然从一定程度上消解了精英教育的贵族化，与此同时也造成了大学的同质化和平庸化。在许多欧洲国家处于高等教育扩张的初始阶段，为了回应二战后兴起的民主精神，满足人们对高质量的高等教育的需求，致力于在保障固有质量和标准的前提下推动高等教育的发展，而

[1] 马丁·特罗.从精英向大众高等教育转变中的问题[J].王香丽，译.外国高等教育资料，1999(1):3.

不论各种类型的院校究竟应该履行精英教育的使命还是大众教育的使命。那些激进平等主义者们更加拒绝大众教育的兴起带来的这种差异化，认为这种层次和水平上的差别与整个社会的等级结构形成了对应关系。为了降低或者抹平社会的构成性差异，实现高等教育的平等而满足所有人对同一种优秀的渴求，激进平等主义者试图提供给所有人达到这种优秀所需要的高等教育机会，反对新的大众教育形式介入所造成高等教育机构之间的差异，从而致力于保留整个系统具备传统精英教育的同等质量。在马丁·特罗看来，“许多国家的平等主义者都致力于消除高等教育系统各部分之间的鸿沟，降低高等教育系统中各个部分及院校之间在地位、质量、成本及设施方面的差异。”[1]他们也经常承诺改革大学，使它们更多地服务于非精英形态的高等教育职能，同时将非精英大学的质量提升到精英大学的水平。这种自由、仁爱、宽容的立场认为，高等教育不同形态和部分之间的外在分化总是导致在他们中间不公平地做出区分，最终导致它们在教职员工、学生质量和其他方面的显著区别。持这种观点的人也观察到，高等教育系统中较弱或地位较低的部分明显地与来自工人阶级或底层中产阶级的学生有联系。高等教育中的地位分化与社会总体的阶层结构密切相关。他们认为，“任何系统之外的教育部分，包括大学，都成了二流教育机构，它们都是为二等公民（几乎都是工人阶层）准备的，历史上就是如此。”[2]对于这样一群青年，他们所在的社会阶层注定了获得的教育只是二流的。所以，只有让所有的机构都维持一流的教育，才是真正人道的和慷慨的。这种坚持就不可避免地与入学机会的开放发生冲突，所谓针对所有人的公平只能成为一种口号。

事实证明，在规模扩张到一定程度，尤其是进入大众高等教育阶段以后，整个高等教育系统都保持精英教育水平的途径是行不通的，快速且持续的增长趋势对于国家和学校来说都是无法承担的。这种观点不仅无法实现双重承诺，精英教育的固有特色和完整性也受到这些把所有的差别都定义为不平等的平等主义价值观的威胁。瑞典、德国等一些欧洲国家曾经做出过这样的尝试而宣告失败。德国人在强烈的平等观念影响下，认为精英意味着特权和高人一等，同样，在高等教育中一直排斥象征特权的精英教育，强调所有人应该接受同等水平的教育。这种观念在60年代民主化思潮影响下又得到了进一步固化。80年代之前，德国曾经强调所有大学都完全一样，没有高低之分。为了确保每个学生在结

---

[1] 马万华.多样性与领导力——马丁·特罗论美国高等教育和研究型大学[C].北京：教育科学出版社，2011：66.

[2] 马万华.多样性与领导力——马丁·特罗论美国高等教育和研究型大学[C].北京：教育科学出版社，2011：66.

果上的平等，大学入学的公平性不是基于能力和天赋方面基础之上的机会均等，而是受到第三方机构和大学学额分配中心的分配，这种分配根据专业申请者的多少而实行不同的分配方法，“尤其对热门专业，分配中心会综合考虑学生的学习成绩、等候时间，以及对残疾人、已婚者、家庭经济困难和离家距离的优先照顾等因素。”[1]这种试图绝对平等的分配方式使优秀的生源难以进入传统的精英大学，这也成为精英大学逐渐从优秀沦为平庸的重要原因。以曾经的西德为例，在高等教育内部，精英教育向下的均质化主要受到三重原因的共同作用，一是高等技术学校和师范学院的升格，使它们获得与大学同等的地位。二是大量校外科研机构的新建促使老大学科研资源向外漂移，科研水平逐步超过传统大学；三是老大学自身在没有进行扩建的情况下学生人数的激增，造成研究和教学水平的下降。在高等教育外部，由于受到战争的摧残，老大学内部需要肃清纳粹政府的残余势力并且重整校园。在诸如海德堡大学内部，解雇了曾加入德意志民族社会主义工人党的教师，这些教师约占整个学校教师总数的一大半，此外，教室、图书馆和宿舍都需要重建。在上述几重压力的挤压之下，德国各大学之间原本就不显著的水平差异更加缩小，并且总体上开始沦为校外科研机构之下的二流水平。1976 年德国颁布的《高等教育总法》中规定，把所有的高等院校都扩建成综合高等学校。“综合高等学校的建立选择了同一机构内的差异化模式，不再按照高等学校的类型、质量等级与声望排名来分割学校。”[2]在同一机构内，尽管在目标上会有区别，但原来的精英教育与大众教育开始配备相同的人员结构等教学资源使得两者的界限开始模糊。

综所上述，如果像激进平等主义者那样，在规模扩张到一定程度以后的高等教育力求结果上的平等，要么就彻底消除精英高等教育机构与大众教育机构之间的等级差异，提供在“同一屋檐下”实现不同目标的可能性；要么就在系统层面具有等级差异的机构之间区别逐渐缩小的倾向。那么，最终平等必然获得胜利，而致力于优秀的精英教育则沦为平庸。

第三节　精英与大众的妥协

在从精英向大众再向普及高等教育阶段发展进程中，高等教育既追求更大的规模，并给予更多人平等的入学机会，又要以成就为中心，致力于本能的对优

[1] 张帆.德国高等学校的兴衰与等级形成[M].北京：北京师范大学出版社，2012：150.

[2] 张帆.德国高等学校的兴衰与等级形成[M].北京：北京师范大学出版社，2012：80.

秀的渴求。由于这一双重的要求使致力于优秀的精英教育与致力于平等的大众教育不得不做出相互妥协。虽然妥协的方式可以缓解冲突和矛盾，但是作为两种具有本质区别的高等教育，如果妥协的机制不恰当，其结果将意味着各自的变节。最终，致力于优秀的精英教育将无法避免危机的发生。

一、精英教育与大众教育的区隔

这里的精英教育和大众教育都是作为高等教育系统层面的，作为两种截然不同的高等教育，精英教育与大众教育之间存在诸多“质”的区别。

（一）精英教育的核心特质

作为一种模式的精英教育，其核心特质首先表现在与自由教育具有绝对的关联性。大众化以后自由教育虽然已经不再是精英教育的专属，但自由教育理念仍然渗透在精英教育中，成为精英教育形式赖以存在的共同基础。自由教育的渗透可以诉诸内容，也可以诉诸一种理念。尽管后期有对自由教育不同的称谓，如博雅教育、通识教育、通才教育等，但从“适于或有助于造就自由人”[1]这一意义上讲，它们的目标和本质是相同的，只是在程度上有所差别。只有精英教育所包含的自由教育意蕴才能体现出它之所以称为精英教育的合理性。

如果要从其他方面找出精英教育的核心特质，那就是在起点上，精英教育对学生的入学标准要求较高。在精英高等教育阶段，接受高等教育被认为是一种特权，尽管在民主社会中，精英教育已经不再被认为是一种特权，而是让位给有中等教育之前的学业表现或者专门考试成绩来衡量，可能还会包括其他的社会活动等方面的综合考量。总之，智力和能力的标准替代了特权阶层的标准。为了体现平等的观念，也会给弱势群体一些特殊的关照。但是大多数精英大学的地位和成就是依靠招收最优秀的学生获得的。因而，即使高等教育总体规模不断地扩张，能够接受精英教育的人数仍然是有限的。由于要求学生将来在专业领域具有极高的造诣，精英教育机构在对教师的学术标准和教学能力的要求也是极高的，能够有资格教授课程的是在相应学科领域做出卓越贡献的一小部分学者和科学家，因为只有已经成为精英的人才能够培养出未来的精英。

在实施精英教育的过程中，相应的教学形式主要以个别辅导或研讨为主，尽管这种来自英国牛剑的培养方式需要很高的代价，却被认为是最有效的。在师生比不断降低的大众化时期，许多精英教育的机构都延续着这一教学形式，即便在本科教育层次，有时因高级教授与本科生的距离较疏远，很多时候也会聘用校

---

[1] 哈佛委员会.哈佛通识教育红皮书[M].李曼丽，译.北京：北京大学出版社，2010：40.

外教师或研究生等担任助教来替代高级教授保持与学生间的亲密关系。马丁·特罗认为,最重要的是,远大理想和抱负的鼓励是传统精英教育的显著特征,精英教育的形式向学生表明,“学生自己是能够完成世界上一些重大的事情,他们可以做出重要的发现,他们可以领导重要的机构、影响他们国家的法律和政府,也可以对知识做出实质性的改进。从这个意义上说,精英高等教育机构激发学生的远大抱负,而大学为其提供实现理想的社会支持和智力资源。”[1]

最后,需要强调的是,虽然精英教育的目的是培养精英,但是,目的与结果间并不完全等同。培养精英的高等教育未必就一定有出色的知识水准和学者,或者说未必所有的学者都是出色的,它的毕业生也未必个个都能成功,毕竟,精英的成长是一个复杂的过程,不是教育这一个要素能够决定的事情。

(二)大众教育的核心特质

与精英教育具有悠久的历史和传统不同,大众教育是一个新生事物。大众教育的兴起是对平等主义的回应,也是规模扩张所衍生出来的一种教育形式。马丁·特罗使用“大众高等教育”一词,将其视为高等教育发展的一个阶段。阿特巴赫在特罗的大众化理论基础上,将“大众高等教育”扩展为一个国家进入大众化阶段后建立起的“大众高等教育系统”。这里的大众教育也可称之为大众高等教育,但是其含义远不同于阿特巴赫和特罗给出的观点。它是与上述精英教育在同一层面的概念,均指一种教育模式;作为与精英教育截然不同的教育模式,大众教育在目的、理念、教学方式等方面显示出与精英教育相对立的一些特性。同时,这里的大众教育又与特罗、阿特巴赫的理解有密切关联。首先,大众教育在一个国家的高等教育规模发展到大众高等教育阶段才成为一个重要的教育模式存在;其次,在阿特巴赫所指的大众高等教育系统中,除去精英教育的那部分都可纳入大众教育的范畴。

对于大众教育的态度,有两种截然对立的观点。在“集中主义者”那里,大众教育不应存在于高等教育之中,充其量只能称为高中后教育或者第三级教育。因为他们坚信高等教育目的应该是独一无二的、理想主义的和崇高的,高等教育应该保存它的精力,应该集中于最本质、最核心的东西,应该避免成为一件廉价商品。在他们看来,“高等教育应该保存它的精力,应该集中于它的本质核心的东西,应该避免成为一家廉价商店或者一个车辆不得入内,只限行人活动的商业

[1] 马万华.多样性与领导力——马丁·特罗论美国高等教育和研究型大学[C].北京:教育科学出版社,2011:50.

区。”[1]如果将大众教育纳入高等教育的范畴，势必降低高等教育原本的品质，扭曲高等教育的本质。与“集中主义者”针锋相对的“进化扩张主义者”则认为，新知识正在不断产生，新技能不断增加，更多的人希望受到高等教育，高等教育应该对这些社会的变化做出应有的反应，增加新的职能。大众教育就是顺应时代的产物，它提供了诸多新的职能，如促进社会公平、改进生活质量，还有可能为那些处于社会机构之外的群体和个人提供一个组织形式上的关怀。[2]无论对大众教育持有何种态度，它已经存在，争论显得不那么重要。重要的是，应该给大众教育一个合理的、客观的且较为全面的描述。

大众教育被视为有正式资格的学生的一种正当权利甚至是义务。“如果一个人有权享受高等教育，那么其他人就有法律义务提供高等教育。这种情况在公立高等学校中很普遍。”[3]但是，这并不意味着每个人都有机会上公立学校，必须入学前达到某种标准才能享受这种权利，并在入学后满足规定的学业要求。精英教育的入学根据个人的优秀才华，而在这一级的教育中是根据广泛界定的才能。普及性的高等教育则被视为青年人的义务，它的进入是根据个人的需求[4]。这也是一种大众教育，它存在于进入普及高等教育阶段的国家，这种大众教育为所有人服务，接受高等教育成为一种义务。“如果一个高中生毕业后，不进入高等教育，会被看成是有智力缺陷或性格问题，需要做出解释，使其合法化，并表示歉意。”[5]在大众化和普及化阶段，接受大众教育的学生远多于接受精英教育的学生人数，且类型各异，年龄层次参差不齐。来自低收入家庭的学生更倾向或者说只能倾向于选择大众教育。这些学生有的完成高中教育后直接进入大学，也有更多的学生会在工作或休闲一段时间后重返学校。学习的地点也会因学习形式的变化而经常转移，有可能与精英教育一样以住宿的方式在校园内系统性地完成学业，也有可能通过网络在家或随时随地进行片段式的学习，还有可能部分在校园内，部分依赖于远程学习。这种趋势对于课程设置和师生关系都有特别的含义。大众教育的“课程更加模块化和半结构化，学生关注学分的获取，允许课程与课程之间的灵活结合，学生转专业更为容易，实际上学生不仅

---

[1] 克拉克·克尔.高等教育不能回避历史[M].王承绪，译.杭州：浙江教育出版社，2001:191.

[2] 克拉克·克尔.高等教育不能回避历史[M].王承绪，译.杭州：浙江教育出版社，2001:264.

[3] 约翰·S·布鲁贝克.高等教育哲学[M].王承绪，等，译.杭州：浙江教育出版社，2001:4.

[4] 马丁·特罗.从精英向大众高等教育转变中的问题[J].王香丽，译.外国高等教育资料，1999(1):4.

[5] 马万华.多样性与领导力——马丁·特罗论美国高等教育和研究型大学[C].北京：教育科学出版社，2011:53.

容易进入大学也更容易在院校之间转学。”[1]而在远程教育中，随着学习和工作、生活界限的消失，课程自身的边界也随之模糊，教学逐渐去结构化。大众教育的师生关系也与精英教育有着明显的差别。教师和学生之间极少有稳定的、长期的紧密联系，即使有，面对面的、在实体空间内的交往也已被网络空间的交流替代。

（三）两者的区隔与关联

精英教育与大众教育都作为一种人才培养模式，真正的区隔在于两者完全不同甚至是互相对立的。“精英高等教育的理念不少源自教育思想中的理性主义，如思辨哲学、唯理论、认知主义、形式教育论、要素主义、永恒主义、人本主义，哲学基础可大致归结为认识论，主旨是高深学问，目的是选拔和培养优秀学术人才。大众高等教育的理念不少源自教育思想中的功利主义，如实验科学、经验论、行为主义、实质教育论、科学主义、国家危机论、人力资本理论、教育民主理论，哲学基础可大致归结为政治论，主旨是劳动力市场、人力资本、学生的自我发展愿望，目的是保障大众接受高等教育的权利，促进社会民主平等。”[2]精英教育是一种具有内在价值的教育形式，它对于个人的影响和对社会的影响是融合在一起的。如果按照短期的成本与效益来衡量精英教育，那么它没有任何理由可以说服人们这种教育是有价值的。这些影响只有随着个人生命的发展和社会历史的发展才能表现出来。如果说精英教育主要是保存和延续文化遗产，那么大众教育的出现主要是适应当前的社会环境；精英教育体系更需要一定的稳定，而大众教育更倾向于随机应变；精英教育更愿意遵循高等教育的内在逻辑，而大众教育则更容易迎合外部的需求。

由于精英教育和大众教育之间存在明显的区隔，所以两者应该是相对独立的，但是分立并不意味着两种模式完全水火不相容。历史表明，在马丁·特罗所说的精英高等教育阶段，尽管一个国家的高等教育系统基本上可以称为精英高等教育系统，但也不排除大众教育存在的可能性，只是整个系统的基本功能是以精英教育为主。而在大众高等教育阶段，高等教育系统的主要功能是实施大众教育，而非精英教育，所以大众化阶段的高等教育系统就从精英高等教育系统转变为大众高等教育系统。但也不能否定精英教育存在的必要性，只不过精英教育功能变成整个系统的一个极小的部分。

---

[1] 马万华.多样性与领导力——马丁·特罗论美国高等教育和研究型大学[C].北京:教育科学出版社,2011:54.

[2] 邹晓平.精英高等教育与大众高等教育:两个体系的解读[J].高等教育研究,2005(7):12.

二、大众化进程中精英教育与大众教育的妥协

精英教育倾向于表达高等教育追求优秀的内在需求，大众教育的存在价值则更倾向于高等教育对于平等的承诺，两者对于现代高等教育系统都是不可缺失的必要组成部分。从精英高等教育系统向大众高等教育系统的过渡，意味着精英教育在高等教育系统中的绝对主导地位要与大众教育分享。由于精英教育与大众教育之间存在诸多本质上的区隔，所以通过什么样的方式进行过渡，才能够既可以保护体现优秀的精英教育，又能够使致力于平等的大众教育占有一席之地，是十分关键的问题。

（一）精英教育与大众教育妥协的必然性

妥协是矛盾不可调和的产物。妥协已经成为现代社会维持秩序的重要机制。任何社会中，都必然充满矛盾。人与人之间、集体与集体间、制度与制度之间的利益冲突是无法避免的，如果各方坚持自己的原则，毫不妥协，当矛盾激化到一定程度时，最终将导致冲突双方的共同毁灭，甚至是整个社会的毁灭。大多数人认为，为了缓解争端与分歧、阻力与障碍，妥协有时是必要的。在一个开放性的社会，常常对冲突持有宽容的态度，不仅不进行强制性的压制，还会鼓励放弃对抗，达成和解和合作，从而阻止破坏性后果的出现。这种“对于冲突的宽容和制度化，也就是对妥协的推崇和鼓励。或者说是把妥协作为解决冲突的主要方式。”[1]高等教育深受传统势力的影响，显示出生物学上所谓种系发育的惯性。高等教育也同时受到外部力量的制约，如顾客的要求、人力的需要与资助者的影响。高等教育体系类似于生物体系，是传统势力与外部力量同时作用的结果，两种力量的牵制使高等教育经常出现不稳定的状态。在高等教育发展的过程中，尤其在转型的关键期，两种力量经常出现矛盾和冲突的状态。很多时候将妥协作为一种主导性的解决方式，甚至作为变革时期重要的价值原则。

高等教育规模扩张的动因尽管复杂，但总体上来自外部力量远远超过高等教育内部的因素。一方面是社会大众对高等教育的需求增加。信息通讯技术的广泛使用、全球化和市场经济的兴起以及高等教育在消除贫困的潜在作用提高了社会大众对高等教育的社会期望，导致社会需求的增加。另一方面是经济发展对高等教育的需求日益凸显。经济的发展需要多样化的新技能来开发自然资源、物质资源，并利用资源生产更优质的商品和提供更优质的服务，以提高人们的生活质量，新技能对人力资源提出更高的要求，这使得日益复杂的经济和高等

---

[1] 张曙光.论妥协[J].读书，1995(3)：31.

教育之间需要建立起伙伴关系，通过受到更高等的教育的人来服务于现代经济。另外，初等教育和中等教育规模的不断扩大和水平的提升使适龄人口进入高等教育机构的数量迅速增加。而在高等教育内部，种系发育的惯性使其保持着精英教育的传统。当来自外部的力量突然间加强时，传统显示出明显的不适应和抵抗。于是，传统的精英教育与应对外部规模扩张需求的大众教育两者之间的冲突开始强化。为了缓解它们之间的矛盾进一步激化，妥协被认为是最佳的解决之道。为了高等教育体系的平衡状态，同时发展精英教育和大众教育显得如此有必要。在一个国家的高等教育进入大众化之后，往往选择用妥协的方式将精英教育和大众教育同时存在于大众高等教育系统之中，两者都是系统中不可缺少的部分，它们没有等级和优劣之分。

（二）妥协的方式：精英高等教育系统向大众高等教育系统转变

基于促进平等和规模扩张的需要，发展大众教育成为高等教育系统不得不做出的选择。由于国家应对发展大众教育所采取的观念和方式的不同，最终采取了两种本质上截然不同的过程，具体可以分为两种情况：一种是精英高等教育系统向大众高等教育系统的转变，美国、日本、韩国等国家采取的是这种方式。另一种是精英高等教育系统内部的扩张，这种情况主要集中在欧洲的一些国家。

1. 精英高等教育系统向大众高等教育系统的转变

美国、日本等国家高等教育系统转变是比较彻底的，它们不仅采取了符合自身情况的适当方式，而且它们是在最需要转变的时候给出了及时的反应。美国主要是通过公立高等教育系统来完成从精英高等教育系统向大众高等教育系统转变的，从时间上看，以马丁·特罗的观点，“在大众化高等教育之前就已经拥有了大众化高等教育的框架了”[1]，也就是说，在二战后的大规模扩张前，美国的高等教育系统已经不是纯粹的精英高等教育系统，而是大众教育与精英教育并存的大众高等教育系统。这与美国高等教育系统在大众化之前就已经形成的多样性不无关系。19 世纪中期，在《莫里尔法案》倡导下成立的州立学院，以及 20 世纪初的形成的社区教育形成的公立高等教育系统，为开放的中等教育系统输出的大量希望进一步受教育的升学者提供了无条件且无偿的高等教育机会。战后，在“有总比没好”、“让未来去关心质量和标准”[2]等一些公开或不公开的信条指导下，美国继续不断地建立数量众多且性质不一的各类机构，最疯狂的某些

[1] 马万华.多样性与领导力——马丁·特罗论美国高等教育和研究型大学[C].北京：教育科学出版社，2011：70.

[2] 马万华.多样性与领导力——马丁·特罗论美国高等教育和研究型大学[C].北京：教育科学出版社，2011：116.

年份里，甚至几乎每天都有一所大学出现。“40 年代初，美国的大学生 80%以上在私立大学就读，而到 1974 年，在公立学校就读的学生人数占在校学生总数的 80%。社区学院由 1960 年的 315 所增加到了 1976 年的 779 所，而私立学校仅从 206 所增加到 223 所。”[1]在这期间，公立院校人数从与私立院校大体相当的规模增长到超出私立学生人数的 4 倍以上，其中社区学院招收的人数几乎达到新生总人数的一半。亚瑟·科恩认为，至此，大学转型时期的高等教育已经成型了。[2]

与美国不同的是，日本向大众高等教育系统的转变不是通过本国的国立大学或者美国式的公立高等教育系统来完成的，而是通过私立高等教育来实现的。日本虽然经济实力相对较强，但要在短期内实现大众化，物力和人力资源仍旧相对有限，只有发展由受教育者直接负担经费的私立机构，才是相对明智的选择。在传统精英教育机构——国立大学的内部并没有承担大众教育的任务，而是尽可能地保留了国家所需的精英特性，在政府的政策控制下对规模扩大采取的是消极的应对。可以这样说，日本从精英高等教育系统的转变是在一边强化国立院校精英特性，一边把扩大的入学需求托付给私立院校使其自由发展，得以实现的。

与其说通过私立高等教育完成转变是日本的特色，不如说是亚洲的风格。亚洲除中国等个别国家外，很多国家的私立高等教育机构都超过公立机构的数量，如韩国、菲律宾、印尼等，通过私立高等教育实现大众化对于多数处于贫困状态的亚洲各国是一个现实的选择。韩国也是通过私立高等教育实现扩张的典型国家之一，1955 年私立学生数已经超过总体规模的一半，而到 1998 年已经占到三分之二以上。韩国发展私立高等教育的政策主要受到二战后美国自由发展教育的观念影响，这种宽松的政策环境激发了民间发展高等教育的热情。虽然，放任的自由发展政策造成了一定的负面影响，但也使韩国高等教育规模迅速扩张。

表 2.1　韩国高等教育国立、公立和私立学校大学生数的比例
（1955 年、1965 年、1975 年、1985 年、1998 年）

年份	总数（人）	国立		公立		私立	
		学生数（人）	比例（%）	学生数（人）	比例（%）	学生数（人）	比例（%）
1955	78649	30515	38.8	4695	6.0	43442	55.2

［1］ 高嵩.20 世纪 60 年代美国高等教育改革与高等教育大众化体系的形成[J].外国教育研究，2006(5)：62.

［2］ 亚瑟·科恩.高等教育通史[M].李子江，译.北京：北京大学出版社，2010：177.

续 表

年份	总数（人）	国立		公立		私立	
		学生数（人）	比例（%）	学生数（人）	比例（%）	学生数（人）	比例（%）
1965	155485	33400	21.5	9470	6.1	112615	72.4
1975	283349	78208	27.6	6124	2.2	199017	70.2
1985	1262490	285938	22.6	5165	0.4	971390	76.9
1998	2950826	808376	27.4	36043	1.2	2106407	71.4

数据来源：谢作栩.韩国高等教育大众化的发展历程与特征[J].外国教育研究.2002(1)：9.

2. 精英高等教育系统内部的扩张

欧洲的精英高等教育系统并没有能够及时地向大众高等教育系统转变，在转变的方式上也存在某些问题。主要的理由是，提供大众教育的机构显然并非是精英高等教育系统应有的特征，为了守住历史遗留给欧洲的传统卓越观，他们拒绝走向美国那种不加控制的市场驱动的竞争。在欧洲的很多国家，高等教育的早期扩张主要是通过精英高等教育系统内部的扩张来实现的，一些古老的精英大学承受了巨大的压力。德国的老大学，如慕尼黑大学、柏林大学等遭遇了学生数的极速膨胀，在 80 年代达到约 5 万人，好不容易得到恢复的讲座制面对大量增加的年轻教师和成群的学生，也难以有效开展。而在英国，古老的院校的扩张得到限制，一些英国的保守者认为，“大学是杰出青年才能够进入的地方，上大学曾经被认为是一件值得隆重庆祝的事情，是保证个人在学术和社会地位上得到升迁的标志。”[1]传统大学的内部扩张伴随着资源紧缺，从而学者薪金不断下降，学者社会地位不断降低，大学组织凌乱。同时，学生数的增长也将引发精英大学文凭贬值，毕业生不再对未来获得高社会地位和高薪的职位有信心。因此，面对扩张，英国精英大学的显著特征就是被动性和迟滞性，它们更愿意维持现状，而不是接受现实，正如克拉克·克尔眼中那些着眼于过去和现在的现状维持主义者或集中主义者。

无论传统精英高等教育系统内部是否迅速扩张，多数欧洲国家都没有能够及时地在传统的精英教育机构外部新建大众教育机构。例如在法国，原来的精英教育系统——大学成为了大众化的主要机构，并且产生了大学校这种精英教育功能更加强化的体制。法国 60 年代成立的两年制技术学院将大学校的职业教育功能分离出来，本可以成为类似美国社区学院那样普及教育的机构，但由于

[1] 安东尼·史密斯.后现代大学来临[M].侯定凯，译.北京：北京大学出版社，2010：2.

招收学生越来越严格，而且就业困难，毕业生不是毕业后直接就业，而是进入大学校或大学等继续第二阶段学习。因此，这使得越来越多的学生把技术学院当作进入大学校、取得更高文凭的一种策略。英国将大学之外的多种高等教育机构统合为高级技术学院，将它作为大众教育的一种形式，但并没有承认它们是正规的高等教育机构，直到《罗宾斯报告》颁布后，报告中才重新界定了高等教育，将教育学院、高级技术学院以及高等科技教育等纳入高等教育，从而形成一个大众化背景下的高等教育体系。有学者这样评价英国的高等教育，“至1985年，英国的高等教育仍然没有能够从精英高等教育系统成功地转型为大众高等教育系统。”[1]德国在整个20世纪50年代，没有新建一所大学，大学系统之外的高等技术学校数量极为有限，未能及时挽救传统大学的危机。至1965年以后，新建了18所新大学，其中4所大学(包括波鸿大学、康斯坦茨大学、不来梅大学和比勒菲尔德大学)是定位于精英型而非大众型。到80年代末期，在老大学就读的学生仍占据总数的3/4。[2] 也就是说，高等技术学校、新大学等新型机构并没有能够缓解德国传统大学的压力。

欧洲也不太可能像亚洲大部分国家那样通过发展私立高等教育来扩展规模。欧洲各国事实上不存在私立院校。高考教育被认定为是公共产品，尤其在欧洲大陆国家，均体现出古老且强烈的中央集权的高等教育管理体制。这种传统将国家放置于高等教育系统变革、资助和制定标准的核心地位。私立高等教育向来不是欧洲所关心的那部分，大部分欧洲国家将其放置于外围或者索性对其漠不关心，例如在意大利，将公共机构部分私立化就曾遭到强烈的反对。尽管自20世纪70年代开始，发展私立高等教育受到欧洲的关注，但私立大学仍然是作为特例而予以承认的。根据1998年OECD的调查，高等教育在学人数中私立所占的比例：德国为0、奥地利为3%、法国为9%、西班牙为11%，即使以拥有强大的私立院校而著名的美国，其比例也仅占31%。到2009年，在对27个欧洲国家学生注册情况进行统计后发现，27个国家的私立高等教育入学总人数只占到总体规模的15.6%，其中西欧的私立高等教育注册人数只占到总数的9.7%，与日本、韩国等国家没有可比性，甚至不及一些其他小的发展中国家。

克拉克·克尔注意到，历史上精英教育的学生人数占比相对高的国家比占比相对小的国家，其精英教育的发展要困难得多。占比相对高的国家集中在欧

[1] Guy R.Neave. Elite and Mass Higher Education in Britain: A Regressive Model? [J].Comparativ-e Education Review,1985(3):347-361.

[2] 张帆.德国高等学校的兴衰与形成[M].北京:北京师范大学出版社,2012:98.

洲，如德国、意大利、瑞典、英国，它们扩张的人数被精英部门吸收的比例越大，问题和麻烦也越多。

表 2.2　西欧、东欧的 27 个国家私立和公立高等教育的学生注册情况

地区	学生注册总数（人）	公立高等教育（人）	私立高等教育（人）	依赖政府的私立高等教育（人）	独立的私立高等教育（人）	私立高等教育占总数百分比（%）	独立的私立高等教育占总数百分比（%）
欧盟（27 个成员国）	19186568	16202024	2984544	684343	2300201	15.6	12.0
西欧国家	14095073	12722573	1372500	480965	891535	9.7	6.3
东欧国家	5091495	3479451	1612044	203378	1408666	31.7	27.7

数据来源：Daniel C. Levy. How Important Is Private Higher Education in Europe? A Regional Analysis in Global Context[J].European Journal of Education，2012(47)：182.

总之，由于大众教育与精英教育存在质的差异，在传统精英高等教育系统外部发展一个大众教育系统是必然趋势，欧洲的普遍反映是保守的，采取各种形式抵制高等教育系统的变革，现在逐渐开始意识到有必要引入新的模式，增强精英高等教育系统向大众高等教育系统过渡的可能性，同时保留和发展精英教育的那部分。但是，历史遗留下来的问题已经存在，要恢复往日的辉煌，似乎显得如此遥不可及。

三、妥协与精英教育的危机

虽然采取精英高等教育系统向大众高等教育系统的转变这样的妥协方式，有助于缓解矛盾，但由于精英教育与大众教育毕竟存在诸多质的差异，因此妥协既有积极的一面，也会具有消极的一面。从眼前来看，它实现了高等教育的规模扩张，满足了外部环境对高等教育的需求，在战前从没有考虑过能够接受高等教育的群体和阶层也开始有了改变自己命运的途径，最终就“内部结构而言，传统胜利了，但就学生入学而言，平等胜利了；而优秀乃是受害者。”[1]确切地说，精英教育是受害者。无论在美国、日本还是欧洲国家，精英教育都不可避免地遭遇到不同方面和不同程度的危机。

[1] 克拉克·克尔.高等教育不能回避历史[M].王承绪，译.杭州：浙江教育出版社，2001：47.

在教育理念层面，以专业教育为主要形式的大众教育与曾经以自由教育为表现形式的精英教育共处于一个高等教育系统时，因传统精英教育受到专业教育的排挤，以人的形塑和启蒙为目的的自由教育的观念被淡化，在精英教育中实用主义的专业教育也开始占据重要地位。马丁·特罗的大众化理论作为一种预警理论，曾警示我们规模的扩充达到入学率为15%这个大致的区间时，高等教育活动将会产生比较大的变化。其中，他提出高等教育的功能将从精英阶段培养统治阶层的心智和个性，为培养精英角色做准备转变为传播技术，为培养更广范围的技术和精英角色做准备。这一明确的功能划分从表面上看，似乎否定了精英教育原有的本质。然而，马丁·特罗也曾说过，在大众化高等教育阶段，自由教育和专业教育将共存。可以推断，他的功能划分并非替代性的表述，而是附加性的表述，即在大众化阶段，专业教育作为高等教育新的重要使命被凸显，而通过自由教育形式进行的传统精英教育也应该同时得以保留。只不过在大众化背景下，两者的界限不再那么分明，即精英高等教育不再总意味着自由教育形式，而大众高等教育也不再总意味着职业教育的形式。取而代之的是，精英教育机构中也会致力于传授技术和知识；而大众教育中也可能存在被称之为自由教育、博雅教育或通识教育的内容。事实却是，崇尚专业教育的大众教育在高等教育中占据了更多的份额，而在逐渐缩小份额的精英教育中，也由于专业教育更容易在短期之内取得的适用性效益而被学生、学校和用人单位所青睐。相形之下，自由教育因其"无用性"而日益受到排挤。

自由教育的没落产生的最严重后果就是，对整全的人的教化功能遭到削弱。在变形后的自由教育概念——通识教育出现之后，确实引起很多最顶尖的大学的变革，试图以新的形式重新唤起自由教育的培养精英的重要价值，但似乎结果并非如想象的这般如意，"教授们把通识教育看作是给自己和其他教授的学术生涯贴金的手段，而许多孩子的父母把通识教育当作孩子进入未来金融界、医学界或者法律界的钥匙。财富、资历和声誉成为捆绑学生的三驾马车。很少有学生、家长或教授在继承通识教育的优良传统——曾几何时，年轻人可以暂时抛开生活环境造成的成见和偏见，自由地运用思想的力量追求自己的生活道路。"[1]曾经实实在在存在过的而今只能成为一种回忆或者理想。当教化人的精英教育目的遭到肢解后，一些担心的事情确实发生了，精英教育越发空洞化。应该培养什么样的精英，不是清晰化而是更加模糊了，究竟是帮助他们实现社会地位的晋

[1] 哈瑞·刘易斯.失去灵魂的卓越——哈佛是如何忘记教育宗旨的[M].侯定凯，译.上海：华东师范大学出版社，2007：8.

升，还是帮助他们自主确立个人行为准则；究竟是满足学生及其家庭从高昂的教育投资中获得最理想的回报，还是养成能够领导社会更好发展的道德素养……而传统精英教育形式的难以维系加剧了对整全人的教化的困难程度。即使在最顶尖的研究型大学中，学校让学生意识到他们是社会将来的佼佼者，他们的目标就是成为各行业、各地区和各自生活领域中最为出类拔萃的人，但却没有让学生明白他们同时也是国家和社会最有希望的学生，除了获得自身的成功以外，还应该为社会付出更多的东西，即使有学生意识到这一点，学校也不会告诉他们如何才能达到这个更高层次的理想和追求。许多校长和学者警觉到，原本以育人为生存根基的大学如今已然忽视了这一重要使命。阿兰·布鲁姆就此批评到，大学的课程设计根本"没有一个坚定的长远目标，更没有能力去定义一位受教育者应该具有的品质。"[1]正如哈瑞·刘易斯所认为的那样，包括哈佛大学在内的许多美国精英大学虽然在知识创造和存贮是成功的，在教育学生方面却是失败的，"它们忘记了本科教育的任务是帮助十几岁的人成长为二十几岁的人，让他们了解自我、探索自己生活的远大目标，毕业时成为一个更加成熟的人。"[2]

四、重塑精英教育的必要性

尽管在这样一个平等主义与规模扩张占据上风的时代，精英主义者所代表的对文明社会具有重要意义的价值观不应从大众高等教育中驱除，扩张主义改革者企图"把传统精英高等教育转变成更大、由更多成分构成的更加民主的、社会适应性更强的大众高等教育"[3]也绝对不是最好的办法，应对传统精英高等教育给予珍视和捍卫。

精英是任何社会所需要的。巴特摩尔认为，在任何复杂的社会中，精英作为掌权者的存在是一种普遍的现象，民主政治和其他一切政治都不能避免。无论是平民政治还是精英政治，在本质上都是精英政治，平民政治并不意味着平民是统治者，而是统治精英可能是平民出身。所有平民都享受同等的权力是不可实现的幻想，精英与大众之间的鸿沟永远不会消弭，社会始终会被精英所统治。在平等和精英之间，合理的选择只能是坚持权利与身份平等的理想，正视社会需要

---

[1] 威廉·德雷谢维奇.优秀的绵羊[M].林杰，译.北京：九州出版社，2016：55.

[2] 哈瑞·刘易斯.失去灵魂的卓越：哈佛是如何忘记教育宗旨的[M].侯定凯，译.上海：华东师范大学出版社，2012：英文版序10.

[3] 马丁·特罗.从精英向大众高等教育转变中的问题[J].王香丽，译.外国高等教育资料，1999(1)：13.

由精英来管理的现实，在平等理想与精英的现实之间保持恰当而持久的平衡。[1] 只不过，曾经精英群体是封闭的，一个人的贵族头衔是直接被授予的。精英与普通人之间的距离如此遥远，以至于在普通人看来，精英是与自己身处在完全两个不同世界的群体。在一个民主社会中，贵族身份遭到公开拒绝，选拔和培养精英的方式更加以民主为基本前提。曼海姆强调："我们假定民主不是以去掉所有精英阶层，而是以一种新兴的精英选择方式和精英的一种新的自我表现方式为特征的……在民主化过程中变化最大的是精英和普通人之间的距离。民主精英具有群众基础，这就是为什么对群众具有意义的原因。"[2]如果精英是来自普通大众之间的，或者世袭的精英能够较好地处理与普通民众的关系，那么精英便将发挥其最大的价值。在平等主义甚嚣尘上的地方，精英被视为是一个不好的词语，精英统治也被认为是一件危险的事情。但是，即使在高度民主的社会中，也不可能没有精英的存在。漫长的社会发展历程中用以证明精英对于社会整体进步具有重大意义的事件不胜枚举，况且，从 20 世纪开始，大规模战争、国家之间世界地位的竞争和新的国家的崛起使人们忘记了精英统治的危险，转而考虑有胆有识、才华出众的精英对国家发展和强大的必要性。而今，随着国家间的竞争日趋激烈，关系日益复杂化，没有一个国家不重视精英群体的重要作用。

在这样一个教育为本的时代，精英的成长虽涉及诸多因素，但高等教育对培育精英的重要性是不言而喻的。精英形成的过程中涉及各种各样的因素，诸如家族、地区、阶级、学校等，这些因素既互相联系，又以不相同的方式发挥各自的机能。它们之间，有时互相补充，有时又相互抵触，形成有机联系。在等级森严的社会里，精英的阶级出身起主要作用，而其他因素都是从属的。这样的社会里，教育被特定身份和上流阶层所垄断，学校只能从特定阶层选拔有才能的人。而在民主社会里，教育为了适应国家的需要从各个阶层中选拔有才能的人，并将其培养成出色的人，在这种社会里教育制度在精英的形成中起主导作用。[3] 高等教育中的精英教育则是培养精英的教育路线最后一道关口。如今我们身处民主社会，对于具有上层背景的人而言，拥有顶尖大学的学历虽不是进入精英阶层的充分条件，却是必要条件；虽不是强制性的条件，却是进入的基本门槛。接受最高级的教育对他们来说是获得与其身份相称的修养，从而名正言顺地继续维持上一代留下的精英光环，而不遭致大众的非议。对于那些既无权也无势的普

[1] 巴特摩尔.平等还是精英[M].尤卫军，译.沈阳：辽宁教育出版社，1998：序 13.
[2] 卡尔·曼海姆.文化社会学论集[M].郑也夫，等，译.沈阳：辽宁教育出版社，2003：179.
[3] 麻生诚.英才的形成与教育[M].王桂，等，译.长春：吉林人民出版社，1987：25.

通人而言，要想成为上流社会的一员，靠后天的努力挤入精英大学则成为唯一的路径。大学从其诞生于西方开始就具有精英主义的基因，为国家和社会培养精英是它与生俱来的功能。然而，高等教育的规模扩张，让机会平等成为高等教育发展的主题，曾经属于特权阶层的精英型高等教育成为普通大众的基本权利。人们发现，与过去的黄金时代相比，这是一个普遍缺乏优秀的时代，精英教育的发展面临前所未有的危机。有些危机并非是表面的，而是内在的；有些则并非是眼前的，而是长远的。这就意味着精英教育面临一个至关重要的转型时代，这个时代要重新回到曾经黄金时代那样的辉煌已不可能，因为内外的环境都发生了巨大的变化，而新的时代究竟需要什么样的精英教育还没有人能给出满意的答案，未来变得不可知，道路变得艰难。

艰难并不意味着不可能，在大众化和普及化背景下，如何发展高等教育中的精英教育，以此证明精英教育未必被大众高等教育的兴起而破坏，已经成为所有正在经历高等教育规模扩张的国家极其重要的议题。如今的精英教育虽已经与传统精英教育相去甚远，但仍然可以看到，在大众教育系统中仍保留着传统精英教育的痕迹，同时正在发展各种新形态的精英教育，试图让正在转变中的精英教育既能够从传统精英教育汲取必不可缺的核心特质，又能够发展新的特征来适应新的背景。关键的问题是，“当系统的重心已经转移到大众化高等教育的形式和功能上时，系统通过何种组织机构和运行机制在多大程度上可以成功地继续发挥精英教育的功能？当不同的功能要求不同的结构、价值和关系时，系统能够在多大程度上成功地发挥多种功能？——尤其是当中央政府机构收到行政机构和平等政治的压力，必须对所有院校和个人采用同样标准，平等对待。”[1]要维护精英教育的优异，同时又应对大众化需求，必须突破传统的精英教育理念。先发型大众化国家的现实状况表明，高等教育的大众化并不一定会破坏精英教育，一方面，精英教育自身具有很强的生命力；另一方面，国家和社会相信精英教育具有继续存在和发展的必要性。基于这两方面的原因，我们仍然可以清楚地找到当前精英教育的发展理念以及遵循理念的制度实践。

---

[1] 马万华.多样性与领导力——马丁·特罗论美国高等教育和研究型大学[C].北京：教育科学出版社，2011：64.

第三章
规模扩张进程中精英教育的多样化发展趋势

精英教育多样化是高等教育多样化所包含的蕴意，也是与规模扩张相伴相生的必然现象，还是精英内涵多样化的自然延伸。精英教育的多样化体现在许多层面，其中最主要的是精英教育选拔对象的多样化、精英教育目的的多样化以及精英教育实践形态的多样化。精英教育培养对象的多样化是指从只属于统治阶层的封闭性精英教育向更多样化背景和身份的学生开放。精英教育的目的主要指培养什么样的精英，精英教育目的的多样化就是除了传统中培养统治精英的目的之外，还旨在顺应社会的需求培养各种专业领域的职业精英、学术精英等。精英教育实践形态的多样化，首先表现为传统独立机构形式的多样化，这与大众化进程中高等教育机构多样化是一致的，其次表现为非独立机构的精英教育实践形态的扩展。当今在西方先发型大众化国家，呈现出一种趋同的发展模式，那就是精英教育的实践形态从集中处于高等教育系统的顶端开始向系统的每个层级的机构或者每个机构的内部扩散开来。

第一节　精英内涵多样化与精英教育发展

在当代社会中，精英已经不仅仅意味着政治领域的统治者，即政治精英。对精英内涵多样化的理解反映在精英教育中，首先表现为精英教育在选拔学生时不再以统治者的子弟为唯一对象。加之社会平等意识的增长对精英教育民主化和开放化的要求进一步加强，所以无论哪个国家，也无论曾经这个国家的精英教育是多么封闭和特权，都正在努力通过各种途径使精英教育向各种阶层和各个类型的人群开放，而高等教育越来越成为精英再造过程中的重要环节而存在。

一、精英内涵的演变及类型的多样化

精英是一个时间维度上具有动态性、空间维度上具有差异性的概念。时间

维度上，随着社会的发展，人们会赋予它更丰富的内涵，甚至改变其原始含义；在空间维度上，不同国家和地区，甚至每个不同的人对它的理解不甚相同。总体上，精英的内涵和类型是趋向于更加多样化的。精英最初特指优质商品，后来含义演变为军队中的精锐部队和社会地位高贵的社会集团，如上层贵族。[1] 19世纪以后，欧洲和美国有关社会与政治的文献中经常出现精英一词。那时的精英专指政治精英或统治精英。帕累托按照词源的意思使用精英一词，他认为根据重要的生理学定律，精英不可能持久不变，人类的历史是新的精英不断取代旧的精英的历史。他发现，在19世纪的西方资本主义国家，由资产阶级贵族组成的旧精英群体，逐渐被一批依靠人民的无产阶级所组成的新精英群体所取代[2]。尽管如此，无论新精英还是旧精英，帕累托都意指统治者和统治集团，即政治精英。莫斯卡与帕累托的精英概念十分相似，尽管他更多地指向于统治阶级中的知识分子，但仍然考虑的是能够直接运用政治权力，或者处于能够对政治权力施加强大影响的一群人。无论是莫斯卡还是帕累托，他们对于精英的概念都由一些共同的观念组成："在每一个社会中都存在着，而且必然存在着统治社会其他成员的少数人；这一部分人——政治阶级或统治精英，是由占据了政治领导地位的人所组成的，或者用一种更为含混的说法，是有那些能够直接影响政治决策的人所组成的。"[3]

20世纪以后，精英的内涵开始悄然发生转变，政府高级官员、知识分子、工业管理者以及新的精英开始登上历史舞台，在政治领域内，精英不再指千篇一律的统治者，政治界的顾问和幕僚、发言人与意见领袖等紧挨着统治者之下的权力中层的职业政治家们，"正在上演的精英剧中舞台布景的一部分，只不过剧本本身是围绕着等级制度的主角们上演的。"[4]不仅在政治领域，精英从统治者开始泛化到中层的职业政治家们，在政治领域之外，精英的类型还扩展到社会各个行业和领域。例如米切尔·哈特曼依据行业将划分为商业、政治、行政和司法等各领域或部门的精英[5]。尽管哈特曼的精英内涵有所扩展，但是他所指的精英与莫斯卡、帕累托有一点共同之处，即无论个人或者集团，都或多或少在各自的领域掌握一定的决定性权力。哈特曼通过调查，甚至发现不同领域的精英会具有跨领域的权力，在资本主义社会中，这种跨领域权力尤其在经济精英那里得到体

[1] 麻生·诚.英才的形成与教育[M].王桂，等，译.长春：吉林人民出版社，1987：1.
[2] 维尔弗雷多·帕累托.精英的兴衰[M].刘北成，译.上海：上海人民出版社，2003：58.
[3] 巴特摩尔.平等还是精英[M].尤卫军，译.沈阳：辽宁教育出版社，1998：7.
[4] 米尔斯.权力精英[M].许荣，译.南京：南京大学出版社，2004：2.
[5] 米切尔·哈特曼.精英与权力[M].霍艳芳，译.北京：中国社会科学出版社，2011：11.

现,"得资本者得天下,于是乎,经济精英成为整个社会的真正主载,控制与自己享有共同利益的公权精英。"[1]根据这一观点,工会的领导、军队、媒体或科学界的高层代表以及著名艺术家、作家、顶级运动员、电影电视明星都被排斥在真正的精英之外。与之相同的观点还有其他学者,如希格利将精英定义为依靠自己在强力组织中的地位,影响国家政治输出的人[2],帕特南则认为,位于或者接近于权力金字塔顶端的精英,可以是公务员、大众组织的领导、军事领导、专业人员、知识分子等[3]。蒂埃里·布鲁克文认为,将国家政治活动扩展到一国乃至全世界的活动,因为政治并非一国统治的唯一关键,还存在政治领域以外深具影响力的精英。在经济领域,资本精英、大企业主、管理精英构成了经济领域的统治阶级。[4] 虽然哈特曼、布鲁克、波尔顿和帕特南等人始终将精英限定为具有某种权力的人或集团,但与帕累托的观点相较,他们将精英所涉及的领域从政界拓展到商业、行政、司法、军事等各个领域。

当今,精英内涵仍在继续得到拓展,新精英可能从旧的精英集团中分化出来,也可能是从下层逐步上移的一些阶层中的个人或群体。知识精英从技术精英中分化出来,就是新精英从旧精英集团中分化出来的一种情况。巴特摩尔曾认为,在20世纪,知识精英与技术精英是一体的,知识精英是技术精英中较小的一部分,"即那些直接从事创造新思想,将其付诸实践以及理论批评等工作的人,其中包括作家、艺术家、哲学家、宗教思想家及政治评论家。"[5]现在,知识精英与技术精英明显成为两个不同的精英群体,知识精英是那些专门从事创造新思想的人,而技术精英是那些将新思想付诸实践的人。由于知识精英是知识分子中具有更高批判精神和社会良心的人,因此这些人是把自己放在人类、民族、国家或其他更加宏伟的位置上的思想家,他们往往会超越世俗的顾虑,以超越狭隘的个人主义的情怀,以理念世界来批判现实世界,从而为现实世界中各种重大问题寻求答案。例如,在我国知识精英曾经几乎就是统治精英的同义词,后来的比例开始逐步下降,但这种传统仍旧根深蒂固。有种观点认为,这说明知识精英并不满足于本身职业方面的利益,它们宁愿与主要的社会集团联合起来并为之服务。在当代社会,各国的情况不同,知识精英与政治的关系也十分微妙。在欧洲、北美的工业国家中,知识精英与政治的关系是否密切与他们所处环境和地位

[1] 蒂埃里·布鲁克文.精英的特权[M].赵鸣,译.海口:海南出版社,2016:4.
[2] 梁海森.精英结构与国家建设—对西方精英研究的评述[D].复旦大学,2013:6.
[3] 梁海森.精英结构与国家建设—对西方精英研究的评述[D].复旦大学,2013:7.
[4] 蒂埃里·布鲁克文.精英的特权[M].赵鸣,译.海口:海南出版社,2016:3.
[5] 巴特摩尔.平等还是精英[M].尤卫军,译.沈阳:辽宁教育出版社,1998:54.

相关,英国与法国相比较,由于英国的知识分子没有法国如此崇高的社会威望,因此与政治世界的关系没有法国的知识精英这样密切,在法国,国民议员中知识分子占据较大比例,他们往往是社会中毫不妥协的理论家和批评者;英国则无论在议员人数还是社会批判方面,知识精英的地位都显得无足轻重,只有在少数场合才能吸引公众的注意产生某些直接的政治影响。[1]

精英内涵和类型的多样化不仅体现在领域的多样化,还伴随精英的一些重要属性的变化。例如,精英拥有的权力范围从政治权力向各个领域权力的转向,精英生产途径从封闭性的自我生产向开放式的流动的转向等。由于在早期社会中存在这样一个事实,那就是社会生活、经济制度、军事建设及政治制度的统一,即那些身居高位的政治家也在经济领域、军事领域等其他领域扮演重要角色。也就是说,所有领域的权力几乎都集中在统治精英那里。随着制度的分离,精英与政治权力之间的关系逐渐分离,精英无论作为个体还是一个群体的属性已经超越阶级层面的意义而变得更加多元化。但是,新兴的精英与政治权力的疏远并不意味着与任何权力都无瓜葛,也并不意味着与政治权力绝缘。新兴的精英在他们自己的领域掌握着绝对的权力。这些人统称为权力精英,“权力精英由这样一些人组成——他们的地位可以使他们超越普通人所处的普通环境;他们的地位可以使他们做出具有重要后果的决定。相对于他们所占据的关键位置而言,他们是否做出如此决定并不重要。行动未果,或决策失败,其行为本身就比做出决策更具影响力。因为他们主宰了现代社会的主要等级制度和组织结构。”[2]新的权力精英虽然没有掌握国家的政权,但他们有的支配着大公司,有的掌握军事权力,有的占据着文化领域的绝对话语权。而这些商业精英、军事精英也逐渐介入政治领域,一方面职业政治家的政治权力在削弱,另一方面大集团公司主管和军界领袖对政治的明确干涉正在兴起。

总之,传统的统治精英和类型多样化、内涵复杂化之后的精英概念具有明显不同的特点。传统的精英组织是封闭、狭窄的。在某些社会中,传统的精英团体努力在一个封闭的狭小壁垒中内通过自我再造的技术生产精英。类型多样化背景下的精英组织是开放的、宽泛的,因为它可能是所有的社会群体中那些寻求成功的人。

---

[1] 巴特摩尔.平等还是精英[M].尤卫军,译.沈阳:辽宁教育出版社,1998:58.

[2] 查尔斯·赖特·米尔斯.权力精英[M].许荣,译.南京:南京大学出版社,2004:2.

二、精英教育选拔对象的多样化:以美国为例

精英内涵的多样化在精英教育中得到自然的延伸。由于精英不再是统治者的代名词,人们对它的理解更加丰富和广泛,人们也将精英教育不再理解为统治者的专属,尤其是当社会的平等意识增长、大学校长和师生的呼吁以及来自更多普通大众对精英教育的需求等各种因素交杂在一起,共同促进了精英教育对象的多样化。

其中,高等教育规模扩张进程中学生申请数量的急剧增加是一个极为重要的推动力,前所未有的申请浪潮使精英教育机构必须改变原来拥有良好社会背景的申请者自动录取的政策,推行新的政策、制定新的录取标准来争取更多优秀的学生,无论学生的家庭和社会背景如何。只有这样才能在面对更多它们所能容纳或者希望进入的申请者时,既力争维护机构自身卓越的地位,又能体现其平等的理念。而精英教育机构进入门槛的开放,则是精英对象多样化的直接表现。曾经封闭性的只为特权阶层服务的,不需要任何选拔机制的精英教育,逐渐转向开放式的从多样化的阶层、性别和种族中择优选拔的精英教育。

为了达到对优秀和平等的双重追求,究竟谁应该获得精英教育的机会日益成为引人关注的话题,无论如何争论,精英大学招生标准总体的趋势是从先赋转向后致。先赋主要是指家族赋予的先天性身份,而后致则是后天的努力而获得的能力和智力等方面强于他人。但是,即使更少考虑先赋,由于精英大学对后致的要求极高,且收取学费也高于非精英大学,所以平等仍然是有限的。“虽然这种择优体系并不假装人人平等,但它们确实声称这是唯一确保机会平等的办法。”[1]可是,如果要继续致力于优秀,通过高标准的招生方式招揽优质的生源是教育质量最基本的保障。为了避免这种择优体系产生的新的不平等,美国在法律上开始允许精英大学基于种族、宗教信仰和性别来挑选学生,减少歧视少数族裔和妇女的法律障碍。国家政策层面上,在大众教育机构和精英教育机构之间细化了转学的条件,以鼓励追求卓越,并确保社会不会失去那些在高中时期的学业成绩并非十分突出,在后来的高等教育中表现出较大潜力的优秀人才。精英大学内部也试图通过筹集更多奖学金,来减少因家庭收入的限制而面临就读困难的窘况。

虽然不公平现象的完全消失是一件不现实的事情,但所有的努力带来的成

---

[1] 斯坦利·阿罗诺维兹.知识工厂——废除企业型大学并创建真正的高等教育[M].郑跃平,等,译.北京:高等教育出版社,2012:118.

效是显著的。在美国精英教育机构中，经历了一个精英教育的平民化过程，淡化家族传统强调分数和学术表现的新录取机制，渐渐突破了盎格鲁萨克逊白人清教徒对常青藤的垄断。哈佛、耶鲁、普林斯顿等精英大学都同样经历了这样一个转变，只是进程的快慢和其间经历的波折有所不同。总体而言，在几个世纪前，他们无论在阶层、种族、宗教与民族成分上都是如此令人惊讶的同质化，在经历漫长的与特权群体的抗争中走到今天的兼容并包。特别是从20世纪中期开始，文化资本已渐渐取代经济资本，成为进入顶尖的精英大学的主流标准，它们在招生时普遍加强了对学生学习成绩的要求，标准化考试分数为学生成绩上的比较提供了可行的单一标准，这种政策虽然只是学术能力和入学标准中的维度之一，却使原本并不富裕的知识分子家庭的子女受益匪浅，学业上表现出色的中产阶级和中上层阶级的孩子进入精英大学的学习机会比以往大大增加。当然，虽然学生群体的构成在表面上发生了翻天覆地的变化，但出身富裕家庭和社会地位较高家庭的孩子在学生群体中所占比例仍然是压倒性的多数。即便如此，现在的状况是，如果这些传统特权阶层的子女不具备高层次的学术素养，也会面临被拒绝的可能。通过教育提高社会地位已经成为维护美国社会秩序的重要途径。桑德拉·戴·奥康纳在裁决一件涉及密歇根大学法学院招生政策的案件中，代表法庭多数意见执笔的最终判决中写道："为了培养公众眼中合法的领导人，那么通向领导人的路径必须是显然对所有种族和民族里符合要求的优秀人才开放的。必须让我们这个多元化社会中的所有成员都对提供这种训练的教育机构的公正公开程度充满信心……因而，我们多元化社会中的所有成员都有机会就读这些高等学府，接受必需的教育与训练，从而在美国取得成功。"[1]

当然，精英教育的培养对象尽管已经十分多样，但仍然是针对少数人的，绝不是一种所有人都享有的权力。从这方面讲，排他性是精英教育一直会存在的一种特性。如果在选拔对象时缺少这样的排他性，精英教育将和其他层次的高等教育的教育对象不存在任何区别，那么就将影响精英教育培养精英的目的的最终实现。尽管如此，在保持高标准的选拔原则基础上，原有的精英教育机构正在变得开放，这是毋庸置疑的。在精英大学教育对象的开放程度上，美国比欧洲更胜一筹，包括常青藤学校、著名的私立学院以及一流的州立大学。

---

[1] 杰罗姆·卡拉贝尔.被选中的：哈佛、耶鲁和普林斯顿的入学标准秘史[M].谢爱磊，等，译.北京：中国人民大学出版社，2014：710.

三、一个突出的个案:哈佛大学学生选拔类型的多样化

哈佛是美国的第一所殖民地学院。可以说,在之后的一百多年间,哈佛几乎就是盎格鲁-撒克逊人的哈佛。这与美国在19世纪进入帝国行列之后,盎格鲁-撒克逊主义思潮的泛滥有关。这一意识形态的核心观点之一是:除盎格鲁-撒克逊人外,其他人种包括黑人、美国原住民、亚裔以及日益增加的意大利裔、犹太裔等移民都缺乏自治的天赋。在19世纪末的30年时间里,新教精英渐渐跃升为美国社会的上层。无论是盎格鲁-撒克逊人还是新教贵族,以哈佛为代表的私立精英学院将这些社会上层整合在校园中,固化了其阶层属性。而在源自于英国的阳刚的、基督的品性这一教育理念的主导下,拒绝女性也似乎成了哈佛与生俱来的特点。

哈佛学生的多元化与埃利奥特、科南特等几任校长的进步主义理念是分不开的。首先是出身显贵但却秉持民主观念的校长埃利奥特。他曾在自己的就职典礼上,阐述了对哈佛的愿景:“我们既欢迎最富裕的学生,也欢迎最贫穷的学生。只要在贫穷和财富之外,他们还有其他,例如:能力、上进心和正直的品质。”[1]埃利奥特坚持认为哈佛必须向所有人开放。在1933年,科南特出任哈佛校长之后,民主的精英教育更加成为哈佛前进的方向。科南特信奉美国式的个人主义和自我奋斗精神,相信有天赋的人分布在社会经济的各个层面,他认为哈佛之前用出身决定论来选拔国家的后备领导者是不理智的,他致力于建立一个这样的哈佛——学生的成就不靠社会背景和地位,而靠自己的天赋和努力,从而根除教育系统内人为的障碍,不管是地理上的还是经济上的。因而,他认为品格、领导能力和运动天赋都应该被挤入考量,一个成熟的招生政策应该是一个平衡的方案。[2] 可以说,正是科南特,坚定地使哈佛大学以大众精英替代了贵族子弟。到科南特离开哈佛时,学生群体的构成已经大大接近了他的理想,但是来自上层和中上层阶级的孩子依然占据大多数,还远未达到公平的地步。1936年美国一份关于全国主要家庭收入及哈佛各类学生所占比例的调查报告清楚反映了这种现实。

---

[1] 杰罗姆·卡拉贝尔.被选中的:哈佛、耶鲁和普林斯顿的入学标准秘史[M].谢爱磊,等,译.北京:中国人民大学出版社,2014:41.

[2] 杰罗姆·卡拉贝尔.被选中的:哈佛、耶鲁和普林斯顿的入学标准秘史[M].谢爱磊,等,译.北京:中国人民大学出版社,2014:211.

表 3.1　1936 年美国主要家庭收入分布及哈佛各类学生所占比例情况

家庭年收入(美元)	全国比例%	哈佛比例%
0～2500	88.0	16.3
2500～7500	10.5	36.3
7500～50000	1.5	47.3

数据来源:莫顿·凯勒,菲利斯·凯勒.哈佛走向现代——美国大学的崛起[M].史静寰,等,译.北京:清华大学出版社,2007:49.

二战后,美国退伍军人和婴儿潮一代人申请入学的巅峰时期到来,这一背景使得更多优秀的学生从各个阶层涌现出来,哈佛面临前所未有的机会,也面临前所未有的挑战。哈佛秉持平等与优秀兼顾的原则,必须从数量庞大、地域范围更广和类型更为多样化的优质申请者中挑选新生。为了实现这样的目标,哈佛制定出一个在地理来源、社会背景以及非学术天资方面多样化的招生政策,以此扩大招生的视野。新政策表明,学生录取不再单纯是智力上的问题,性格、课外活动、艺术或体育才能、地域多样性等条件一起构成了招收优质生源的考虑因素。同时,在联邦资金的支持下,校园内少数派的多数化改变了哈佛的种族结构和阶层种类,性别的均衡也被涵盖其中。至此,哈佛的学生类型实现了前所未有的多元化。尽管反对和区别对待天主教徒、女性和美国黑人申请者的旧势力仍然潜伏在哈佛,但是多样性逐渐占据上风。原来的少数派在数量上以复杂和矛盾的方式开始增多,影响力增大,变得引人注目。尤其在 1970 年以后,哈佛同美国国家一样陷入实现种族和性别平等的运动中,招生政策进一步有利于女性和少数族裔。

在普及化背景下,尽管仍然要面对种族和性别的问题,但是已经与曾经的哈佛截然不同了,一个多样化群体的校园已经形成。在哈佛本科生院中,女性占整个群体的 46%。黑人从 1979 年的 7%上升到 2000 年的 8%。在新一任校长德里克·博克对国际化和全球化的倡导下,亚裔学生不断增多,由于他们总是在学业能力倾向测验分数上表现得更加优异,因而,亚裔占哈佛学生总数的比例,从 1979 年的 4%上升至 2000 年的 17%。曾经遭到极度排斥的犹太学生,在上个世纪大概增长了三倍以上[1]。正如哈佛本科生院的一位历任招生主任彼得森声称的那样:“如果哈佛要在 21 世纪成为最强势的大学……它就必须更加多样

[1] 莫顿·凯勒,菲利斯·凯勒.哈佛走向现代——美国大学的崛起[M].史静寰,等,译.北京:清华大学出版社,2007:666.

化……优秀和多样化是同一个目标。”[1]当前哈佛仍然存在偏爱特权人士的现象，这种现象的原因不再是阶层和种族的偏见，而是基于对金钱的偏爱，倾向于上流阶层拥有大量财富的申请者，他们不仅自付学费，将来还极有可能成为捐赠者，为学校填补开支。与此同时，为了兑现致力于机会平等的公开承诺，哈佛加大了对贫困学生的资助力度。例如，在2004年校长劳伦斯提出以下新举措：(1)对家庭收入低于4万美元的父母不再需要为他们的孩子支付入学费用，并降低家庭收入在4万到6万美元之间的孩子的费用。(2)加大宣传力度，使全国各地没有把哈佛作为入学选择却充满才智的学生了解哈佛，并使他们知道哈佛长期招募来自不同背景的学生的宗旨，不管他们的经济状况如何。(3)围绕高度人性化的入学体制，并再次强调，那些学业优秀，但家庭或当地学校、社区资源有限的学生，都是合适的申请者。(4)启动“红色暑期学院”(Crimson Summer Academy)计划，该计划是针对波士顿地区经济条件差，却很有学术天赋的高中生的。从九年级后，每个学生将连续三个暑假参加该课程，为将来极具挑战性的4年大学生活做好准备，并从中汲取鼓励。[2] 如今，继续致力于学生的多样化成为哈佛大学努力达成的重要目标。在2015年秋季入学的学生中，哈佛从一所被盎格鲁撒克逊裔白种人占领的精英大学，转变为白人仅占34%，其他种族和人群占据了半壁江山，女生与男生也已经平分秋色。(如图3.1、图3.2所示)

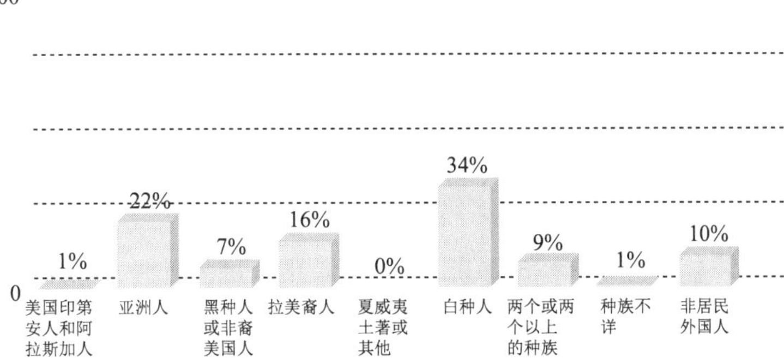

图3.1 哈佛大学2015年秋注册入学学生种族情况一览

资料来源：National Center for Educational Statistics. College Navigator.[DB/OL]. https://nces.ed.gov/collegenavigator/? q=stanford&s=all&id=243744#enrolmt.[2017-12-12].

[1] 莫顿·凯勒，菲利斯·凯勒.哈佛走向现代——美国大学的崛起[M].史静寰，等，译.北京：清华大学出版社，2007：667.

[2] 朱易.美国常春藤名校校长演说精选[C].王建华，等，译.南昌：江西人民出版社，2009：137.

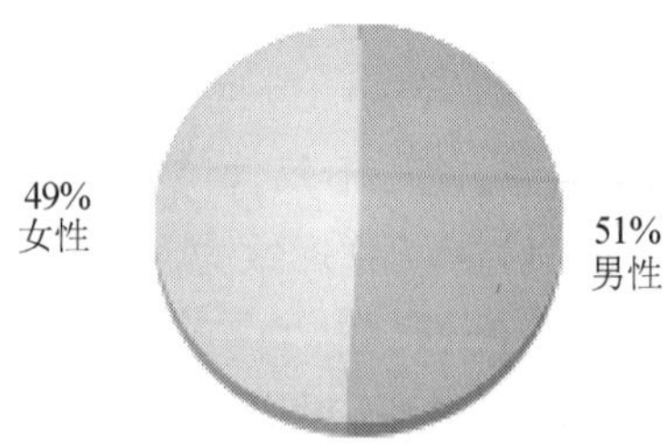

图 3.2　哈佛大学 2015 年秋注册入学学生性别情况一览

资料来源：National Center for Educational Statistics.[DB/OL].http://nces.ed.gov/collegenavigator/? q=harvard+university&s=all&id=166027#enrolmt.2016-12-12.

四、精英教育选拔对象多样化：高等教育大众化先发国家的普遍趋势

精英教育由特权专属向各种阶层学生开放的转变，不仅发生在美国，还成为几乎所有国家精英教育发展过程中的必然性趋势，而高等教育规模扩张则是这一趋势的催化剂，尤其在高等教育大众化和普及化的发达国家，面向大众的精英教育之门已经开启。尽管如此，精英教育选拔对象的多样化是一个艰难的过程。

（一）法国大学校的艰难改革

众所周知，大学校是法国大众高等教育系统中实施精英教育的主要部门。一直以来，大学校都是招收少数国家干部和大企业家的子女。平等意识的增长促使法国政府将大学校学生选拔类型的多样化作为努力的方向。然而，改变传统是十分艰难的事情。20 世纪末，阶层多样化的状况不是有所好转而是仍在恶化。统计显示，接近 50%大学校预备班学生为高级干部和教授子女，而工人阶层的子女仅占到 7%，但工人子女人口占该年龄段人口的 37%。甚至是否能接受最好的学前班教育就已经决定了能否进入大学校学习。[1] 至今为止，顶尖大学校的主要生源来自大学校预备班，能够进入预备班的都是来自于少数名牌高中的优秀学生。尽管如此，总体而言大学校的招生方式较之以往是更为多样的，只是这种拉尔夫·特纳所说的“庇护流动模式”较之美国的“竞争流动模式”更加顽固、不易改变。为了重新审视大学校的招生模式，并使之多样化。法国高教改革会委员会主席雅克·阿达利在 21 世纪初所做的《构建欧洲高等教育模式》这

[1] 周满生，吕达.发达国家教育改革的动向和趋势（第七集）——美国、英国、德国、日本、法国、俄罗斯、澳大利亚 2000—2003 年教育改革文件和报告选编[G].国家教育发展研究中心组，译.北京：人民教育出版社，2003：39.

一报告中提出，“社会公正必然要求保证接受技术教育的大学生即完成中等技术教育之后在特殊预备班或在特殊课程（大学技术文凭、高级技术员班）中学习的大学生更大范围地进入工程师或商业学校。为此，要为他们设立特殊的竞争考试。”[1]也许只有通过诸如此类特殊的开放性入学考试政策，才能对大学校学生社会出身的多样化施加更大的影响。

（二）德国大学以牺牲质量为代价

在迈进大众化之前，德国大学的学生社会构成就已经发生十分明显的转变，不同的专业中变化程度并不一致。大学中的新教神学院和文理学院，由于负责培养中学教师，因而低级官员和教师家庭的学生比例增长明显，天主教神学院中，农民的后代占据相当比例。在科学专业中低级官员和教师家庭学生的比例到 20 世纪初增长才更加明显。法学和医学专业不仅没有改变，情况正好相反，这主要因为所需的费用使来自普通家庭的学生望而却步。大众化以后，就如米切尔·哈特曼所说的：“通常，德国、意大利、比利时、荷兰和奥地利的精英们是在普通人群就读的学校和大学中接受教育的。”[2]这主要是因为德国的大众化是在传统精英大学内部进行的，从而导致德国的高等教育系统缺乏精英们受教育过程中所必须的精英教育机构。尽管这种方式使大学的学生类型更为多样，但精英教育的质量却未能得以保障。

（三）英国牛桥的保守性改变

牛津和剑桥最为英国精英教育最重要的基地，民主和平等化的进程是缓慢的。19 世纪的牛津大学极少有来自平民家庭的子弟，几乎所有学生均来自牧师、绅士等贵族家庭。英国培养对象的多样化是从后起的新大学中萌生的，而牛津和剑桥也开始受到新大学的民主化进程的影响，开始不受教派限制和招收女性学生。例如，对女性开放高等教育首先发生于 19 世纪 60—70 年代的剑桥大学。1920 年，牛津大学也开始赋予女性同样接受高等教育的权利。1948 年，剑桥大学正式允许授予女性学位标志着英国女性真正获得接受高等教育的机会[3]。与其他大众化国家不同，英国的大众化进程并没有深刻影响传统精英大学内部学生的类型，尽管或多或少有些改变，而且发生的时间较其他国家更晚。

---

[1] 周满生，吕达.发达国家教育改革的动向和趋势（第七集）——美国、英国、德国、日本、法国、俄罗斯、澳大利亚 2000—2003 年教育改革文件和报告选编[G].国家教育发展研究中心组，译.北京：人民教育出版社，2003：349.

[2] 米切尔·哈特曼.精英与权力[M].霍艳芳，译.北京：中国社会科学出版社，2011：95.

[3] 杨阳.英国女性高等教育的起源与发展（1848—1948）[D].南京大学，2011：2.

（四）日本国立大学的缓慢进展

日本的精英教育存在的等级差异比美国、德国要更加严重。“1971年至1990年东京大学男学生与父母的职业情况。从图3.3中的数值我们可以看出，东京大学基本上是上层社会的大学，管理及上层非劳动者层占据了80%以上的“席位”，而下层则仅占20%左右的“席位”，并且二者之间的差距有逐渐增大的趋势。”[1]虽然公立精英大学知名度高而且收费低，但是公立大学不仅受到招生名额限制，而且入学考试更加困难。与美国相比，日本政府对于贫困家庭或其他困难的家庭学生并不给于任何特殊的照顾。公共部门对学生提供的经济帮助不如其他国家多，而且大部分是贷款而不是享受奖学金。女性接受精英教育的机会极少，在东京大学女学生的比例还不到10%。大多数女性主要接受的是家政、艺术和社会科学方面的大众教育。女性在社会经济发展中所起的作用受到重视，推进男女平等、挖掘女性潜力被日本政府视为新世纪最具紧迫性的课题。

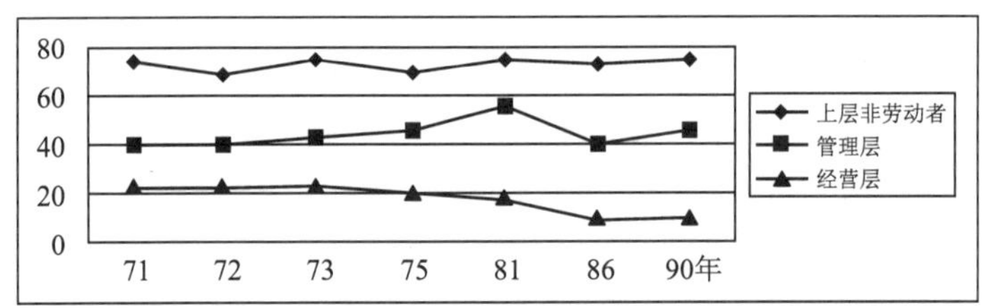

图3.3 1971—1990年东京大学男学生与父母的职业情况

资料来源：卢彩晨.日本缩小不同阶层子女高等教育入学机会差异研究——基于高等教育大众化视角[J].复旦教育论坛.2006(1)：71.

总之，精英教育从特权阶层的专属向所有人开放已经成为不可逆转的趋势。在任何一个致力于入学机会平等的社会，目的是让更多不同阶层的人都有机会充分发掘自己的潜能。诚然，那些来自不同社会阶层的大学生、青年人和成年人都想受高等教育，对于整个高等教育系统而言，在精英主义的传统大学之外发展更多接受平民的机构可以有效地推进高等教育民主化。但是“这并不意味着创造多样化的途径，是一定要使他们进入根本不相同的学校。”[2]在民主社会中，任何高等教育机构都应或多或少地面向不同阶层的学生，包括致力于优秀的精英教育机构。

---

[1] 卢彩晨.日本缩小不同阶层子女高等教育入学机会差异研究——基于高等教育大众化视角[J].复旦教育论坛，2006(4)：71.

[2] 德拉高尔朱布·纳伊曼.世界高等教育的探讨[M].令华，严南德，译.北京：教育科学出版社，1982：151.

第二节 教育目的多样化与精英教育发展

精英教育的目的就是精英教育应该培养什么样的精英。传统精英教育作为统治阶层的特权,其唯一的目的就在于为统治者培养维护其政治权力的继承者,即统治精英。在现代精英教育中,虽然仍然保存了培养统治精英的这部分功能,但除此之外的其他目的得以拓展,以至于一所精英大学或者一个国家的精英教育系统很难明确究竟正在培养什么样的精英以及应该培养何种类型的精英。精英教育目的的多样化是多种因素共同促成的结果,它既是精英内涵多样化的延伸,也是精英人才多样化的必然要求,还与精英大学的教育经历在社会选拔精英中作用的增强有关。

一、精英教育目的及其多样化

由于教育目的是指应该培养什么样的人,精英教育目的就是指培养什么样的精英。曾经在国家之间和国家内部都具有高度一致性的精英教育,其目的就是统治者为维护自己的统治地位培养接班人,直至近代,高等教育的世俗化要求精英教育在培养统治精英的同时为社会培养各种职业精英的取向开始出现。现代社会已降,大众化背景下的精英教育目的更加丰富和分化,无论在不同的国家,还是一个国家的高等教育系统内,甚至具体到一所大学中,截然不同的精英教育培养着截然不同的精英,很难找到高度一致的教育目的。

精英教育目的的多样化首先是精英内涵多样化的自然延伸。理论上,对精英内涵的理解必然影响到对精英教育的理解。现实中,当精英的内涵仅仅指代统治精英时,精英教育培养的精英只以未来的国家接班人为目的;而当精英的内涵逐渐拓展时,精英教育也需要对培养什么样的精英进行重新思考和定位。“根据莫斯卡和帕雷多的理论,统治精英是由占据了社会中业经承认的政治权力地位的人所组成的。”[1]但统治精英的身份可能有各种各样的,例如在古罗马时期军事和政治精英充当统治者,在欧洲中世纪,由受过高等教育的牧师、贵族充当领导者,在启蒙之后的欧美民主政治社会,很多情况下是由商业精英充当领导者。而现在的精英尽管必然同样拥有某种权力,但权力的范围已经延伸至政治领域之外的文化、经济、科学等方面,米切尔·哈特曼认为,在欧洲,精英结构体

[1] 巴特摩尔.平等还是精英[M].尤卫军,译.沈阳:辽宁教育出版社,1998:23.

系的巨变以二战界限，无论是西欧国家还是东欧国家，无论是否直接卷入战争，它们的精英结构都在战争前后表现出巨大差异，除了部分的政治精英和科学精英外，几乎完全被新的精英人才所取代[1]。这种对权力精英内涵的多样化已经延伸到精英教育中，表现为不仅仅培养了拥有政治权力的精英，有些学生从精英大学毕业后，在经济领域成为取得某一财团或大型企业的高层管理人员后，就把握了一个企业甚至国家的经济命脉；有些学生在科学领域取得卓越的成就，必然对科学的发展和创新起到引领作用；有些则作为先进文化的传播者和缔造者，掌握着世界文化发展的取向。他们在不同领域掌控着绝对的权力，但并不一定都会投身政治领域，成为拥有政治权力的国家统治者。

社会职业分工的日益多样化是推动精英教育目的多样化的主要外部因素。中世纪大学成立之初只有法律、医学、哲学等少数几种可以称得上是通向精英的职业，成为精英的渠道也只有如此几种而已。工业化社会中，职业的细分领域不断拓展，经济、农业、政府、法律、教育、艺术等方面都迫切需要培训专家型的人才，各种职业都需要专业学位作为能力的证明和把关的手段。统治一个国家本身开始成为一种职业，国家的统治已经不再是主要对付法律的简单的政治人物，行政手段、人事与财政权力都掌握在他们手中。[2] 因此，统治精英也需要专门的教育，而不是曾经仅仅通过学习具有普遍性的通识课程或者其他不相关的专业知识。又如，管理成为一个职业是从 20 世纪成熟起来的，随之管理又逐渐发展为一门学科，在精英教育机构中开始出现以培养管理者和商业领袖为目的的商学院。但不是每个领域都能够作为通往精英阶层的渠道的，例如从事农业、渔业、采矿业的人，能成为精英的几率就非常小。精英教育只提供那些高级职业的教育，以便使学生能够尽快成为这些职业的专家型人才。虽然职业有高低之分，但总的来说，比之以往，通向精英阶层的职业更加多样化了，精英教育中的专业设置也由此变得越来越多。另外，在每个大的领域中，企业的等级分化也越来越分明，以经济领域为例，金融界和垄断企业组织更容易使一个人通往精英阶层，而在小型企业中的可能性就会变得微乎其微。虽然在金融界和垄断企业组织中，可能会根据年龄、才能、运气等因素登上最高层的宝座，但在越来越重视学历的现代社会中，一个名校毕业的学生在起点上就比一般学校毕业的学生更高，距离高层管理者的路径也就更短。

高等教育入学人数的规模是促使精英培养专业化的一股重要力量。“英才

---

[1] 米切尔·哈特曼.精英与权力[M].霍艳芳，译.北京：中国社会科学出版社，2011：19.

[2] C·莱特·米尔斯.白领：美国的中产阶级[M].周晓虹，译.南京：南京大学出版社，2016：79.

母体的大小同英才集团的大小是成正比例的关系……英才的母体扩大了，学校作为经常向职业集团输送人才的机关就成为必不可少的了。”[1]艾略特承认：“一所大学必须有大量的学生，不然，它无数高度专业化指导的课程就会没有学生听。”[2]在过去接受精英教育人数极少的时代，神学、古典、数学、历史等等所有必修科目都由一名教授来任教，而随着学生人数的增长，每个学生都上同一种公共课程就变得难以把握了，需要聘请更多有能力的教师来分别教授这些课程。越来越多的专业和课程则为更多学生接受精英教育提供更好的通道，而这种如此多样化的专业和课程必然引导学生对自己的将来产生不同的规划。大众化还促使精英教育的内容和方式从普通教育向职业教育倾斜，精英教育培养类型开始与职业种类的多少密切相关。随着从事专门技术性职业、管理职业、事务性职业人数的急剧增加，社会对各种职业精英的需求也相应增加，大学为适应社会的这种需求开始发展出培养越来越多样的职业领域精英候补者的机能。社会对大学新职能的要求，必须通过变革传统单一化的培养政治精英的精英教育，发展新的形态来适应新的形势。

精英教育目的的多样化还与高等教育学历在社会选拔精英中的地位提升有关。在二战前，高等教育机构作为社会选拔精英的设施作用是有限的。这与精英集团本身的封闭性有关，统治阶级垄断了精英集团的情况下，从其他阶层选拔精英的道路基本被堵死了，是否能成为精英直接取决于一个人的出身情况。这在欧洲尤为明显，像法国和英国只允许某个阶级出身者进入精英集团，各阶级的鸿沟很深。在相对排他性不那么厉害的国家，大型企业选拔精英的条件更多是要看高等教育学历以外的世袭财产和才能，例如日本 1915 年企业界英才具有高等教育学历者仅占 14%。[3] 而此时的高等教育也并不能为其他阶层的人提供上升为精英阶层的机能，因为它本身就是被统治者控制的，只能从统治者的子弟中选拔有才能的人，其教育目的也只能是培养适应统治阶层所需要的人。战后，高等教育从一种特权转变为向更多阶层的人们开放，为中下阶层向上流动提供了重要的通道。高等教育机构作为培养和选拔精英的设施所起的作用也逐渐增大，特别是专业性职业领域的精英几乎都开始具有高等教育学历。至今为止，高等教育学历而且是精英大学的学历几乎在选拔精英的条件中发挥了决定性的作用。这种情况的形成是社会对高等教育学历的认可和高等教育本身在精英培养

[1] 麻生诚.英才的形成与教育[M].王桂，等，译.吉林：吉林人民出版社，1982：55.

[2] 安德鲁·德尔班科.大学：过去、现在与未来[M].范伟，译.北京：中信出版社，2014：100.

[3] 麻生诚.英才的形成与教育[M].王桂，等，译.吉林：吉林人民出版社，1982：159.

方面的机能增强双向作用的结果。

二、教育目的多样化与精英教育发展：以欧洲为例

源于中世纪大学的欧洲精英教育曾经在教育目的上表现出高度的同质化，即培养统治精英或者说政治精英。“康德和他的追随者已经清楚地表述过这个话题……大学必须为社会培养政治精英。”[1]专业知识的传授并不是目的，也就是说专业教育不是为了让学生将来从事某个特定的职业；专业教育只是一种手段，通过专业知识的学习让他们获得一种特定的生活方式，在心智方面得到发展。在这个教育理念的支撑下，传统精英大学的课程惊人的相似。在相同的时间以同一种方式学习着相同的课程，包括逻辑学、希腊语、修辞学、伦理学、政治学等。这种摹本一般的课程安排被认为是绝对的、不容更改的，只能接受而不能对它提出批评和疑问。这样的课程设置只为了一个明确的目的——心智训练，并通过这样的训练，使学生的思想得到解放，人格得以完善。这种致力于让学生获得某种生活方式的绅士教育，其目的是为了让学生成为各种领导角色做准备。在欧洲大陆国家，主要是培养政治精英，而在英国，主要是为了培养牧师，而由于当时的国家被教会掌控，牧师就是国家的统治精英。总之，不管是英国还是欧陆，它们的目的都不是训练学生去适应某些特定的职业，“事实上，它鄙视那样的做法。”[2]

近代高等教育的国家化逐渐成为高等教育多样化的动力之一。中世纪欧洲大学受跨地域性力量影响，表现出普适性的原则，自从欧洲国家制度形成以后，大学更多受地域性力量的影响，大学作为曾经服务于世界学术共同体的普遍性之中，开始分化出服务于本土的特殊形态，多样化的高等教育组织得以产生，欧洲国家开始明显地形成独具特色的精英教育理念，通过固定的内容达成单一性教育目的的传统精英教育被颠覆。法国以传授专门技术的大学校将别的国家由大学形式的精英培养职能接了过去；英国以通识教育培养有文化修养的完人，这一教育目的在牛津和剑桥这两所古老大学中得到最集中的体现；德国坚持科研与教学相统一的原则，以师生共同探求真理的形式，让学生得到最好的科研训练。但是，近代以来精英教育的国家化更多体现在手段上的不同。无论是英国的通识教育，还是法国的技术训练或者是德国的科学研究，其真正的目的仍然更

[1] 斯坦利·阿罗诺维兹.知识工厂——废除企业型大学并创建真正的高等教育[M].郑跃平，等，译.北京：高等教育出版社，2012：31.

[2] 马丁·特罗.从精英到大众再到普及高等教育的反思：二战后现代社会高等教育的形态与阶段[J].徐丹、连进军，译，谢作栩，校.大学教育科学，2009(3)：8.

偏向于培养能引领这个国家的领袖，即统治精英。正如佩里所言："与其他国家相比，德国更加清楚地看到一点：最好的科学训练对于培养公务员来说是多么重要。对于此发现，德国颇引以为豪。"[1]"19世纪的普鲁士官僚机构充满了在顶级大学受过训练的历史学家、经济学家和哲学家。在理想情况下，一些接受过优秀的传统教育的人将可以成为统一的德意志民族的领导者，这在俾斯麦之前，一直是个被狂热追求却遥不可及的目标。"[2]民族国家对高等教育形成了一个所有人都认可的观点，就是大学在培养公务员的过程中确实很重要，宽泛的学科范围和对理论的重视仍旧是精英教育的特征，以此区别大学与其他高等教育机构进行的专业性训练。

实际上，在近代精英教育国家化以后，教育目的多样化趋势已经不可避免地潜在发生了。专业教育地位逐渐提升，在其他欧洲国家和美国、日本等国家，"从社会上对新的专业化职业的渴望来说，其特征就是：这些专业的教育和训练应该在大学里进行。这是一个已经出现的迹象。"[3]与此同时，"大学原来那种很强烈的私立身份的传统以及与民族精英的亲密关系被改变了，代之以中央政府的大量拨款、国家干预并越来越伴有'具有市场特征的'形式和面向消费者的各种做法。"[4]无论大学的内部还是外部都在促使宽广的教育内容变得更加精细化和专业化，于是在这些国家培养具有普遍文化修养的统治精英这一目的受到排挤甚至是瓦解。培养国家公务员变成目的之一，而不是全部，专业教育不再只是一种手段，而变为目的本身。此外职业类的高等教育机构地位开始提升，例如英国，牛津和剑桥在政治精英培养中保持其霸主地位的同时，还更多关注了经济因素和社会的发展需求，培养更多商业精英、科研精英。但精英大学培养政治精英的霸主地位是卓然可见的。

在法国的大学校中，精英教育目的的专业化得到最充分的体现。首先，政治精英开始由专门的教育机构或者设置独立的专业来培养。法国的巴黎政治学院就是专门培养政治精英的机构，二战后的法国总理中，有1/4曾经就读于该校。国立行政学院则是法国高级行政官员最重要的教育机构，它的毕业生有约3/4进入三大久负盛名并且握有实权的团体机构，即行政法院、审计法院和财政监督局。法国的商界精英更多是来自技术类院校，其中以巴黎综合理工学院最富盛

[1] 弗里德里希·包尔生.德国大学与大学学习[M].张弛，等，译.北京：人民教育出版社，2009：310.

[2] 斯坦利·阿罗诺维兹.知识工厂——废除企业型大学并创建真正的高等教育[M].郑跃平，等，译.北京：高等教育出版社，2012：31.

[3] 罗杰·金.全球化时代的大学[M].赵卫平，主译.杭州：浙江大学出版社，2008：9.

[4] 罗杰·金.全球化时代的大学[M].赵卫平，主译.杭州：浙江大学出版社，2008：10.

名，而法国百强企业只有7%的总裁就读于巴黎政治学院，巴黎综合理工学院产生的政治精英也决不能跟巴黎政治学院相比拟。巴黎高等师范学校学院通过一种高水平的学术与文化训练，培养有志于基础或应用科学研究的学生从事大学和中学教学工作，或者在更广义上，为国家行政部门和企业服务。虽然没有一所专门学院是单独为培养某种职业精英而存在，但学院之间的特色与差异十分显著。20世纪60～70年代，德国大学重在探求真理的理性主义价值观在机会均等论和人力资本论的观念冲击下，开始向实用主义转向。教育观念的转变使教育目的也发生了变化，曾经以培养具有科学修养的公务员为目的的精英教育已经过时，新的教育目的是“通过研究、教学和学习以从事和发展科学；为需要科学(理论知识与方法或艺术能力的职业提供职业准备。”[1]在高等教育规模扩张进程中，大量的学生进入传统精英大学，这使得大学从精英型转变为大众型，为了维持机构间的质量均等，它的系统结构并没有进行相对分化。由于机构内部人数增多，教学占据更多时间，而传统的科研优势被减弱，最终本科层次中的科研被推向一个更高的层次，即博士层次，尽管是勉强的，但确是必然的趋势，否则科研溢出大学之外的诱惑将变得更强。一旦科研不再作为与教学相结合的一部分，那么科研就不再成为传统中培养公务员的手段，在博士层次的科研训练本身就成为目的，即培养更多的学术精英，而不仅仅在于培养公务员。例如，在2005年德国启动的卓越计划中，重申科研与教学相统一的德国大学传统精髓，秉承这一传统是该计划的核心内容之一，但教育目的则是旨在培养年轻的科研后备人员，提高德国博士生培养的总体水平。20世纪末，牛津和剑桥培养的商业精英开始增多，据1995年的数据统计，有近一半的英国企业董事会主席或首席执行官和近三分之二的金融部门高层管理者毕业于牛津和剑桥。与此同时，牛津和剑桥在精英教育机构中的霸主地位受到撼动，新大学在培养精英中的作用开始突显，而这些新大学与牛桥为代表的老大学的教育目的是存在极大差异的。这类新大学并不注重通过关注自由教育对学生进行心智训练，而是更加偏重与工业发展密切相关的专业知识和技能的传授。这一趋势最终在英国的双重体制转变成为单一的体制之后成为定局。单一化的体制意味着传统的老大学为精英教育机构、多科技术学院作为培养一般职业人员的双元制彻底成为历史，从事职业教育的多科技术学院成立了“现代大学联合体”[2]，它们开始在职业精英的培养上发挥其优势，以此与老大学互相抗衡。

---

[1] 陈学飞.美国、德国、法国、日本当代高等教育思想研究[M].上海：上海教育出版社，1998：163.

[2] 罗杰·金.全球化时代的大学[M].赵卫平，主译.杭州：浙江大学出版社，2008：61.

三、教育目的多样化与精英教育发展:以美国为例

(一) 美国精英教育目的的转变

美国最早的精英教育始于殖民地时期的少数几所私立学院。这些学校大多都在新教教派或者天主教分支如耶稣会和遣使会的监护之下,所以早期学院的目的就是为教会输送人才。哈佛最早的章程规定学校教育的主要目的是培养学生能够牢记永生的上帝和耶稣救世主。威廉玛丽学院的建立是为了给教会培养受过虔诚教育的有学问和举止端庄的青年,同时也为了在印第安人中间传播基督教的信仰。耶鲁的目的是使青年人在人文和自然科学方面受到教育,这些青年经过全能上帝的赐福,将适于在教会和文明国家中供职。达特默恩学院的目的是为使印第安人基督教化,要达到这个目的,培养牧师自然就成了学院最重要的任务。威廉玛丽学院的创建则是为了在拉丁文、希腊文、人文科学、应用艺术和自然科学、特别是神学等方面教育青年,以准备他们担负教会的工作或其它公职。[1] "这批学院是由具有连贯性的远见来指导的。它们的目的不仅仅是培养神职人员,还培养新型的公民领导人,这些努力奋斗的学校力求'在一个由来自欧洲的许多民族所创建的社会中去发展统一的责任感。否则的话,将会出现一个无目的的、无法控制的杂乱局面。'"[2]总之,带着明显英格兰大学烙印的私立学院,最原始的目的就是强调对少数有志青年进行综合教育,塑造个人健全的道德和完美的心智,培养可以继承传统和捍卫文明,并具有绅士风度和精英气质的领导阶层。晚期殖民地学院虽然仍侧重培养绅士和牧师,但是向满足社会经济发展需要倾斜的趋势已经逐渐显化。耶鲁学院开始提供农业、医学、解剖学等专业知识,国王学院也开始增设航海、测量、商业管理等实用性课程。在办学宗旨上,面向社会需求培养更多职业人才占据主导地位,毕业生从事神职工作的人数逐步下降。

现在的美国精英教育中,培养统治精英的目的只缩小成众多教育目的中并不起眼的一部分,没有人能够仅仅将专业教育作为培养国家的手段,而它本身就是目的。新兴的州立大学以"有用"为宗旨,给予科学和技术学科凌驾于旧的传统学术之上的特权。在这里,人文学术的价值不被看作是大学的基础。"对于伯克利大学校长来说,毫无疑问,人文学科必须认识到在新的大学秩序下它们的次

---

[1] 陈学飞.美国高等教育发展史[M].成都:四川大学出版社,1989:12.

[2] 欧内斯特·博耶.大学:美国大学生的就读经验[M].李长兰,等,译.北京:北京师范大学出版社,1987:56—57.

要地位。人文学科可以通过教授文学和历史来捍卫西方文明的价值,但是自身的角色明显是次要的。"[1]这样的教育曾经不被视作精英教育的一部分,最多只能称其为高级培训。但是如今它们确实已经与传统私立精英大学并驾齐驱地站在美国高等教育的最顶峰。美国私立精英学院在向研究型大学之后,采用的普遍模式就是在提供本科教育的基础上,建立专业研究生院。而这些专业研究生院的目的是通过专业训练培养各行各业的职业精英。从此,基于自由教育基础上的精英教育模式被打破,大学教育的目的也随之被高度分化了。芝加哥曾经认为自己是个例外,它在存续西方思想的优秀传统和传递古典哲学家的道德教育方面,他一直坚持着自己的立场,抗拒职业教育本身作为目的,认为那只是通识教育或人文教育的障碍。在它根深蒂固的观念中,信奉理性,致力于对基本知识的研究,奉行保持并传播人类多种文明是它有史以来的根本使命。它相信学生通过对最基础的真理性知识的探索和研究,能够提高他们的谋生能力。而它的毕业生也确实在工业、研究、教育以及国家实验室中做着各种各样的工作。[2]但是,对专业化的担忧并不会阻止它的到来,特别是在研究生层次,专业教育的强度已经增大,而且正在继续加强,关键是如何寻求专业教育所带来的多样性和通识教育内在的一致性之间的融通。列维在担任芝加哥大学校长期间正是这样想的:"考虑到现代大学和学院的复杂性,本质上的一致应该演化成更多样化的事物,这是不可避免的。多样化可以通过知识团体的相互作用和共同目标的新型渗透关系反映出来。如果大学不是这样一个各种团体的组合,作为一个整体,它很难在现代社会中履行领导责任。"[3]

尽管培养职业精英已经成为美国研究型大学的主要目的,但精英教育机构之间教育理念的差异决定了它们的毕业生在专业领域中的角色不尽相同。由于美国的精英阶层有一个重要的共识,即留给下一代最好遗产不是金钱而是精英教育,而古老的常春藤盟校是政治精英家庭的首选,所以历史悠久的私立精英大学一直延续着它们培养统治精英的传统,虽然这种力量正在削弱,但传统依旧延续下来。尽管如此,随着常春藤大学各自的发展,如今在精英教育的目的上已经不再一致。高度世俗化和综合化的哈佛大学将以往培养牧师的目的转变为培养

[1] 斯坦利·阿罗诺维兹.知识工厂——废除企业型大学并创建真正的高等教育[M].郑跃平,等,译.北京:高等教育出版社,2012:32.

[2] 威廉·墨菲.D.J.R.布鲁克纳.芝加哥大学的理念[M].彭阳辉,译.上海:上海人民出版社,2007:56.

[3] 威廉·墨菲.D.J.R.布鲁克纳.芝加哥大学的理念[M].彭阳辉,译.上海:上海人民出版社,2007:304.

社会精英人才；极度重视本科教学和通识教育的培养耶鲁大学将具备高素质的领导者作为其办学理念中最突出的特点。与此不同的是，后起的公立研究型大学本着为社会和国家服务的目的而建，培养的精英人才更加倾向于应用型。它们起初的使命是普及高等教育，因此精英教育的竞争主要集中在私立精英研究型大学，尤其是那一批常春藤盟校内部。但是由于公立研究型大学的崛起，私立大学进行精英教育，公立大学进行大众教育的分野逐渐被打破。以旗舰州立大学为主的公立大学变得越来越精英。由于规模过大，为了体现精英教育耳提面命式的传统，一些州立大学纷纷将建立荣誉学院作为回应，让顶尖的学生可以在庞大的州立大学享受小型本科生学院的精英式教育，为此争取了不少优秀生源。尽管如此，公立和私立精英大学在教育理念方面的界限仍旧十分清晰，芝加哥大学在许多方面都与加州理工大学不同，而普林斯顿大学与杜普大学则几乎没什么相似之处。前者更珍视人文教育的地位和基础研究，而后者更崇尚科学教育和研究的应用价值。即使它们设置的专业相同，但培养的精英在专业领域内的角色也是不一样的。无论公立还是私立的研究型大学，也有其相似之处，那就是以把研究生教育与科学研究联系起来培养科研精英，这体现出美国研究型大学对德国洪堡思想的创新。在美国的研究型大学中，研究生院的任务就是将一个通才或早期的专才，把他转变为成熟的专家，尤其是在博士教育层次，博士训练是居于首位的，目的就是在于培养科研精英。

（二）精英教育机构内部目的的多样化——以哈佛为个案

哈佛作为最早的私立学院之一，曾经就是一个权势集团，它的校友名册上罗列着从 17 世纪的清教徒时期的新教徒显贵。然而，当哈佛蜕掉 19 世纪的旧皮，成功地演变成一所现代巨型大学时，它在培养统治阶层方面的力量减弱了，在培养其他更多非政治领域精英的力量却增强了。“哈佛的‘硬力量’可能是略微减弱了：比起艾奇逊和杜勒斯时期来，政府机构的厅廊里少了一些前常春藤盟员的声音。但是，它的‘软力量’却前所未有的增强了，扩展为由医生、外交家、银行家、电影制片人、记者和律师结成的一张巨网，它构成了现代的上层阶级。”[1]

哈佛大学培养目的的世俗化使政府官员、教师和各行各业的专门人才都成为其教育目的的一部分。从艾略特时期开始，开始从附带一些专业教育的普通学院成为培养多学科人才的综合性大学。正如他在就职演说中提到的那样：“我

---

[1] 特权.罗斯·格雷戈里·多塞特.特权：哈佛与统治阶层的教育[M].珍栎，译.北京：生活·读书·新知三联书店，2014：10.

们将拥有所有的学科，并且是最好的。”[1]在20世纪50—60年代，这个哈佛大学精英主义盛行的黄金时代，哈佛的社会科学、自然科学齐头并进，朝着艾略特设想的方向蓬勃发展。正是美国研究型大学中的专业研究生院将哈佛这样的传统学院转变成为培养各类职业的巨网。它的任务不仅在于培养各种各样的职业精英，还担负着为各类职业正名的责任。综合性的精英大学大学核心是专业，社会公众、国家、学校、学生等各个利益相关者对哈佛的要求或愿景显得如此一致，那就是以其出色的专业知识培养专业领域的领导者，传统精英学院中培养统治精英的目的已经被搁置一旁。“专业研究生院受几方面的人的影响，这些人对专业研究生院抱有各自的期望相要求。这些人包括：专业研究生院的教师、行政人员、学生、所服务行业的人员和整个社会。这几方面的人构成了专业教育的前提条件。人们公认，社会必须有受过训练的、有能力的专业人员为之服务；人们还公认，各专业领域有必要开发新知识，指导社会实践，提高各专业的业务水平。”[2]虽然这些各自强调的方面不同，但在培养职业精英这一原则问题上，看法是高度一致的。以哈佛大学为例，商学院、法学院、医学院、教育学院、设计学院等等研究生层次的专业学院各自培养着商界、法律界、医学界、教育界、设计领域的职业精英，尤其在医学院、法学院和商学院中，由于医生、律师和商界都是重要的职业且报酬丰厚，它们所设课程的目标和教学方法与其他专业相比，更具有稳定性，“他们虽然出于某些历史的和理论方面的考虑，同意有必要开展研究工作，但他们更赞成教授与专业实践直接联系，传授基本技能，教学生养成与专业实践相联系的思维习惯。他们也主张教育学生对职业要有社会责任感，要关心职业道德和职业影响。”“学生也具有强烈的愿望促使教师提供卓有成效的职业教育，他们在这方面的愿望与从事这一职业的专业人员不约而同……学生一心想的是将来成为有能力的专业人员。道德问题和社会责任与必须掌握的专业知识和专业技术相比，在学生的心目中，只占第二位。”[3]而公众也需要更多有能力的专业人员为他们提供服务，虽然公众对专业学院没有直接影响，但是他们通过舆论的力量引起各种媒介和政府部门的注意，从而间接促使大学采取行动。政府则对专业教育影响最大，在州或者联邦一级，都会通过对大学的拨款来影响专业研究生院的规模和发展，并影响大学采取新的教学方法，培养更多的专业人

[1] 莫顿·凯勒，菲利斯·凯勒.哈佛走向现代——美国大学的崛起[M].史静寰，等，译.北京：清华大学出版社，2007：15.

[2] 德里克·博克.美国高等教育[M].乔佳义，编译.北京：北京师范学院出版社，1991：61.

[3] 德里克·博克.美国高等教育[M].乔佳义，编译.北京：北京师范学院出版社，1991：63—64.

员。总之，在各种内部和外部力量的推动下，职业精英已经成为哈佛各个专业研究生院最根本和最直接的目标。而曾经在学校层面的统一使命——培养公务员的职责则交给肯尼迪管理学院，事实上肯尼迪管理学院在博克校长的领导下已经将政府管理也定位为一个专业。

如今的哈佛大学已然成为克尔眼中的多元化巨型大学。它在知识的创造方面是成功的，但在对人的教育方面并不被传统主义者看好，甚至受到尖锐的贬讽。但没有人能够否认哈佛仍旧是培养精英最重要的大学，因为它的毕业生的确在美国乃至世界上是最优秀的，而且成为社会精英阶层的概率极高。在哈佛大学的网页上，醒目的标明："哈佛大学(包括本科学院、研究生院、其他学术机构、研究中心和附属机构)没有正式的使命陈述。只有哈佛本科学院有明确的使命即通过人文和科学教育为我们的社会培养公民和公民领袖。"[1]

第三节 实践形态多样化与精英教育发展

精英教育实践形态的多样化，首先表现为精英教育机构类型的多样化。美国不仅是世界上高等教育系统最为多样化的国家，在这个系统内部，精英教育机构的类型也是最为多样的。这种多样性体现在既容纳了历史悠久的私立大学、又容纳了适应地方需求的新型公立大学；既涵盖以规模和名气取胜的巨型研究型大学，又涵盖以本科教学质量和特色取胜的小型文理学院；既富有殖民地学院时期的传统，又展露出最具世界竞争力的时代气息。英国、法国、德国等国家，也开始在传统精英大学之外寻求新型的机构来发展精英教育。总体而言，精英教育机构类型的多样化是从国家之间的差异化向国家内部的多样化转变的，而促进这种转变的重要动因就是高等教育规模的扩张。

如果当一个国家的高等教育进入大众或普及高等教育阶段，那么一所精英教育机构完全作为以精英教育为职能存在而不涉及大众教育，这种情况的概率日益降低。虽然随着高等教育机构数量的增长和多样化，精英教育机构的数量和类型也日趋增多，然而曾经的精英教育机构在人才培养方面的目标是纯粹的，而大众或普及高等教育阶段，传统的精英大学容纳了新类型的学生、新的功能开始产生，精英教育与大众教育并存于一所大学的情况屡见不鲜。尽管很多国家的传统大学经历这样的遭遇后，开始意识到可能产生很多问题，但是却无法阻止

[1] Mission Statement[DB/OL]. http://www.harvard.edu/about-harvard/harvard-glance, 2016-12-12.

它的发生。正如克拉克·克尔所讲的那样:“大众化高等教育和普及高等教育的入学者不能仅仅灌进它的‘外壳’,而没有激烈的后果。”[1]就连最保守的牛津、剑桥也不能完全幸免,在比较开放的美国传统私立研究型大学中,也选择开展更多大众教育的形式,即使这种情况并不是必然发生的。当许多国家开始意识到以独立机构实施精英教育的效果开始减弱后,新的非独立机构的实践形态开始出现,主要有:在一个高度选择型或选择性的机构内部分化出研究生教育层次,或者在国家层面通过资源和经费的重点投入,启动一项或若干项精英教育计划,也不排除发达国家正在网络空间发展无边界精英教育的可能性。

一、精英教育机构类型的多样化

精英教育机构是精英教育最普遍的一种实践形态。现在将实施精英教育的机构经常称之为精英大学(elite university),在我国语境中也称作一流大学(world-class university),还有另外的称呼,如顶尖大学(top university)、世界名牌大学(world global university)等。无论何种称呼,这些大学都是指每个国家的高等教育系统中位于金字塔顶端的少数高等教育机构,它们承担着培养精英的重大使命。规模扩张不仅使广泛意义上的高等教育机构更加多样化,也开始涌现出不同于传统意义上的精英大学的新型精英高等教育机构。

(一)美国精英大学类型的多样化

作为最早迈进高等教育大众化、现已进入普及化的国家,美国不仅在普及型高等教育教育机构类型表现出了极其多样化的状态,而且精英教育的机构也是世界上最多元的。不仅有最令人瞩目的研究型大学,也存在一些不那么起眼却别具一格的非研究型文理学院。仅研究型大学的种类也是极为多样的,既有公立的也有私立的,而且无论在公立还是私立研究型大学中,不仅有传统的、历史悠久的老大学,还有新兴的挑战者们。

1.研究型精英大学

要清楚且完整地罗列一份美国研究型大学中的精英大学,虽不是不可能完成的工作,但却是极为困难的。困难之处在于,一方面美国的研究型大学数量庞大、种类繁多;另一方面,何为精英大学本身就是一个极具争议的概念,加之大学之间的自由竞争状态使各自的地位一直处于不稳定的状态。这里例举的研究型大学,无论是私立还是公立,都仅限于当前美国最为顶尖的研究型大学,即在卡内基分类2015版中被列入博士学位授予型Ⅰ类的大学。博士学位授予型Ⅰ类

[1] 克拉克·克尔.高等教育不能回避历史[M].王承绪,译.杭州:浙江教育出版社,2001:79.

即研究活动最活跃的研究型大学，这份名单也一直在动态变化中，与2010年版本列出的100所相较，2015年又新增了15所，目前有115所被列入博士学位授予型Ⅰ类。这115所大学代表了美国研究型大学的最高水准。

(1) 私立研究型精英大学

拥有一批以常春藤联盟为代表的令人艳羡的私立研究型精英大学，是美国与其他国家高等教育系统最显著的区别之一。有一个常识性的观点，即美国的精英教育集中在那些精英私立研究型大学中。它们以自治权、富足和传统方面具有显著优势，这种优势至今仍然存在，由此使它们无论在历史传统、研究实力或是教育成就方面都声名卓著。私立大学作为精英教育中最重要的一部分也是美国精英教育实践形态的特色之一。在其他国家虽然也有不少杰出的私立大学，但数量的确很少，不能对高等教育系统产生显著影响；而在另一些国家，私立大学势力即使很大，提供的却是更多而非更好的教育。只有在美国，私立大学尤其是私立研究型大学，在数量和质量上均得到充分的发展。美国最顶尖的私立研究型大学是由那些历史悠久的殖民地学院演变而来的。在17—18世纪的殖民地时期，哈佛学院、威廉和玛丽学院和耶鲁学院等由教会创办的一批学院在这片新大陆上开始站稳脚跟，随后相继成立了费列德尔菲亚学院(后改名为宾夕法尼亚大学)、普林斯顿学院(后改名为普林斯顿大学)、罗德岛学院(后改名为布朗大学)等共9所学院。这些学院继承了英国牛桥的学院制、寄宿制、自治以及着重古典的人文学科等传统，同时有大胆创新的一面，逐步形成美国特有的学院式的精英教育机构。

19世纪初受到德国模式的影响，传统学院开始向研究型的现代大学模式转型。1876年以后，哈佛形成了人文与自然科学研究生院；把原有的神学院、法学院和医学院的教育水平提高到研究生一级，并建立了应用科学和工商管理等新的专门学院。1886年以后，耶鲁大学逐步扩展了研究生教育和本科生选课的范围，成为一所更为统一的综合性大学。哥伦比亚大学在先后建立政治科学研究生系，把独立的政治科学、哲学和自然科学系并入“研究院”后，于1912年正式更名为哥伦比亚大学。普林斯顿学院自1877年建立了研究生部，1900年研究生部发展成为完整的研究生院，向现代研究型大学转型。直到20世纪50—60年代，这些古老的学院是美国精英教育最杰出的代表。无论是1957年克里斯通根据文理学科领域的研究生系科质量得出的综合排行，还是1963年美国联邦研究资助经费总数排序得出的结果，抑或是1966年阿兰·卡特领导的关于研究生教育的声誉调查所产生的大学排行，能保持在前列位置的一直是那些让人耳熟能详的老牌大学(如表3.2所示)。当今，它们仍像是永不泯灭的灯塔屹立在美国高等教育金字塔的顶端。在 2015 年最新的卡内基分类中，这些曾经古老的学院转型而成的研究型大学均被列为博士研究型Ⅰ类(Doctoral Universities)，即研究活动最活跃(the highest research activity)的一类大学。

表 3.2　20 世纪 50、60 年代位列三种排行榜前十名的大学

大学名称	克里斯通综合大学排行	卡特研究产生的大学排行	获得联邦研发经费排序	备注	2015 版卡内基分类中所属类型
哈佛大学*	1	2	5		博士学位授予型Ⅰ类
加州大学伯克利分校	2	1	4		博士学位授予型Ⅰ类
哥伦比亚大学*	3	7	2		博士学位授予型Ⅰ类
耶鲁大学*	4	6	16		博士学位授予型Ⅰ类
密歇根大学	5	4	3		博士学位授予型Ⅰ类
芝加哥大学*	6	9	6		博士学位授予型Ⅰ类
普林斯顿大学*	7	10	无	因没有属于国家卫生研究院资助对象的医学院而未受到资助	博士学位授予型Ⅰ类
威斯康星大学	8	3	15		博士学位授予型Ⅰ类
康奈尔大学*	9	11	12		博士学位授予型Ⅰ类
伊利诺伊大学	10	8	9		博士学位授予型Ⅰ类

数据来源：休・戴维斯・格拉汉姆，南希・戴蒙德.美国研究型大学的兴起——战后年代的精英大学及其挑战者[M].保定：河北大学出版社.2008：29—30.

注：* 表示"私立大学"。

不可否认，这些大学确实代表了美国最为成熟的一批精英大学，马太效应又进一步强化了它们的精英教育职能。尽管在 20 世纪 60 年代后，公立研究型大学和其他新兴的私立研究型大学对传统的常春藤发起了挑战。这些大学的优势幅度开始减小，但马太效应的强大影响力使它们仍然保持着一定的优势。在 2016—2017 年度泰晤士高等教育世界大学排名(Times Higher Education World University Rankings)中，名列美国国家前 10 位的大学中，传统的私立精英研究型大学占据了八席(如表 3.3 所示)。他们在更注重教育质量的美国新闻周刊(U.S.NEWS)最佳大学排行中的优异表现，也从某种程度上反映出他们的教育质量与研究实力是成正比的。

表 3.3 2016—2017 年度美国私立研究型大学在 THE 和 U.S.NEWS 中的表现

大学名称	泰晤士高等教育世界大学排名（The World University Rankings）（美国国内排名）	美国新闻周刊国家大学排名（U.S.NEWS National Universities Rankings）
加州理工学院	1	12
斯坦福大学	2	5
麻省理工学院	3	7
哈佛大学	4	2
普林斯顿大学	5	1
芝加哥大学	6	3
耶鲁大学	8	3
宾夕法尼亚大学	9	8

数据来源：[1]The World University Rankings[DB/OL]. https://www.times higher education.com/student/best-universities/best-universities-united-states，2016 - 12 - 20；[2]U.S.NEWS National Universities Rankings [DB/OL]. http://colleges. us news. ranking sand reviews. com/best-colleges/rankings/national-universities，2016 - 12 - 20.

（2）公立研究型精英大学

美国公立研究型精英大学主要包括加州大学的 8 个综合性分校（伯克利分校、戴维斯分校、尔湾分校、河滨分校、圣克鲁兹分校和圣巴巴拉分校）、纽约州立大学系统的 3 所分校（奥尔巴尼分校、布法罗分校和石溪分校）、北卡罗来纳州立大学、北卡罗来纳大学教堂山分校、华盛顿大学、华盛顿大学西雅图分校、伊利诺伊大学、明尼苏达大学、普渡大学、德克萨斯大学等。休·戴维斯·格拉汉姆和南希·戴蒙德在 20 世纪 90 年代将包含上述大学在内的 32 所划入他们所定义的研究型Ⅰ类中，这个名单中有 6 所不属于当时 1987 年版的卡内基分类中的研究型Ⅰ类，包括加州大学圣芭芭拉分校、河滨分校、圣克鲁兹分校，纽约州立大学的分校：奥尔巴尼分校和布法罗分校；阿拉巴马大学伯明翰分校。由于这 32 所大学是公立研究型大学中的佼佼者，因此被他二人明确列入公立研究型大学中的精英大学范畴。[1] 在精英公立研究型大学中，一流的州立旗舰大学相对于其他公立研究型大学具有极大的优势。威斯康星大学麦迪逊分校、密歇根大学、加

[1] 休·戴维斯·格拉汉姆，南希·戴蒙德.美国研究型大学的兴起——战后年代的精英大学及其挑战者[M].张斌贤，等，译.保定：河北大学出版社，2008：145.

州大学伯克利分校都是美国最大的传统公立精英大学，从表 3.2 可以看出，在 20 世纪 60 年代左右，就是与常春藤盟校最有力的竞争者。战后新兴的州立旗舰大学有亚利桑那大学、科罗拉多大学、爱荷华大学、纽约州立大学布法罗分校等。其他新兴的公立大学虽然不是州立旗舰大学，但也取得了与旗舰大学一样的精英大学地位，这些大学有加州大学的戴维斯分校、尔湾分校、河滨分校、圣克鲁兹分校等。

与殖民地学院截然不同的是，州立大学初建时的宗旨并非是基于英国精英教育的理想主义，而是秉承世俗和功利主义的办学理念，培养为国家和地方服务的实用性职业人才。但是约翰·霍普金斯的创建促进了州立大学向研究型大学的变革，这种转型使州立大学开始晋升至精英大学的行列。而且，自二战以来，较之私立研究型大学，州立大学作为一个总的群体显得更加繁荣，许多旗舰州研究型大学的规模更加庞大，1990 年，加州大学洛杉矶分校的学生为 3.5 万，耶鲁为 1 万，密执安大学学生为 3.6 万，而普林斯顿为 0.6 万。它们吸引联邦政府补助和合同以及筹措研究和开发资金的能力，使 12 所州立大学进入 1987 年美国科学和工程研究和开发支出最多的 20 所名牌大学的行列。威斯康星、密执安、明尼苏达、德克萨斯、伊利诺伊、华盛顿和加州大学系统的四所分校，它们研究和开发支出的总数都高于常春藤联盟。[1]

2. 非研究型精英教育机构——精英文理学院

在美国并不只有研究型大学才能有资格被列入精英教育机构的行列，文理学院是美国独具特色的一类机构，也是美国精英教育的先驱。美国精英教育机构之所以卓越不凡，不仅因为它的研究型大学将源自德国的教学与科研相结合的理念给予了较好的诠释，还因为它将非研究型的精英教育模式通过文理学院这种机构较完好地保存了下来。哈佛大学的前身就是模仿英国剑桥大学的伊曼纽尔学院所建立的文理学院。自哈佛学院诞生至世纪中叶近两百年的时间里，文理学院一直在美国高等教育领域占据主导地位。随着研究和高级训练并重的美国研究型大学模式的形成、功利主义思想的兴起，文理学院这种精英教育的实践形态逐渐式微。传统文理学院的份额不断减少，有的逐渐发展为综合性大学或学院，有的逐渐变成小型专业性职业学院，有的在竞争中逐渐消亡，有的文理学院则坚守传统和特色，成为美国高等教育系统中隐蔽的常春藤。在美国享有盛名的精英文理学院，包括有“小三杰”之称的威廉姆斯学院、阿姆赫斯特学院和

[1] 伯顿·克拉克.探究的场所——现代大学的科研和研究生教育[M].王承绪，译.杭州：浙江教育出版社.2001：155.

卫斯理学院；另有威廉姆斯学院、阿默斯特学院、斯沃斯莫尔学院、卫斯理学院、明德学院、鲍登学院、科尔比学院、贝茨学院、哈弗福德学院、瓦萨学院、汉密尔顿学院、科尔盖特大学、三一学院和康涅狄格学院被誉为“隐蔽的常春藤”。

表 3.4 2016 年 U.S.NEWS 全国文理学院排名前十位的名单

序号	文理学院名称	排名
1	威廉姆斯学院(Williams College)	1
2	阿姆斯特学院(Amherst College)	2
3	韦尔斯利学院(Wellesley College)	3
4	明德学院(Middlebury College)	4
5	斯沃斯莫尔学院(Swarthmore College)	5
6	鲍登学院(Bowdoin College)	6
7	卡尔顿学院(Carleton College)	7
8	波莫纳学院(Pomona College)	7
9	克莱蒙特·麦肯纳学院(Claremont McKenna College)	9
10	戴维森学院(Davidson College)	9

数据来源：National Liberal Arts Colleges Rankings[DB/OL]. http://colleges.usnews.rankingsandreviews.com/best-colleges/rankings/national-liberal-arts-colleges，2016-12-20.

精英型的文理学院虽没有研究型精英大学那样的光芒四射，却以低师生比的优质本科教育而著称于世，被誉为美国本科教育的最佳典范。以 2015 年秋注册学生总数与全职教师数来计算，威廉斯学院和斯沃斯摩尔学院的师生比约为 1∶7，阿姆斯特学院约 1∶8，哈佛大学的师生比则约为 1∶14。研究型大学与文理学院师生比的差距原因在于两个，一个是由于总体入学规模的巨大差异。文理学院招收学生人数极为有限，且很少招收研究生，例如“小三杰”中只有威廉姆斯学院招收 52 名研究生，斯沃斯摩尔学院和阿姆斯特学院不招收研究生。而研究型大学一般规模较大，截止 2015 年秋哈佛大学在校生规模达到 29652 人，规模是文理学院的十倍以上，其中研究生注册人数为 19397 人，研究生规模占据总规模的一半以上。第二个原因是文理学院与研究型大学在专任教师数在教师总数中的比例形成鲜明的反差。如哈佛大学虽然教师总数达到 4194 人，但其中教学型教师只有 2130 人，另有 2064 名教师是从事研究与服务工作的。这里的师生比是指专任教学的教师和在校生的比例，如果加上全职从事研究与服务工作的教师数、另外还有大量的研究生助教和兼职教师，那么哈佛大学师生比仅为

1∶4。而文理学院一般没有研究生助教，从事兼职的教师也只是少量，全职教师中都为教学型教师，没有从事研究与服务工作的全职教师。

表 3.5　2015 年秋威廉斯学院、阿姆斯特学院和斯沃斯摩尔学院师生比情况一览

学院名称	本科生招生数	研究生招生数	全职教师数(教学型)	师生比
威廉斯学院	2171	52	297	1∶7
阿姆斯特学院	1795	0	223	1∶8
斯沃斯摩尔学院	1581	0	211	1∶7

数据来源：National Center for Educational Statistics[DB/OL].http://nces.ed.gov/collegenavigator/?q=Swarthmore+College&s=all&id=216287#general,2016-12-20.

上面的数据不仅反映出文理学院在师生比方面的优势，极少招收研究生以及没有全职从事研究的教师这两个方面，可以从一定程度上表明文理学院是真正将本科教育质量作为教育的核心，而不是研究。而本科教育的质量正是目前美国的研究型大学，哪怕是最顶尖的那些研究型大学最受到质疑的一个方面。

（二）英国、法国和德国精英教育机构的多样化

欧洲早期的精英教育基本源自于中世纪大学，在 1800 年至 1945 年这段漫长的历史时间中，英国、德国、法国各自以渐变的方式或是革命式的突变，或者继承或者颠覆，最后形成具有国家特色的精英高等教育机构。二战后，欧洲高等教育国家普遍经历了大众化，使其传统精英教育机构或多或少地受到冲击，精英教育质量开始下降。为了缓解精英教育的危机，让更多的人具有接受精英教育的机会，英国、法国和德国开始另辟蹊径，通过新建或者转型，传统精英大学之外的其他精英教育机构开始崭露头角。

1. 法国大学系统地位的上升

“法国在大革命以后取缔了中学以及神学院、医学院、文学院，大学被各类专门学院，在一片空白的基础上重新创造了‘大学校’这样一个精英教育的特殊部门。在政权的不断交替中以大学校培养精英的模式持续性的发展，直到 19 世纪最后 30 年，它才被德国模式的影响所渗透。大学校这种法国独有的精英教育部门“源于大革命时期的‘白板论’，完成于拿破仑时期。但是一些基本特征，如中央政府控制、独立学院以及专门学校的设立等，在启蒙时代就已有萌芽。”[1]二战后，大众化的任务主要由大学系统来负责承担，大学校并没有受到规模扩张过

[1]　瓦尔特·吕埃格.欧洲大学史(三)[M].张斌贤，等，译.保定：河北大学出版社，2013:5.

多的影响。在20世纪80年代，大学校的入学生数仅占大学生总数的9.5%，而大学系统却接受和培养了62%的大学生。[1] 整个20世纪，政治因素一直在加深大学系统的从属性，在其他国家处于金字塔顶端的大学显然已经成为大众化过程中法国整个高等教育系统的减震器，而与此同时，大学校依旧是法国国家最依赖的生产精英的机器，它仍然通过专门的预备渠道吸收学生中的精华，然后这些少数的学校控制着高层特别是政府高层的位置。

20世纪80年代左右，法国决心打破大学校对精英教育的专属权，大学系统的地位开始逐步上升。大学与大学校相互靠近被认为是打破大学校对精英教育垄断的基本路径。在法国的高等教育规模扩张压力之下，大学和大学校的入学人数都呈现出猛增的趋势，两个系统在大学生的筛选、授予的文凭和教学的职业目的三个方面的差异开始模糊化，但是两者在学校管理、学生生活环境、教学与研究的联系、学习的成本方面仍然具有十分清晰的差异，这被认为是掣肘大学系统提高质量的主要障碍[2]。为了排解这一障碍，缩小两个系统间的差距，主要采取以下措施使它们相互靠近：(1) 通过新型教学相互靠近，允许大学校的学生申请新型大学文凭。(2) 在毕业生出路方面打破大学校的垄断，鼓励大学输送高级公职人员。(3) 在课程方面，扩大大学校和大学的交流，混合各自的学生，组织教师在两种形式的高等教育中流动，在重新调整的地理区域临近的大学与大学校的校园中，设置共同的科学与技术设备。[3] 法国破除大学系统和大学校之间隔阂的目的，不仅在于赋予大学系统追求优秀的机会和责任，还致力于整个高等教育系统层面的协调和优秀，针对过去地理区域分布不够合理的问题，在新的大学规划框架中，法国将分为八大省区，在各省区将会出现若干优秀整体，称为“省区大学集团”。

2. 英国牛津和剑桥对精英教育的垄断被打破

在数个世纪的传统与被长期延误的局部改革相互妥协之下，英国将精英教育几乎全部寄托于牛津、剑桥和少数几所杰出的大学。19世纪中叶以前，牛津和剑桥垄断英国高等教育的漫长历史，也是垄断英国精英高等教育的历史。牛桥以寄宿学院为基本特色，在导师的协助下对学生进行人文陶冶。以本科生寄

---

[1] 伯顿·克拉克.探究的场所——现代大学的科研和研究生教育[M].王承绪，译.杭州：浙江教育出版社，2001：11.

[2] 国家教育发展与政策研究中心.发达国家教育改革的动向和趋势(第七集)[G].北京：人民教育出版社，2003：336.

[3] 国家教育发展与政策研究中心.发达国家教育改革的动向和趋势(第七集)[G].北京：人民教育出版社，2003：360.

宿制学院的高质量教育让英国的精英教育在国际上表现出与众不同的特色。这种高质量的教育是以建立小规模、低师生比和维系亲密师生关系作为最明显的优势,即使在高等教育入学人数激增的年代,牛桥仍然以高昂的费用勉强地维持着慷慨的师生比例。这种严格的入学人数和师生比的限制胜过于欧洲大陆所有的国家,更不必说美国和日本。对于在大众化的压力之下,以巨大的代价换得的这份近乎于高傲的精英教育是否是值得的,一直存在着争议。无论英国的精英教育将在争议之下走向何方,它毕竟曾经辉煌过,并且至今仍旧在众多的精英教育模式中占据着它所应有的一片领地。

20世纪下半叶,英国以牛桥垄断精英教育的传统也正在悄然发生变化。牛桥培养的精英数量正在从绝对优势地位逐渐下降,而其他的大学,如罗素集团的大学、伦敦大学以及其他院校在精英教育中的作用正在逐渐增强,这种趋势既与英国高等教育规模的整体扩充有关,也与新兴高等教育机构质量提高有关。在规模方面,"罗素集团大学"的学生数从20世纪初的的10%稳步增长到20世纪末的28%。与此同时,伦敦大学的入学生数增加了一倍,从7%增至14%。这些大学在发展大众教育的同时,也设法创造优势培养精英人才。故而,它们既对英国的大众化做出了重要贡献,又在使牛津和剑桥对精英教育的贡献从1/3下降到1/4,尽管牛桥的贡献仍旧在精英教育中是最为突出的。据统计显示,20世纪20—30年代,牛桥的毕业生虽然只占到全国总量的30%,但却占到所有的精英毕业生中的65%。伦敦大学的毕业生占到18%,精英人才占到毕业生总数的15%,其他罗素集团的大学的毕业生占到35%,培养出来的精英占18%,1992年之前的大学毕业生占到17%,精英则占2%。20年后,牛桥的毕业生只占到全国总数的10%,精英人才比例也缩小至精英总量的33%。伦敦大学的精英贡献量相对持平,而罗素集团大学的毕业生比例虽然没有多大变化,但精英贡献量翻了一倍。[1] 在米切尔·哈特曼关于1995年和2005年英国企业的董事会主席或首席执行官毕业院校的比较显示,这十年间商界精英毕业的院校有了明显的改变。其中,从牛桥毕业的人数下降了1/3,牛津大学已经失去了重要的影响力,他们在高层管理者中所占比例骤降40%,剑桥大学稍好一些,只下降了1/6。传统的苏格兰大学已经大肆崛起,高层管理者中圣安德鲁斯大学的毕业生也增加了一倍。[2]

---

[1] Gareth Williams, Ourania Filippakou. Higher Education and UK Elite Formation in the Twentieth Century[J]. High Education, 2010(1): 10-12.

[2] 米切尔·哈特曼.精英与权力[M].霍艳芳,译.北京:中国社会科学出版社,2011:89.

3. 德国高等教育系统的分化和私立精英大学的兴起

在德国，高等教育的大众化实质上就意味着精英大学的大众化，因为平等而抹平了高等教育机构之间的差异。现在德国已经意识到高等教育系统分化的重要性，没有分化的高等教育系统，就不能产生精英大学。20 世纪下半叶，德国高教系统开始遭受战争、高等教育大众化的冲击，急剧改变的环境让这个最初产生真正“研究型大学”的地方被依靠研究起飞的美国高教系统所替代。德国人对科学和学习相统一的理想一直没有放弃。在 20 世纪 50 年代以后，德国的高教系统曾试图重新“回到它经典的精英形式。”[1]最终，由于传统研究型大学受到前所未有的规模扩张的冲击，曾经的理想并没有能够得到及时的挽救。直至 20 世纪 90 年代以后，德国高等教育的金字塔层级开始浮出水面。主要原因是 21 世纪初“卓越计划”的提出。2004 年，德国联邦教育部部长布尔曼女士首次提出打造数所哈佛式的精英大学，改变德国大学在当今世界高等教育中的二流地位，培养大批世界一流的各类精英人才；同时，要促进机构间的纵向分层，强化大学之间的竞争，加大机构间的多样性和差异化。尽管此后，“精英大学”这一个对于德国人来说十分敏感的议题受到持续争议甚至部分政党的强烈反对，但在长时间的博弈和谈判后，通过对名称和内容的修改，最终于 2005 年以“卓越计划”为名得以通过。计划的重点也从重点建设几所精英大学转为大范围地加大对大学科研的整体投入。计划分为三个项目：“研究生院”“卓越集群”和“大学未来战略”。“研究生院”项目是评选出能够对年轻的科研人才进行最优化指导，在特色科学研究领域具有特色和高质量研究水平的若干所研究生院。“卓越集群”是评选出能够积极整合校外优质资源、具有领先科学成就和更强竞争力的交叉学科团队。“大学未来战略”主要资助已经获得“研究生院”和“卓越集群”项目的大学，目的是强化科研特色，通过加大对这类大学的资助，增强它们在科研领域的核心竞争力。尽管卓越计划存在各种问题和不完善之处，但它极大地促进了传统研究型大学之间的多样化。在卓越计划实施之前，德国公立高等教育系统只有公立大学与应用科学大学两个层级。2006 年，卓越计划第一轮评选出慕尼黑大学、慕尼黑工业大学、卡尔斯鲁厄大学入选“大学未来战略”；2007 年柏林自由大学、海德堡大学、哥廷根大学、康斯坦茨大学、弗莱堡大学、亚琛工业大学入选“大学未来战略”。这 9 所大学从公立大学中脱颖而出，成为德国的第一批精英大学，德国的卓越计划不仅从传统大学中分化出金字塔最顶端的 9 所大学，还在更多大

[1] 伯顿·克拉克.探究的场所——现代大学的科研和研究生教育[M].王承绪，译.杭州：浙江教育出版社，2001：42.

学内部筛选出“卓越集群”和“研究生院”。2006年，卓越计划第一轮评选出18个研究生院和17个卓越集群，2007年，第二轮评选出21个研究生院和20个卓越集群，前后两轮共有39所研究生院和37个卓越集群获得资助。总之，德国扁平型的系统结构开始向金字塔形结构转变。

除了通过“卓越计划”等政策促进公立高等教育系统的分层、提高老大学的竞争力以外，尝试扶持新建的私立精英大学也是重要的举措。20世纪60年代，私立大学开始合法化，但只是作为公立大学的补充，且数量和办学水平有限。到1979年，得到国家承认的私立高校只有8所，且大多为专科院校。2008年，私立高校增长至83所，其中1990年以后新建的达到65所，并开始尝试精英化的方向。[1] 最具代表性的是不来梅雅各布斯大学，它成立于1996年，代表德国私立大学发展的新趋势，其目标是打造一所欧洲领先的私立研究型大学。此前的私立大学专业覆盖面很窄，尤其仅限于应用型的经济学专业，雅各布斯大学则以宽泛的专业设置独树一帜，无论在选择学生还是教师方面都有极高的标准，师生比为1∶10，这样的低师生比对于德国的传统公立大学而言是不可思议的。5年后，不来梅实验获得了很高的评价，声誉很快提升，毕业生也极具竞争力。在德国，这种高度选择型的精英大学分为两类，一类是洪堡模式的大学，它们一般设有广泛的课程，强调跨学科的研究，大量的研究设施和广泛的学生服务。这类学校有三所，分别为维滕—海尔德克大学、齐柏林大学和雅各布斯大学。另一类是专家型的大学。专家型的大学专注于一个单一的专业领域，如法律或商业领域，它们的目标是培养专业领域未来的领导人。德国现有五所机构是“专家型”的精英大学，包括赫尔梯行政学院、莱比锡商学院、中温克尔欧洲商学院、法伦达尔管理学院和汉堡法学院。尽管他们的学生数仅占私立大学学生总数的3%，但相较90年代之前则是巨大的突破。德国科学和人文科学促进协会和麦肯锡公司咨询集团于2010年十月公布的一项研究，推翻了以往对德国私立大学的评价，那就是私立大学也可以是精英大学，它们的野心是成为欧洲版本的哈佛大学或耶鲁大学。[2]

二、非独立机构的精英教育实践形态

（一）研究生教育层次

源自德国、兴起于美国的研究生教育，已经使许多国家的高等教育系统出现

[1] 张帆.德国高等学校的兴衰与等级形成[M].北京：北京师范大学出版社，2012：98.

[2] Lily Philipose.Germany：Private Universities-not-so Ivy League[DB/OL].http：//www.university wor-ldnews.com/article.php? story=20101217223423588，2016-10-03.

了致力于研究—学习—教学相融合的拱形结构。但是这种结构由于不同的国家背景和高等教育发展道路，它们表现形式并不是相同的。美国的研究生教育是通过在研究型大学内建立一个相对独立的研究生院，德国在大学内部以研讨班、实验室作为主要形式，法国和前苏联的研究工作集中在大学之外，在学校内没有一个明显组织机构，而是将教学建立在科研的基础上。当然，每种形式也并不是一个国家的高等教育系统所特有的，有些形式跨越了国家的疆界。

在美国，“正是由于各大学之间的竞争性的相互影响发展了研究生院和专门化系科联姻的持久的结合，这种形式在大众化高等教育的背景中产生了精英成果。”[1]研究生院不仅使精英大学具备了一个训练高级科研人才的更高等级，还为那些没有实力作为一个独立精英教育机构存在的大学，提供了培养精英的主要途径。这些大学不同于位于卡内基分类博士授予型Ⅰ类的研究型精英大学，可能在学科发展方面并不平衡，有些学科强一些而有些学科弱一些，也有可能总体的研究实力就只可以勉强维持在作为一所研究型大学的虚弱地位，还有可能只是一所非研究型大学……在有些暂时没有设立研究生院的学校内，也会提供一个密集的实验室或者营造集体研究的环境，依靠导师、科研工作人员、博士后和研究生之间建立各种亲密关系的基础上进行。它们的共同特点是不满足于只提供一些学士学位和少数实用型的硕士学位，希望设法建立一些领域的科研优势，在少数优势学科具备与顶尖大学竞争的实力。

在知识经济来临和高等教育规模扩张的新形势下，许多国家的研究生教育已经开始向美国那样具有一个明显组织机构的研究生院靠拢。到20世纪末，英国已经开始积极考虑研究生院的建立，例如沃里克大学、伦敦大学分别于1991年和1992年建立了一个研究生院，以全面推进高质量的研究生教育。法国的大学一直是从属的部门，而大学系统的扩张更加深了这种从属性，大学能否发展出教学—科研—学习连结体的研究生教育机构，在于“能否从大学内部加强科研的职能，从而较少地依靠另外一系列科研院所的方向、兴趣和行动。”[2]在德国，根据1971年5月7日颁发的《关于协调筹备、实施和科学跟踪教育模式试验的框架协议》，联邦和各州对许多高等教育领域的模式试验提供了赞助。模式试验的重点之一就是发展研究生院。1988年1月29日，科学委员会提出了关于促进研究生院的建议。弗利茨·蒂森基金会和大众汽车厂基金会为研究生院的模式

---

[1] 伯顿·克拉克.探究的场所——现代大学的科研和研究生教育[M].王承绪，译.杭州：浙江教育出版社，2001.12：135.

[2] 伯顿·克拉克.探究的场所——现代大学的科研和研究生教育[M].王承绪，译.杭州：浙江教育出版社，2001：133.

试验项目提供了资金。联邦政府为研究生院项目提供了65%的经费。此后，研究生院的数量持续增加。1986年的《日本临时教育审议会审议经过概要(之三)》中建议，日本需要大力发展研究生院。1984年，日本461所四年制大学中设有研究生院的大学共有279所。其中只开设硕士研究生课程的大学有95所、开设博士研究生课程的有184所。研究生院的开设率，国立大学为92%，公立大学为65%，而私立大学为51%。从开设博士课程的比例来看，国立大学占46%，私立大学占37%。研究生在校生数是：硕士生约45000人，博士生约21000人。研究生同本科生的比例与法国的23.6%、英国的18.5%、美国的11.5%相比，还低得多，仅有3.8%，《21世纪教育新生计划》(彩虹计划)中，在"强化大学、研究生院培养顶尖人才的教育与研究功能"的政策课题中，提出促进大学建设专门职业人才研究生院，2000年一桥大学、京都大学，2001年九州大学、青山学院大学，2002年神户大学、中央大学，尤其要促进各大学落实法律学科研究生院。[1]

(二) 精英教育的计划或项目

美国的荣誉教育是一项历史相对久远的精英教育项目。20世纪初，提出荣誉教育理念的是斯沃斯莫尔学院第七任院长弗兰克·艾德洛特，他打破了当时美国均质化的育人方式，为最优秀、最聪明的学生开设了荣誉课程[2]。二战后，在高等教育大众化的浪潮中，为了仍然能给优秀的学生提供高质量的教育，在美国开始推广荣誉教育。目的是挑选能力卓越和志存高远的优秀学生，为他们提供挑战自我的学术机会和激发他们做出成就的环境，让他们发挥自己最大的潜能。目前美国发展出各种形式的荣誉教育，有荣誉项目、荣誉学院、荣誉与实验学院、大一新生研讨班项目等。在不同类型的高等教育机构中都可以进行这样的项目，无论研究型大学还是社区学院，无论公立还是私立，都参与了荣誉教育项目。尤其在大型的多目标的公立大学中，荣誉项目为他们提供了极好的精英主义教育机会，招收了更优秀的学生，这也使不够出色的公立大学完成了支撑大学形象和市场地位的目标。

21世纪初，一场以政府为主体、自上而下的精英教育项目启动和建设的狂潮正在全世界范围内上演。日本文部科学省在原"卓越中心基地建设计划"的基础上于2001年发布"远山计划"或称为"21世纪卓越中心计划"；印度在2001年

---

[1] 国家教育发展与政策研究中心.发达国家教育改革的动向和趋势——美国、苏联、日本、法国、英国1981—1986年期间教育改革文件和报告选编[G].北京：人民教育出版社，2003：375.

[2] 吕杰昕，夏正江.美国高校荣誉教育项目的缘起、现状与借鉴[J].全球教育展望，2013(9)：49—50.

启动“卓越潜力大学”计划，2013 年启动另一项“创新大学计划”；韩国于 1999 年实施“BK21 计划”，2008 年又实施“世界一流大学项目”；德国于 2005 年启动精英倡议计划，即卓越计划；法国在 2006 年开始倡导创建一种对法国高等教育机构进行重组的新合作机制，提出“集群”这一组织形式……这场席卷世界高等教育界的潮流，既可以说与精英教育有关，也可以说与之无关。如果从这些计划或项目启动的始发动机来看，尽管每个国家的目的有所差别，但大学排行榜的兴起而引发的国家间高等教育竞争愈发激烈，是促使各国出台上述政策的主要催化剂。为了让大学在世界排名中取胜，最为有效且快捷的方法就是集中资源，加快培育世界一流大学，从而增强国家高等教育在国际上的竞争力。然而，这种以提高世界排名为主要目的的一流大学建设，直接的受益对象是在排名指标中占据绝对优势的科研水平，作为大学主要职能的精英教育有可能因科研水平的提高而受益，也有可能因科研水平的提高而受损。

（三）远程精英教育的可能性

信息技术的发展速度往往超出人们的想象，由此带来远程精英教育发展的可能性。随着互联网的普及，许多发达国家和地区的高等教育机构开始在线提供网络课程，主要以公开课、精品课程为代表。2012 年，慕课作为新一代网络课程开始在全世界流行。无论在慕课课程的开发还是在平台的创建和运作过程，世界精英大学都是积极的倡导者和行动者。美国最顶尖的研究型大学，如斯坦福大学、哈佛大学、麻省理工学院等，在其中发挥着引领作用，继而全世界更多的精英大学也随之成为提供课程、加盟慕课平台的主力军。

目前为止，还很难将慕课平台上的课程教学归并为大众教育或是精英教育中的任何一类。有些精英教育的特征在其中有所体现，如教师资源是世界顶尖的，又如对于学生的考核是严格的，能通过考试取得认可证书是极少的一部分学生；而大众教育的特点也同时存在，比如没有严格的入学资格筛选机制，是面向所有大众的、无门槛的，师生比远远超过传统精英教育。但是，正如很难预测高等教育的未来一样，也很难预言处于高等教育系统金字塔顶尖部分的精英教育未来会是什么样。保守主义者往往认为精英教育应该在一个实体的狭小空间内进行，这是传统精英教育的典型特征。他们相信，技术介入高等教育的结果是拓展大众教育形式，而非精英教育。如果是这样，在面临技术的机遇和挑战时，精英教育要么接受要么拒绝。事实上，精英教育并没有办法将技术拒之门外，即便精英大学不为学生提供远程学习的机会，学生和教师个体的信息素养却在提升，在信息化社会背景下成长的学生们也会自主采取在线学习的方式，教师可能会运用网络课程的某一部分给他的在校生上课。一种新的混合式学习在学生那里逐渐开始成型。所以,“必须超越传统的观点,即认为慕课课堂主要是为了那些不能到校学习的学生服务的。”[1]在信息技术高速发展的今天,以开放的心态大胆想象、突破传统思维的限制是必要的,精英教育极有可能超越实体机构与虚拟空间的界限。事实上,这种弥合的趋势正在显现。近几年,edX之类的慕课平台所展示的混合式学习模式正在试图弥合在校教育和在线教育的鸿沟。混合式学习的目的在于整合在线学习和面对面方式创建连贯的学习经验,为学习者提供灵活性与支持。混合的方法弥补大规模开放在线课程缺少互动的缺陷,可以促进独立学习和相互协作,为学生和教师提供更多的沟通渠道。

总之,在高等教育中,“将来我们会看到传统和远程教育的结合而不是技术替换掉传统观。”[2]因此,既不必迫切地颠覆传统,也不必执着地固守传统。面对慕课对于当前基于实体空间存在的精英教育实践形态的冲击,我们应该摒弃传统教育中那些缺乏活力的因素和守旧的思想,反思信息技术对精英教育的潜在影响,当然也要反思传统精英教育中哪些特质是应该保留和弘扬的。

三、精英教育实践形态发展的共同取向:从集中到分散

克拉克·克尔曾经提出,“在世界上已经知道的和仍旧熟悉的所有各种类型的高等教育系统之后,一个比较近乎普遍的全球性的模式,现在正在从发达的工业世界比较相似的经济和政治的社会里运作得最好的模式发展起来。这个‘趋同模式’,在内部按学术工作的层次进行分化,在比较高的智力活动层次,非常强调优秀,但是在不那么高级的学术层次有一个大众化和普遍入学部门——从而做到同样地既为培养高级人才又为扩大入学机会的现代需求服务。”[3]在发达的工业世界,在克尔所说的比较高的智力活动层次,也就是精英教育的部分,呈现出另一种趋同化取向,那就是精英教育的实践形态从集中处于高等教育系统的核心位置开始向系统的每个层级的机构或者每个机构的内部分散开来。与克尔提出的趋同模式不同的是,当前这种精英教育的实践形态还只是一种趋势,并不能称为模式。

根据上面的分析,虽然具体的分布情况还无法明确,但从多数国家的总体动

---

[1] 帕克·罗斯曼.未来高等教育:终生学习与虚拟空间[M].范怡红,等,译.青岛:中国海洋大学出版社,2006:40.

[2] 马万华.多样性与领导力——马丁·特罗论美国高等教育和研究型大学[C].北京:教育科学出版社,2011:313.

[3] 克拉克·克尔.高等教育不能回避历史——21世纪的问题[M].王承绪,译.杭州:浙江教育出版社,2001:98.

向来看，呈现出一个趋同化的倾向。具体来说，在精英高等教育阶段，精英教育与大众教育的界限是分明的，传统的精英教育机构往往处于系统的中心，在其周边是越来越向外拓展的各种形式的大众教育。大众教育出现之后，精英教育实践形态的多样化使传统精英大学与大众教育的中间形成一些灰色地带，将大众教育与精英教育之间的界限开始模糊化。它们是在传统精英教育基础上衍生或彻底颠覆传统，重新创造出来的新的精英教育形式，从宏观层面，也许是若干机构构成的精英教育系统，从中观层面来看，可能是一个独立的机构，从微观层面，又可能是机构内部的一个部门，还有可能只是一种没有组织构架的、相对隐蔽的精英教育形态。这些灰色地带与大众教育的实践形态有时截然分开，有时融合在一起。分布并非是随机和无序的。正如学术和政治观察家们发现的那样，大众高等教育系统内部包含一系列类似同心圆的精英教育形态，最中间的那个圆是集中为培养精英做准备的，当它们越接近外部极限时，精英教育的密度逐渐降低。

当前精英教育实践形态多样化的趋势再一次改变了精英教育类似于同心圆的分布状态，而是朝着一个分散的、无边界的分布状态发展。由于大众教育与精英教育糅合在一起，精英教育实践形态的分布也变得越来越分散，精英贡献量的密度大小也不再是越到外围密度越小，有时新的形态反而超出了传统精英教育机构的贡献量。例如英国艺术，音乐，军事，农业院校等非精英型的高等教育机构这一类，它们在毕业生只增加了一倍的同时，精英的贡献量反而增长了9倍之多。正如法国所希望的，任何大学都不具有集中省区大学集团内所有优秀院系的使命。任何院系也不能被认定为一成不变的优秀。任何院系都不会不可逆转地被排斥于优秀榜外。优秀院系可以存在于非优秀大学之中。[1] 但是这并不代表传统精英教育形态的消失。传统的精英教育机构仍处于核心的位置，这些机构包括英国的牛桥、法国最优秀的一批大学校、美国顶尖的公、私立研究型大学和顶尖的文理学院、日本的国立大学等，只不过这些机构被日益增长的更宽泛的大众教育形态所包围，不仅在其外部发展出更多地精英教育实践形态，在这些精英教育机构内部也已分化出大众教育的职能。由于外部更多精英教育形态的兴起和它们内部大众教育形式的介入，他们在精英教育中所占的份额开始下降。经验表明，大众化时期，在高等教育和传统大学仍旧是同义词或者到达同义词程度的地方，传统大学会由于大量学生的进入而被迫强加或主动增加其他的任务，

[1] 国家教育发展与政策研究中心.发达国家教育改革的动向和趋势(第七集)[G].北京：人民教育出版社，2003：50.

从而使精英教育的职能受到极大削弱。

总之，在高等教育大众化和普及化阶段，要发展精英教育，必须将视野扩大到整个高等教育系统，而不是只注意传统的精英大学。为多数职业而不是为少数专业服务的普遍入学的阶段，需要在院校之间或院校内部都有更大的多样性。在这个新的阶段，这一趋同化的取向，与其说是在任何地方一个实际的成就，不如说是一个平等主义的理想。只有找到一切机会发展精英教育，才能在民主社会为更多优秀的人创造更多的机会均等。

第四章 高等教育规模扩张进程中精英教育发展的反思

在高等教育大众化的先发国家中，精英教育发展最为显著的趋势就是多样化。在某种程度上，多样化确实促进了精英教育的平等、提高了精英教育的质量，成为更多大众通往优秀的阶梯。同时，也为后发型大众化国家如何缓解精英教育的危机，更好地发展精英教育指明了航向。然而，很多时候，已经发生的并不一定是最好的。我们必须以批判的、理性的态度来审视这一普遍性的发展趋势。实质上，精英教育的多样化发展并不完全是人们刻意寻找的一个策略，更多意义上讲，它乃是与大众化相伴相生的一种必然性现象。面对这一必然现象，我们既无法抗拒，也无需将就，而是应该审视其利弊，寻求更明智的精英教育发展之道。首先，要避免多样性给精英教育造成的过度分化的弊端，可以从系统论关于"重新关照整体"的观点中得到启示——必须从相反的方向，即整体性，来对可能发生的极端分化给予适当牵制。因而，系统论视角下，较理想的精英教育发展应在多样性与整体性之间找到平衡。其次，为了使精英教育与大众教育在高等教育系统中更好地相处，可以从共生理论中找到新的思路——在确保两者能实现共存的基础上，通过建立精英教育与大众教育的共生关系，从而使这两个在许多方面存在对立的高等教育转向互惠互利的状态。最后，回归高等教育学的视角，精英教育的发展在鼓励变革的同时，也应对传统抱有敬畏之心。毕竟，传统赋予精英教育之所以称为精英教育的根基，而变革又是应对规模扩张的必要性反应。

第一节　精英教育的发展应关照基于多样性之上的整体性

在规模扩张背景下，高等教育的多样化是必然发生的一种趋势，它也通常被作为解决规模扩张所带来的一系列问题的办法。同样，多样化也似乎成为近来缓解精英教育危机、发展精英教育的锦囊妙计。然而，多样化本身并不是完全可靠的，它是一把双刃剑。精英教育的多样化既有助于重新塑造精英教育的繁荣，又有可能带来新的问题甚至于产生新的危机。

系统论视角下，如果要防止精英教育多样化所造成的过度分化的弊端，就必须从它的对立面，即统一性来加以牵制。统一性并非否定多样化，而是在多样化的基础上重新关照整体。加州高等教育系统的案例启示我们，重新关照整体，不仅要将精英教育的各种实践形态作为一个系统，还要将精英教育系统作为整个高等教育系统中不可分割的一个部分来考虑。

一、规模扩张背景下精英教育多样化的必然性

精英教育多样化的成因十分复杂，包括文化、人口、知识、观念等各方面的因素。虽然高等教育规模扩张只是精英教育多样化的诱因之一，精英教育的多样化未必只因规模扩张而发生。不可否认的一个事实是，高等教育的扩张与精英教育的多样化往往成为许多国家高等教育发展进程中的一对孪生现象。[1] 源始于欧洲中世纪的近代西方精英教育曾表现出惊人的单一性，而最早的一次分化就是伴随规模的扩张而产生的。精英教育的发展史已经表明，中世纪大学曾作为欧洲精英教育唯一一类机构，有很长一段时间统治了整个欧洲和美国。大致以 18 世纪末法国资产阶级革命、拿破仑战争等一系列重大政治、经济事件为标志，许多欧洲国家对传统大学的根本性变革直接颠覆了欧洲大区域内高度同质性的精英教育，开始以国家为单位分裂出独特的精英教育机构，有的部分继承了中世纪大学的制度，有的则完全与中世纪大学无关。法国几乎取缔了所有中世纪时期的神、医、文、法学院和专门学校，重新建立起一种新的高等教育形式，即大学校模式。在德国，科学精神强化了中世纪大学的法人自治，与在教学、学习和研究中的学术自由相结合，创造出令世界瞩目的洪堡模式。英国的保守性变革最后以继承为主，革新为辅，形成以牛津和剑桥为首的古典式精英教育机构。总之，这是以中世纪大学为精英教育典范的历史彻底宣告结束，进而分裂成国家间的多样化精英教育的一次大转型。即便在学科制度和组织方式等方面，中世纪大学在各个国家仍刻下深深烙印，但是，其目标、课程、教学方式以及培养

[1] Qiang Zha.Diversification or Homogenization：How Governments and Markets Have Combined to (Re) shape Chinese Higher Education in its Recent Massification Process [J]. Higher Education, 2009(1):41－58.

出来的精英则呈现出国家独有的特征。

在1860年至1930年之间,伴随着各国高等教育入学人数的普遍增长,国家之间精英教育的多样化趋势转而向国家内部蔓延。在这70年间,英国、德国、俄罗斯、美国等国家都经历了一次高等教育入学人数的激增。英国的入学人数从3385人增长到37255人,大学从5所增加到16所;德国从12188人增长到97692人,大学从20所增加到23所;俄罗斯从5000人增长到43600人,大学从9所增加到21所;而美国从22464人增长到489500人,大学从1870年的560所增加到1400所。[1]"为了应对入学人数的激增,四个国家的基本反应就是增加新的高等教育机构,中等教育机构的升级以及传统大学的功能转型。由于克隆一个传统大学相对缓慢,并且它们的规模不能无限制的延伸,最简单的反应就是增加新的部门,如商业学院、中等技术学校。"[2]水平分化与垂直分层相伴相随,不仅仅在精英教育机构的下层衍生出许多大众教育机构,精英教育系统内部也在悄然发生变化,在很多国家的高等教育系统中,精英教育机构与大学不再是同义词,大学不再是纯粹的精英教育机构,精英教育机构也不仅仅只有传统意义上的大学。

二战后,欧洲各国、美国、日本等高等教育发达国家大众化的大潮来临,这次的规模扩张几乎彻底改变了高等教育系统的精英教育属性。大众教育的兴起是改变精英教育属性的根本原因。在几乎全世界每个进入高等教育大众化或者普及化的国家,都尝试从系统层面,在传统精英教育体系之外找到一种新的能够承担大众化压力的大众教育。有两种主要原因使高等教育领域的研究者认为多样化是可取的。一是大量的学生进入传统高等教育机构对办学者来说是无法负担的,应该以其他进行教学和专业训练的机构来接纳更多的学生;二是学生背景、能力和动机越来越多样,需要提供更多样的高等教育形式。于是,大众教育与精英教育经过妥协的方式共存于一个国家的高等教育系统中,精英高等教育系统开始向大众高等教育系统转型。转型的目的就是赋予不同的高等教育机构以功能的分化,以此在平等和优秀、规模与质量的对抗中寻求和解。虽然在某种程度上,国家内部的高等教育多样化促使平等和优秀、规模和质量的矛盾得以缓解,

[1] Jarausch,Konrad H.(Ed.).The Transformation of Higher Learning 1860—1930:Expansion, Diversif-ication,Social Opening and Professionalization in England,Germany,Russia and the United St-ates [M].Stuttgart:Klett-Cotta,1982:45.

[2] Jarausch,Konrad H.(Ed.).The Transformation of Higher Learning 1860—1930:Expansion, Diversi-fication,Social Opening and Professionalization in England,Germany,Russia and the United St-ates [M].Stuttgart:Klett-Cotta,1982:18-19.

但归根结底,矛盾的缓解是以牺牲精英教育的品质为代价的。对于精英教育而言,大众教育虽然不一定完全是它的敌人,可是在某些方面,大众教育确实有可能是精英教育的敌人。经历了妥协的高等教育,"就内部结构而言,传统胜利了;但是就学生入学而言,平等胜利了,而优秀乃是受害者。"[1]鉴于精英教育发生的危机,每个国家内部为了重新建立具有世界竞争力的精英教育机构,开始强调机构之间通过竞争来实行优胜劣汰,从而在原来的精英教育体系内部进行新的分层,或者在不存在显著精英教育机构的高等教育系统中分化出一个顶尖的部分。先发型大众化国家——尤其在欧洲——开始意识到精英教育的没落,为缓解此次危机,许多国家开始转向重视建设一批具有世界竞争力的精英大学。

20 世纪末至 21 世纪初高等教育的规模扩张延伸至世界各个国家,欧洲国家、美国、日本、韩国等先发型大众化国家继续扩张,一些国家开始普及化,其他发展中国家也陆续开始步入大众化。因此,这次是世界范围内的普遍大规模扩张。新一轮扩张中,人们从关注大众教育转而更加关注精英教育的发展。在每个高等教育大众化或普及化国家内部的精英教育多样化,是二战后先发型大众化国家多样化尝试的一次延续,它涉及选拔类型和培养类型、教育目的、实践形态三个方面的多样化。美国起始于 20 世纪 60 年代左右,日本和欧洲则稍晚一些,发生于 20 世纪 70—80 年代,发展中国家由于高等教育大众化发生得较迟,到 21 世纪初才开始有精英教育多样化的迹象,至于什么时候结束还未可知。首先意味着在大众化之前形成的国家层面的特色开始淡化。其次,这次的多样化更多地只是一个趋势和尝试性的变革,并没有彻底改变整个国家根深蒂固的精英教育传统。总而言之,当前的精英教育正处于继 19 世纪以后新一轮的转型阶段,它的目的在于缓解高等教育大众化国家普遍发生的精英教育危机,于是,一百年前的精英教育多样化征程开始重新上演。只不过,这次不是国家间的分化,而是发生在国家内部。对于这样的多样化,其赞扬和支持远胜于贬损和反对。

二、多样性的利弊之争

(一) 多样性之利

我们身处的社会就是多样化的社会,精英教育虽不必要迎合,但也绝不能逃避。社会的多样化是个极其广泛的概念,包括观念、文化、信仰、政治、经济、种族等各方面的多样化。精英教育必须在校园中营造一个具有多种族、多民族、多元

[1] 克拉克·克尔.高等教育不能回避历史——21 世纪的问题[M].王承绪,译.杭州:浙江教育出版社,2001:47.

文化的氛围，培养学生学会适应和参与日益多元和复杂的社会环境，才能领导这样的社会。“能够使大学生成为自觉的学习者和具有批判意识的思考者，为他们成为民主社会的积极参与者做好准备。在多样性的环境中接受教育的学生更有活力，能更好地参与日益多样的民主社会。”[1]多样性在高等教育大众化或普及化的国家，经常被视为一种良性的特征。正如马丁·特罗所言，多样性是大众化高等教育的特征之一，并且是它的定义性特征。高等教育入学人数的增长必然带来学生类型的多样化，而学生的多样性则要求提供适应不同类型学生的高等教育形式，由此从高等教育机构之间到每所院校内部，一切都变得多样化。反之，多样性也赋予了进一步大众化甚至普及化的条件。以美国为典范，在朝向大众化发展的进程中，一个较为单一和同质化的精英高等教育系统必须变得更多样，才能应对向大众高等教育系统的转变。查尔斯·维斯特将美国高等教育机构的多样性视为卓越的主要原因之一。“从小型的文理学院到常春藤盟校，再到规模宏大的赠地大学，以及类似 MIT 或 Caltech 这样精干的院校可谓应有尽有。这种多样性提供了各种不同的环境和机会，学生个人能够从中选择最适合自己需要和能力的学校。”[2]总之，一个机构高度多样化的高等教育系统能够较好地应对学生能力的多样性，能力和工作前景。精英教育的多样化与高等教育的多样化具有异曲同工之处。高等教育的大众化不仅意味着要让更多人接受不同水平的高等教育，还意味着让更多不同阶层的人接受高水平的精英教育。尽管一些国家曾经致力于为所有人提供同样卓越的高等教育没有成功，但是平等的观念至少要求为那些在智力、能力等个人条件方面有资格接受精英教育的人提供同等的机会，而无论其家庭背景和社会地位如何。曾经只有特权阶层享有的精英教育现在已经容纳了各种各样的学生。故而，一个选拔和培养类型、教育目的、实践形态都趋向多元的精英教育，能够更好地应对各种类型的优秀学生。

在美国这样一个大熔炉的社会中，文化、种族和民族的多样性极为显著，美国将这一社会特征既视为一种荣耀，也作为一种挑战。美国人认为，由于不同的人总是倾向于将自己与他人区分，保持独特性，抵抗同化和类化，高等教育被视为调和所有人思考和行动的方式，跨越种族和文化鸿沟的重要途径。由此，高等教育多样化被美国视为一种理所当然的发展理念，高等教育大众化又强化了这一理念。加州高等教育系统就因其多样性而著称于世。特罗称赞道：“不同国家

[1] 詹姆斯·杜德斯达，弗瑞斯·沃马克.美国公立大学的未来[M].刘济良，译.北京：北京大学出版社，2006：39.

[2] 查尔斯·维斯特.麻省理工学院如何追求卓越[M].蓝劲松，主译.北京：北京大学出版社，2013：216.

使用这样或那样的手段来伴随大众化高等教育而产生高等教育机构多样性问题，较为成功地保护了机构多样性，同时反映了大学功能和学生的多样性。但是，可能最为成功的例子是'加州高等教育总规划'。半个世纪以来，学者、学术管理人员、官员和政治领导人都曾来加州学习如何建立这样一套制度，在保证大众化高等教育的同时又保持精英大学系统。"[1]正如特罗那样，很多人将目光投向加州如何用多样化的系统同时维护大众教育和精英教育的卓越，很少有人关注加州精英教育体系内部的多样性。

多样性一直是斯坦福大学的核心价值，在那里，太多的生命力源自多样性。斯坦福大学的本科生来自 50 个州和 90 个国家，但斯坦福大学的多样性不仅仅意味着地理、种族或种族差异。第一课堂的多样性反映了它对各种类型学生的承诺，为任何有资格的学生提供晋升机会。斯坦福还重视不同背景的学生带来的丰富观点、技能和思想。此外，教师的教学和研究也重视对各种领域的关注，反映在课程和企业的应用研究中。以斯坦福大学为核心的斯坦福社区拥有广泛的社会经济、宗教、文化和教育背景，它相信通过积极肯定其成员之间的差异和他们反映的众多不同观点，最好的教育就能够在一个充满活力、多元化的社会中得到发展。斯坦福大学认为，全面的学生发展发生在校园内外的共同支持。斯坦福大学校园的多样性可以通过班级、学生组织、居住环境和八个个人社区中心来感受。这些不同的场地不仅作为校园资源的一般资源，而且还作为一个不同学生权力的来源，从而为所有学生争取充分发挥其潜力。总之，多样性布满斯坦福校园内外的各个角落。在校园内，通过多样化鼓励学生冒险，创造性地思考，相互提问，用学术来对付无知；在校园外，斯坦福社区重视广泛的意见、文化、观点和经验，鼓励学生调查和从事当前的问题和更深层次的社会问题，所有这些挑战和机遇激发了学生对了解外部世界的热情，形成了学生包容的态度，从而能够积极影响他们周围的世界。总之，斯坦福大学相信多样性导致更好的想法、更明智的决定，并丰富了学习和研究环境。以无数的形式发展必不可少的多样性特征，以保持教育的卓越。[2]

（二）多样性之弊

反对多样化的人认为极端的多样化具有使高等教育过度分化的风险。分化意味着个性和特色，但也可能意味着分散和迷茫，在精英教育极度分化的过程中

[1] 马万华.多样性与领导力——马丁·特罗论美国高等教育和研究型大学[C].北京：教育科学出版社，2011：157.

[2] Diversity at Stanford.[DB/OL].http://admission.stanford.edu/student/diversity/.2017 - 01 - 28.

尤其导致曾经具有共识性的理念随之消失。在大学内部，精英教育目的的多样化有时就会变成没有目的。一个组织如果失去共同的目标就缺乏聚合力，也就不能再称其为组织。有着不同的部门和学科的现代精英大学正在被更多的目的所淹没。在一些多元巨型大学中，目的不再具有整体性和一致性，精英教育与大众教育共处，自由教育与职业教育并存，它有时近乎于迎合社会的欲望，有时也无情地批判这个社会。如果说传统大学是一个有机体，这个集体中，为了共同的利益和目标，部分与整体复杂地结合，任何一个部分的退出都将破坏有机体的有效运行；而多元巨型大学却不是这样，各种各样的大众教育形式与传统的精英教育是那么的不同，它们独自形成较为稳定的若干共同体，互相之间很少发生联系，寄居于巨型大学这个宽松的外壳内。哈佛大学就是这样一个典型的多元巨型大学，在赢得了社会机构中很少见的世界性声誉，得到无数荣耀和成就的同时，也受到更多的质疑和诘难。在究竟什么是哈佛的使命，究竟应服务于什么样的目的，应当怎样区分职业训练和理智发展方面变得尤为茫然，"哈钦斯曾经把现代大学描述为一系列分散的学院和系科，由一个中央供暖系统联结起来。"[1]克拉克·克尔说，"在这个取暖较不重要而汽车比较重要的地方，有时我把它想象为一批教师企业家由于共同对停车有意见而联合起来的机构。"[2]在这样的目的极度分化的大学中，"想进学院的学生人数远远超过学院所能接纳的人数，因此学院尝试做出选择，但选择难以奏效。首先，学院不知道自己想要什么：想要智能？想要勤奋？想要性格？抑或想要领导素质？它们盲目无助地从一端摆向另一端。"[3]学生也对于自己到大学应该得到些什么十分茫然。这种情况不仅发生在美国，其他国家也有同样的情况。例如，日本的许多大学和学部也对大学的观念和教育目标不明确。由普通教育和专业教育构成的"学士课程"的综合观念还未确立起来。几乎没有一所大学明确地探讨由普通教育与专业教育组成的四年制学部生的教育目标。[4] 总之，我们在这样一个教育多样化的时代，虽然这样的教育环境不乏可取之处，却在很大程度上破坏了教育学生的共同基础，也抛弃了社会培养精英所需要的共同的远见卓识。

实践形态的多样化与目的的多样化是紧密相关的。虽然不同的精英教育实践形态有时会在某些目标方面具有相似性，例如培养学生的科学研究素养等，但更多情况下由于专业和学科的分化、组织结构的差异等原因，在不同的实践形态

---

[1] 克拉克·克尔.大学之用[M].高戈，等，译.北京：北京大学出版社，2008：11.

[2] 克拉克·克尔.大学之用[M].高戈，等，译.北京：北京大学出版社，2008：11.

[3] 克拉克·克尔.大学之用[M].高戈，等，译.北京：北京大学出版社，2008：25.

[4] 关正夫.日本高等教育的现状和改革动向[J].上海高教研究，1991(1)：401.

中异质化远甚于同质化，而且异质化也被作为一种特色和个性而受到鼓励。这样一来，各种实践形态之间必须具备的共性和统一性就得不到满足。以加州大学的转学机制为例，这里的转学是泛指给予正在接受大众教育的学生一个可以进一步接受精英教育的机会。精英教育实践形态的多样化成为学生有效转学的一个障碍。如科琳·穆尔(Colleen Moore)等学者认为加利福尼亚是一种高度分散式、分段式的高等教育结构，无论公立或是私立的精英教育机构，还是机构内部进行精英教育的实验室或研究生院这样的形式，他们都各自负责设置自己的教学计划和研究计划，这导致在最低层面甚至是同一个系统内的相同专业就已经开始大相径庭，就连曾经精英教育最为强调的共识性通识教育课程也因为产生极大的争议，而呈现出不同的内容。这本来是加州精英教育最值得骄傲的优势之一，然而，一个学生从大众教育机构转而接受精英教育，需要各类精英教育的实践形态对学生的要求提出共同的标准，才能保障学生的质量和后期精英教育的质量，因此高度分化的精英教育实践形态增加了转学选择的复杂性。

三、精英教育的发展应重新关照整体

既然极度的多样化既有利也有弊，那么必然要取其利而去其弊。由此便涉及如何去其弊的问题。系统论的观点给予我们一个重要的启示，即重新关照整体。这是与多样化相反的，寻求统一性的思路。彼得·圣吉曾反观西方世界的繁华背后隐藏着一种危机，那就是极度多样化的危机。一切都变得四分五裂，教育也不例外，学校的教育成为片段知识的传授和枯燥的学术性演练，这种表面多样化的教育却使个人成长与真正的学习脱节，成效越来越差。他提醒中国这样的国家不要再重蹈西方工业社会一切都加速分割的覆辙，而是要走一条本质上与西方完全不同的途径——重视整体互动而非局部分析的思考方式。彼得·圣吉的观点对精英教育发展同样适用，他提醒我们在艳羡西方精英教育越来越趋于多样化的同时，要批判性地汲取其优点，更要远见性地反思其缺陷。

事实上，西方世界也并非没有意识到过度分化的危害，整体性的关照已经开始受到关注，加州高等教育系统的实践就是一个极好的例证。首先，精英教育机构内部并不是越多样化越好，如果多样化的趋势是必要的或者是无法阻挡的，那么就需要一个给予其适当统合的制度来予以制约。加利福尼亚大学的核心使命是服务于加利福尼亚州的利益，它必须寻求实现其学生团体和其雇员之间的多样性。加州大学的多样性是极其令人瞩目的。从学生类型上看，加利福尼亚大学是向所有背景的学生开放的。[1] 从培养过程上看,加州大学专门启动了"多样性教育计划",为学生的培养提供一个包容和互相尊重的多元化校园和社区。[2] 从实践形态上看,现在的加州大学已经发展成一所拥有10个校区并对加州发展深远的巨型大学系统。多样化已经成为加州大学卓越的一种象征,但加州大学也意识到,这也并非没有限制,否则这所巨型大学将不再是一个整体。在集中性地关照整体和各自运作的校区之间如何保持适当的平衡是十分关键的。因此,在给各校区的校长、学术评议院以更多分权的同时,加州大学政策和运营的最终权力仍归于董事会和校长,而且越来越多地要求总负责的行政部门制定统一的政策、预算标准和协调各校区事务的项目。

其次,一个极度多样化的精英教育系统需要同时作为高等教育系统的一个部分,而不是独立的系统,来给予更多的关注。总体规划就是作为一个特别的机能来关照整个加州高等教育系统的,将精英教育系统作为牵动整体的一部分来考虑,而不是将其割裂开来,尽管尊重精英教育系统的自由和自治也是必要的。总体规划以法律的形式规定,加州大学系统在很多方面必须首先符合加州高等教育系统整体发展的利益。加州大学关于学生的数量和质量以及增长的规律、院校容纳能力、教研人员的需求和供应等问题必须基于整个加州层面上的,只有加州总体规划而不是加州大学自身,才能用最宏观的视野对战略性的发展做出最整全的应对。例如,关于学生的数量,调研结果表明,学生的增长在各类高等院校是不同的,从1958年至1975年,州立学院和加州大学在校生数增长最快的是在低年级,初级学院的增长则相对缓慢。因此,1975年大约有5万名低段学生从州立学院和加州大学分流到初级学院。又如,研究表明,由于学生数量的增加,加州需要建设更多的公立高等院校。关于新建院校的种类、数量、规模和大致地点也不可能由各类型院校自己决定,而是需要系统层面的全盘考量。具体来说,主要根据目前和未来高中毕业生在各个地区的分布以及哪些区域需要更多的某一类型的院校来进行预测。[3] 这两个案例是对系统层面研究和协调的重要性的简单阐述。事实上,类似的案例在总体规划的调研和制定过程中数不胜数。尽管加州大学的具体需求不应被忽视,但全州的整体利益超越一切。从

[1] University of California Diversity Statement[DB/OL]. http://occr.ucdavis.edu/statement-on-diversity.html,2015-08-18.

[2] Diversity Education Program.[DB/OL]. http://occr.ucdavis.edu/diversity/index.html.2016-08-03.

[3] 美国加利福尼亚州高等教育总体规划[M].教育部国家教育发展研究中心组译,王道余,译.周满生,校.北京:人民教育出版社.2005:72—95.

系统论的观点来解释，那就是加州大学的发展不是独立的，而是镶嵌在整个加州高等教育系统之中的。总体规划确实赋予加州高等教育系统以职能方面的多样性和稳定性，更需要强调的是，对全州高等教育的现状以及今后发展的预测需要更多的统筹考虑。

综所上述，纯粹的多样或者纯粹的统一都是不可取的。多样化具有其利弊两面性，而统一也如多样一般，有优势也有缺陷。总之，无论统一还是多样，都没有孰优孰劣之说。无论是多样化还是统一化，都是一个过程，而不是一个单独的终点。人类的历史变革总会如此，"分久必合，合久必分"，究竟分好还是合好，总不能轻易定论。多样性和统一性都不是绝对合理的，要看多样性的所指和统一性的所指。也就是说，何种层面的多样性和统一性是有益于精英教育向好的方向发展的，那么就应给予保留和倡导；何种层面的多样性和统一性是不利于精英教育发展的，那么就应给予抑制，甚至需要向对立的一面引导。关键是在分与合之间寻求某种平衡。"走中庸之道，言之容易行之难。几乎在所有改革之际，并非神仙的人间烦人都要犯过激的错误，而欲矫正时往往再度犯反方向的过激错误。"[1]由于常常重演这样的错误，人类的历史常常循着S形的曲折道路艰难向前。为了改变扭曲的现状，就需要如蒙泰尔所说："矫正弯曲的棍子，必须从相反的方面使用更大的力量。"[2]更好的、效率更高的一种方法就是，必须有意识地防止矫枉过正，走一个弧形较小的S形，在精英教育的变革中也是如此。在目前的多样化没有走得更远的时候，就要刻意地提前谋划，防止走向一个极端。精英教育既能采取许多不同的形式，拥有许多不同的目的，为许多不同阶层的学生服务，又能在这纷繁的表面之下反映出现代社会精英教育赖以存在的共同价值观。

第二节　精英教育与大众教育的关系应从共存走向共生

精英教育与大众教育归根结底是两种截然不同的培养模式，当它们以妥协的关系共处于一个高等教育系统时，有可能产生互相的对立，也可能导致互相的同化。目前的观点一般认为，精英教育与大众教育可以在一个系统中共存，而共存的重要前提就是系统内部的多样性。只要高等教育系统提供足够多样的教育机构类型，分化出多样的教育目标，就能适应日益增加的不同学生对高等教育的不同需求。然而，在共生理论视角下，共存就成为两个矛盾体最低层面的将就，

[1] 香山健一.为了自由的教育改革[M].刘晓民，译.北京：高等教育出版社.1990：1.

[2] 香山健一.为了自由的教育改革[M].刘晓民，译.北京：高等教育出版社.1990：1.

只有找到两者之间的共同质参量，发展共生关系，才能从各自将就升华到各自受益的更高境界，从而有利于整个高等教育系统的卓越。加州高等教育系统中精英教育与大众教育的共生所产生的效益，就是最好的例证。

一、精英教育与大众教育何以共存

（一）精英教育与大众教育共存的首要原则——职能分化

在传统精英高等教育系统面临大众化之初，很多国家都只注意到发展更多样化的高等教育机构，原因是只要精英教育的机构与大众教育的机构都足够丰富，就能建立一个层次分明的高等教育系统，从而同时满足优秀和平等这两种需求。事实上，基于暂时性的妥协而刻意人为的机构分层越多并不一定越好，如果每种类型的机构职能是模糊的，分层仍然不能制止机构之间的相互趋同。要使精英教育与大众教育这两种教育模式能够以较好的方式共存于一个系统中，那么在职能上必须具有明显的划分，即所谓各司其责。正如克拉克・克尔所说："当所有院校在选择它们的活动都向上漂移，倾向于置较少吸引力但同等重要的职能于不顾的时候，更好地保持对所有重要职能的注意而并不是忽略一些职能。"[1]

职能上的多样性远甚于多种机构所构成的系统层次上的多样性。机构的分化固然重要，但只是表面的和形式上的，职能上的分化才是最本质的，是最能够明晰精英教育与大众教育之间本质性差异的途径。这里的职能是指培养人才的大学职能，职能的分化就是指某一类或者某个高等教育机构应该为什么样的学生提供什么样的教育。新的大众教育模式渗透到传统的精英高等教育系统中，所面临的主要问题是"什么任务分配给大学和什么高等教育职能安置在什么类型的高等教育机构"。[2] 当这个问题无法清楚时，整个系统是不稳定的，无论哪个国家的高等教育系统都会显示出走向整合的动力，最终表现出两种走向整合的运动同时存在，一个是大众教育机构向传统的精英大学的价值观和实践的回归，另一端是精英大学内部向大众教育的价值观和实践的下移。两种运动最终将大众教育和精英教育向中间靠拢，使这两种教育模式失去其本来的特质和应有的边界。

（二）加州公立高等教育系统中精英教育与大众教育的职能分化

加利福尼亚州的高等教育系统十分明显地由四个部分构成，即加州大学、州

---

[1] 克拉克・克尔.高等教育不能回避历史——21世纪的问题[M].王承绪，译.杭州：浙江教育出版社，2001：100.

[2] 弗兰斯・F・范富格特.国际高等政策比较研究[M].王承绪，等，译.杭州：浙江教育出版社，2001：400.

立学院、初级学院以及私立院校。前三类构成公立高等教育系统。在公立高等教育系统形成的初期，由于各类机构在成立时都有各自的基本目标，因而四个部分的职能分工已经得到隐含的承认。初级学院的雏形是四年制院校的一、二年级，为三、四年级扮演缓冲器、过滤器的角色，之后一些四年制学院、中等学校、商业学校、机械学校等通过改建、升格转型为初级学院，它的主要功能仍然延续了雏形时期作为一种过渡性的转学教育存在。[1] 州立学院由师范学校、赠地学院转型而来，这些学校主要以实用型的专业教育为主，后又开始强调为地方培养人才、为地方提供应用性研究，从而促进各州的经济发展。可以说，加州高等教育系统中的机构多样化是最为典型的，机构的多样化也确实在极大程度上有助于加州高等教育服务于极为多样化的学生，同时学生的多样化又促使加州高等教育机构变得越来越多样了。

然而，即使如此突出的机构多样性并不能自如应对大众化的挑战。二战后，加州人口的迅速增长对高等教育的需求急剧增加，新的院校几乎每天都在出现，以满足这样的需求，局面却变得越来越混乱。“有些州立学院想要成为羽毛丰满的大学，有些社区学院想要成为四年制学院，私立学院感觉受到他们所谓公共部门的不灵敏的扩张的威胁：大学将继续成为公共部门哲学博士学位和高层次专业训练（医学、法律、工程、建筑和其他专业）以及基础研究的惟一提供者吗？大学将继续负责本科生，特别是本科生低段的教学吗？将会有多少新的校区，位置在哪里？在每一个公共部门，入学的要求将是什么？……”[2]这些困扰都围绕着一个核心议题，那就是在如此多样化的机构之间，如何明确每种类型的机构在人才培养职能上的定位，以及如何让它们对各自的定位能够安分守己。

带着这样的困惑，在制定“加州高等教育总体规划”修订之前，加州立法机构提出的 23 个法案、3 个决议和 2 个宪法修正案，最主要目的就是旨在“建立新的高等院校或者研究对新的高等学院校的需求，以及改变现有高等院校的功能。”[3]联络委员会在 1959 年 6 月 3 日的会议上将功能的区分作为总体规划纲要中的重要一项提出，“根据目前和将来的情况，州内的初级学院、州立学院和加州大学在功能上应该有什么样的恰当区分？”[4]最终，经过缜密调查和多方协

［1］ 万秀兰.美国社区学院的转学教育[J].比较教育研究，2004(3)：78.

［2］ 克拉克·克尔.高等教育不能回避历史[M].王承绪，译.杭州：浙江教育出版社，2001：138.

［3］ 教育部国家教育发展研究中心组.美国加利福尼亚州高等教育总体规划[G].王道余，译.周满生，校.北京：人民教育出版社，2005：40.

［4］ 教育部国家教育发展研究中心组.美国加利福尼亚州高等教育总体规划[G].王道余，译.周满生，校.北京：人民教育出版社，2005：42.

商，在同年12月18日，经联络委员会、加州理事会和加州大学董事会联席会议原则通过对各类院校的职能定位，具体规定如下：

公立初级学院应提供高但不超过十三年级和十四年级的教学，包括以下一个或多个方面(但不限于此)：(1) 可以转学分到高等院校的大学课程；(2) 面向就业的职业技术教育；(3) 通识或博雅课程。在上述各领域可以授予学生文科或理科协士学位。同时，必须提供为转学四年制院校的课程的教学、职业和技术教学，以及普通或自由艺术课程教学。

州立学院应以本科生教学和通过硕士学位的研究生教学为首要职能。提供在文理学科、专业学科、应用学科等要求两年以上大学教育的教学及师范教育。州立学院教授使用为实现州立学院首要教学职能而提供的设施进行科学研究，并可以与加州大学联合授予博士学位。

加州大学必须特别强调研究生教育和专业教育，应提供文理学科、专业学科(包括师范教育)、在公立高等教育中对牙科、医学、兽医学法律等学科(但不限于这些学科)的专业培训有惟一的管辖权。加州大学应是公立高等教育中惟一有权授予博士学位的机构，但能同意与州立学院在某些领域联合授予博士学位。加州大学将是以州政府财政支持从事科研的首要学术机构，董事会应适当允许其他公私立高等院校的相关教研人员使用其图书馆和科研设施。[1]

在录取政策上，对三级公立高等教育机构都分别有明确的规定，具体如下：

初级学院将录取所有加州高中毕业生中有意愿继续其教育的学生以及其他表明其成熟度具有在高中后教育中取得潜在成功的人士。

州立学院将：

1. 录取加州所有公立高中毕业生中排名在前33.3%的学生。
2. 录取所有合格的转学生。
3. 录取高等院校合格毕业生到研究生课程。
4. 高段和研究生的在校生的扩展速度要比低端在校生快。

加州大学将：

1. 录取加州所有公立高中毕业生中排名在前12.5%的学生。
2. 录取所有合格的转学生。
3. 录取高等院校合格毕业生到研究生课程。
4. 高段和研究生的在校生的扩展速度要比低段在校生快。

---

[1] 克拉克·克尔.高等教育不能回避历史——21世纪的问题[M].王承绪，译.杭州：浙江教育出版社，2001：151.

此外，所有三类院校将满足超长学生的特殊需求，与高中合作为还在完成其高中学业过程中的部分天才学生提供大学课程。对于初级学院和部分加州大学校区已经先后有法律规定，该做法应当也授权适用于州立学院。[1]

可以说，"总体规划"明确阐述了加州大学、州立学院以及初级学院各自不同的教学任务、办学目标和学生来源，使其办学层次有所差别，呈现出鲜明的院校特色。总体规划首先强化了三类机构各自的传统性职能，初级学院继续负责提供转学教育、州立学院提供专业教育，而加州大学则提供研究生教育和科研。此外，比之以往也有所调整，同时显得更加清晰和具有强制性。初级学院原来侧重于转学教育，现在则职业教育与转学教育并重，州立学院在进行专业教育的同时，也有权在部分领域授予博士学位。加州大学则被强化了它在大部分领域授予博士学位的专有权力，以及进行专业培训的唯一管辖权。

（三）基于职能分化基础上的管理分层

职能的明确与有效的管理是紧密关联的。分化的职能往往要求管理的分层。在"总体规划"之前，对不同公立高等教育机构的分权管理已初步成型。初级学院是基于社区，并且由地方控制。但由于它们是公立高等教育的一分子，接受州政府的大量资金支持，所以州政府有权对他们执行相关的法律条文，初级学院的基本目的和标准也因此写入了《教育法令》。州立学院处于权力分散控制和集中控制之间，大部分权力名义上归属公共教育总监和州教育理事会。实际上很多权力是由州财政部、州人事理事会、公共设施理事会等一些机构来行使的。州议会在设立新学院方面往往会采取积极主动。由于缺乏专门的拥有全权的组织机构来管理，因而州立学院的院长往往行使大部分的领导权。加州大学传统上一直既集权又自治。州宪法规定它是"公共托管物"，并将管理权授予加州大学董事会，加州大学的声望大部分是因为自治的地位和董事会成员的长期在位而带来的稳定性和独立性。由于州长、副州长和议长为当然董事，这样就提供了一个与政府行政和立法相互协调的内置化机制。[2]

负责总体规划的调研小组认为，尽管每个公立高等教育类型的机构都由不同层级的部门来实施管理和监督，但是权力分散在不同部门，缺乏能够专门关注它们或拥有全权的部门来管理，尤其对于州立学院而言，权力的归属十分模糊。规划认为各类机构都应该被置于一个主管理事会的控制之下。权力的归属明晰

[1] 教育部国家教育发展研究中心组.美国加利福尼亚州高等教育总体规划[G].王道余，译.周满生，校.北京：人民教育出版社，2005：56.

[2] 美国加利福尼亚州高等教育总体规划[M].教育部国家教育发展研究中心组译，王道余，译.周满生，校.北京：人民教育出版社，2005：47—50.

化并不意味着院校自治权的消失，可以注意到，凡有一所或一所以上初级学院都选举了地方主管理事会来管理，而不是一个统一的主管理事会来管理。总体规划的调研小组起初设想将州立学院和加州大学放在一个单一的主管理事会之下，这一方案受到多方的否定，加州大学的成员认为加州大学董事会无疑就是这个理事会，而州立学院的一些人则不希望由加州大学董事会来管理，而是期望有一个全新的理事会。最终，单一理事会的计划被抛弃，转而选择由两个独立又平行的主管理事会分别管理加州大学和州立学院。其结果是州立学院系统新组建一个名为“加州州立学院系统托管理事会”的公共托管机构。为了免受来自州行政部门的管控，新设立的主管理事会是相当独立的，并由一个宪法修正案来设立。加州大学则仍然由其董事会管理，但鉴于加州大学发展了若干新校区，各校区的校长被赋予更多的权力和地位，董事会对于重要教育问题授予学术评议院，评议院在各校区建立分支机构，分权化得到迅速发展。为了保证其自治，规划非常谨慎地不采取任何可能影响宪法赋予的自主权的变革。自主权主要体现在院校对于教师报酬制度和人事制度方面。尽管预算方面受到外部的限制，在其限制的范围内，各类院校拥有不同程度的自由。加州大学自发决定调拨大量资金用于给具有出色表现的教师和其他雇员发放业绩薪金，考评其表现是否出色，是否发放更多业绩薪金由同行评价程序来决定，鉴定的标准是由学者们自省确定的。教师的雇佣、晋升和解雇也同样由同事们来决定，具有主要影响力的是系一级的终身教授和系主任，学院一级的院长也会施加巨大影响，分校校长极少会涉足人事方面的事务。[1]

二、精英教育与大众教育何以共生

精英教育与大众教育的职能分化可以解决两种教育模式互相妥协时所产生的同质化问题。但这只是两者得以共存的基本条件。共生理论视角下，除了明确划分其职能外，还应重视精英教育和大众教育之间的互通与互助，因为它们各自的发展不仅基于各自本身，还应基于另一方的状况以及两者之间的关系。

（一）共生理论

共生理论起源于生物学，“共生”是指动植物互相利用对方的特性和自己的特性一同生活相依为命的现象。共生理论和方法在 20 世纪中叶以来开始应用于社会科学领域，主要是医学领域、农业领域、经济领域和教育领域。共生单元

[1] 美国加利福尼亚州高等教育总体规划[M].教育部国家教育发展研究中心组译，王道余，译.周满生，校.北京：人民教育出版社，2005：210—219.

是指构成共生体或共生关系的基本能量和交换单位，是形成共生体的基本物质条件。如在产学研共生体中，企业、学校、研究机构是三个共生单元。共生单元的特征可以用质参量和象参量这两个基本参数来描述。质参量是指决定共生单元内在性质及其变化的因素。任何共生单元的质参量往往不止一个，而是存在一组质参量，它们共同决定共生单元的内部性质。在产学研共生体中的，关键性投入产出指标可以作为共生单元的一组质参量。其中学研机构的主要质参量中，主要投入有科技人员和科研资金，产出有科技人员、基础成果和应用成果，这五个质参量构成学研机构的一组质参量。企业的主要质参量中，投入有劳动力和科技人员，产出有技术和专利、资金、产值，这五个质参量构成企业的一组质参量。[1] 共生关系，也称为共生模式，是指共生单元相互作用的方式或相互结合的形式。它既反映了共生单元之间相互作用的方式和强度，也反映了它们之间物质、信息和能量交换关系。理解共生关系的要害所在是共生的基本原理。共生基本原理是指反映共生系统形成与发展中的一些内在的必然联系，是共生系统赖以形成与发展的基本规则。质参量兼容是基本原理之一，质参量兼容与否决定了共生关系形成的可能性，也是决定共生关系能否存在的最重要标准。假设在共生关系中，共生单元 A 参与质参量为 Z_A，共生单元 B 参与质参量为 Z_B，那么成立以下关系：$Z_B=f(Z_A)$。在学研结构和企业这两个共生单元中，他们的质参量之间存在着多种可能的质参量兼容，通过具体的共生行为形成了某种共生关系。例如学研机构产出的应用成果极有可能转化成企业的技术与专利，从而形成学研机构和企业之间的质参量兼容，共生关系得以确立。按照共生单元相互作用的方式，即共生行为维度，共生关系可以分为寄生、偏利共生、非对称性互惠共生和对称性互惠共生等四种共生类型按照共生单元相互结合的形式或强度，即共生组织维度，共生关系又可以分为点共生、间歇共生、连续共生和一体化共生等四种共生类型。上述学研机构和企业的一种质参量兼容形成的关系是一种连续共生的关系。[2] 共生单元之间的关系即共生关系不是在真空中发生的，而是在一定环境中产生和发展的，共生单元以外所有因素的总和构成共生环境。共生单元之间的接触方式和机制的总和称为共生界面，它是共生单元之间物质、信息和能量传导的媒介、通道或载体，是共生关系形成和发展的基础。共生并不排除竞争，合作是共生现象的本质特征。与一般意义上的竞争不同的是，

[1] 袁纯清.共生理论及其对小型经济的应用研究(上)[J].改革，1998(3)：102.

[2] 冯峰.产学研合作共生现象分类与网络构建研究——基于质参量兼容的扩展 Logistic 模型[J].科学学与科学技术管理，2013(2)：3—4.

这种竞争首先是在合作基础上开展的竞争。但是，共同激活、共同适应、共同发展是共生的深刻本质。尽管共生关系存在多种类型，共生个体之间存在多种作用关系，但对称性互惠共生是共生进化的一致方向，是生物界、社会组织以及人类社会进化的根本法则。

（二）加州高等教育系统中精英教育与大众教育的共生

1. 精英教育与大众教育的连续共生关系

根据共生理论，加州三种类型的公立高等教育机构可以被视作三个共生单元，加州大学是精英教育的主要机构，州立学院虽有精英教育的部分，仍以大众教育为主，初级学院则是普及教育的部分。当由加州大学为主要机构的精英教育与州立学院、初级学院共同构成的大众教育可以被视为两个共生单元的时候，它们之间彼此的质参量之间可以相互表达，存在着质参量的兼容，并由此形成了连续共生关系。无论哪种类型的机构，它们作为一种教育模式，都可以采用一个关键性的入学新生和毕业生作为共生单元的一组质参量，并在此基础上考察其具体的质参量兼容方式。初级学院的新生来源主要是所有获得高中毕业文凭的学生，它的毕业生一是面向社会的技术人才，二是提供转学教育，为学生能够进一步加州大学或州立学院学习做准备。州立大学和加州大学的学生录取标准更高，加州总体规划规定，州立学院从高中毕业生中名列前 1/3 的毕业生中招收新生，加州大学的新生从前 1/8 中选择，这两类院校还通过其他途径录取新生，如通过特殊程序录取的新生占 2%，这些新生应达到一般录取标准。此外，它们还共同接受初级学院的转学生，有 45%的初级学院学生能达到转学的要求。[1]由于州立学院的首要功能是提供两年以上的大学教育和师范教育，因而它的培养目标之一就是教师，加州大学也提供师范教育，并承担各学科的专业培训，且作为惟一的博士学位授予机构，因而它重在培养更高层次的教师，并为各学科的教师提供进一步升造。“总体规划”中提出，为了保障本州对教研人员的需求，将通过更多的财政支持引导更多毕业生进入研究生学习阶段，为将来在本州的高等院校教学做准备。规划还建议，所有开设硕士学位课程的院校应加强师范类课程，硕士学位获得者将称为各级院校教研人员队伍的有效补充，对于博士学位课程也将进行课程的重新定向，保证进入教职岗位的毕业生不仅拥有学者素质，而且拥有学者型教师的素质。加州大学对这项建议应负有特别的责任。

---

［1］ 教育部国家教育发展研究中心组.美国加利福尼亚州高等教育总体规划[G].王道余，译.周满生，校.北京：人民教育出版社，2005：21.

初级学院的质参量		州立学院的质参量		加州大学的质参量	
类别	质参量	类别	质参量	类别	质参量
新生	高中毕业生	新生	1. 高中毕业生中名列前 33.3% 2. 特殊途径的学生 3. 转学生	新生	1. 高中毕业生中名列前 12.5% 2. 特殊途径的学生 3. 转学生
毕业生	1. 技术人才 2. 转学生	毕业生	1. 教师 2. 其他高级职业人才	毕业生	1. 学者型教师 2. 其他各领域精英

图 4.1 作为共生单元的加州三级公立高等教育机构质参量分析

根据三种类型院校与人才培养方面的质参量分析，可以发现这三个共生单元之间的质参量存在着内在联系。这里主要分析作为大众教育机构的初级学院与作为精英教育机构的加州大学，这两个共生单元之间质参量的兼容及由此产生的连续性共生关系。初级学院的毕业生通过转学可以到加州大学或州立大学继续攻读学士学位或更高学位，也就是说大众教育机构的毕业生这一质参量与精英教育机构的新生这一质参量之间存在兼容，而州立大学和加州大学可以为初级学院、州立大学提供师资，也就是说精英教育机构的毕业生与大众教育机构中培养学生的关键力量——教师存在兼容关系。因此，在加州高等教育系统中，精英教育与大众教育之间因为质参量的兼容性，产生了连续共生的关系。连续共生模式在一个封闭时间空间内共生单元具有连续的相互作用；共生单元在多方面发生作用；共生关系比较稳定且具有必然性。当然，加州高等教育系统中精英教育与大众教育之间还存在其他质参量兼容的情况并由此产生的其他共生关系。这里仅以此例说明大众教育与精英教育之间产生共生关系是可能且可行的(如图 4.2 所示)。

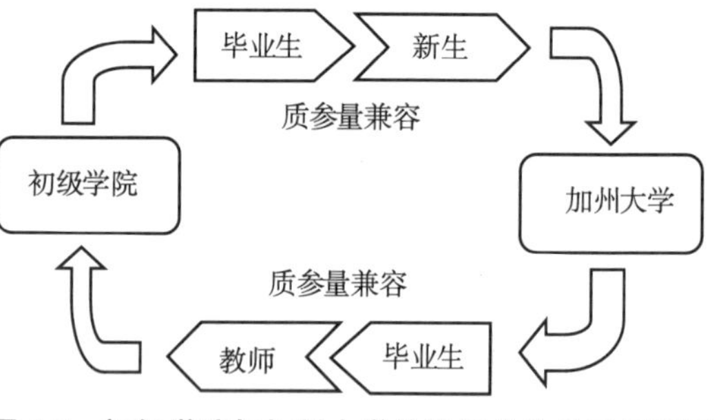

图 4.2 初级学院与加州大学的连续共生关系示意图

2. 外部共生环境的重要性

初级学院和加州大学之所以能形成连续共生关系，是与外部的共生环境分不开的。这个共生环境主要是围绕“总体规划”所形成的。首先，总体规划对三级公立高等教育机构职能的明确划分，为形成共生关系提供了一个很好的基础。其次，总体规划加强了对学生转学权利的关注，试图使每个在初级学院学习建好的学生都转学到一所州立学院或加州大学。良好的转学机制为加州高等教育系统中大众教育能够与精英教育共生提供了一个重要质参量。

转学机制的有效运行需要依赖于三类机构对学生要求的一致性。学生的流动主要体现在从初级学院向州立学院、加州大学转学，实现有机会接受更高层次的高等教育的愿望。在加利福尼亚州，初级学院尽管被要求只能提供副学士学位，但在生产学士学位中同样扮演着重要的角色。根据总体规划的规定，绝大多数学生在初级学院开始他们的高等教育。这些学生要获得学士学位就要通过转学来实现。加州大学和州立大学对于需要给那些转学的学生提供一致和明确的要求，才能使学生有充分的选择权和清晰的目的性。1960 年总体规划在招生准则中给出了转学者进入高一级公立大学的最低平均积分点，转学者进入州立大学系统的最低平均积分点是 2.0，进入加州大学的最低平均积分点是 2.4(如图 4.3 所示)。

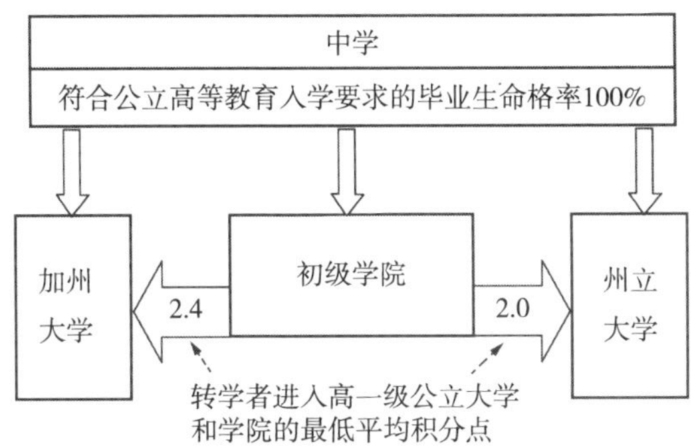

图 4.3　1960 年加州总体规划在招生准则上的协议

资料来源：教育部国家教育发展研究中心组.美国加利福尼亚州高等教育总体规划[M].王道余，译.周满生，校.北京：人民教育出版社，2005：57.

转学机制的顺利实现还要求高等教育内部各类院校之间存在一个作为纽带的协调组织。总体规划对于建立一个高效的协调组织给予很大程度的关注。克拉克·克尔为此发起了一系列新策略，这个策略的关键要点是将加州公立高等教育系统的三个部分——加州大学、州立学院和初级学院进行协商解决，形成一个协调的制度。最终，协调委员会这个极其关键的组织得以成立。在很大程度上，协调委员会不是联络委员会的替代品，它没有直接立法权，只能向高等教育和加利福尼亚立法委员们提供建议。协调委员会在调研和规划制定过程中一直扮演着协调的作用，各机构之间以及院校与托管理事会、政府、州长、立法机构之间的协调和沟通也得到极大的重视。为了具备一个更具可观的影响力的协调机构，总体规划调研小组制定了一个各方都能能代表各方利益的机构组成方案的协调机构，即协调理事会。与联络委员会的成员组成比较，协调理事会的成员组成更加广泛，包括加州大学、州立学院系统、初级学院及独立院校各 3 名代表，这些代表都是高等教育方面的专业人士，他们能很快深入高等教育问题的核心部分。其中设一名主管和技术人员，并有权从公立高等教育机构中获取数据。协调理事会具有顾问职能，包括开设课程上的功能区分和研究新的设施和课程建设、审查日常院校的运营预算和资本开支申请，给各类院校的托管理事会成员、州长、立法机构成员及其他政府官员提供建议。总体规划调研小组也高度依赖协调理事会的公正性和他们所提供的事实和数据的说服力。为保证决策的公正性，协调理事会采取投票的方式决定重要事项，所有成员对于所有的问题都投票，并予以记录，在涉及到所有成员所代表的机构的利益时，每个选票的效力一致。例如在选举协调理事会的主管时，所有投票都算一票，且需 12 票中的 8 票才能做出决议。为避免一些问题仅与某类型或者某几类院校，而与其他院校无关的尴尬情况，对于不同类型的问题按不同的办法投票。例如对于州立学院和加州大学的事务，要求州立学院和加州大学的所有 6 名成员有 4 票赞成即为有效决议，初级学院成员不参与投票，而当事关初级学院时，要求初级学院、州立学院和加州大学的 9 名代表中有 5 人投赞成票，且 5 票中有 2 票来自初级学院代表，方可成为有效决议。[1]

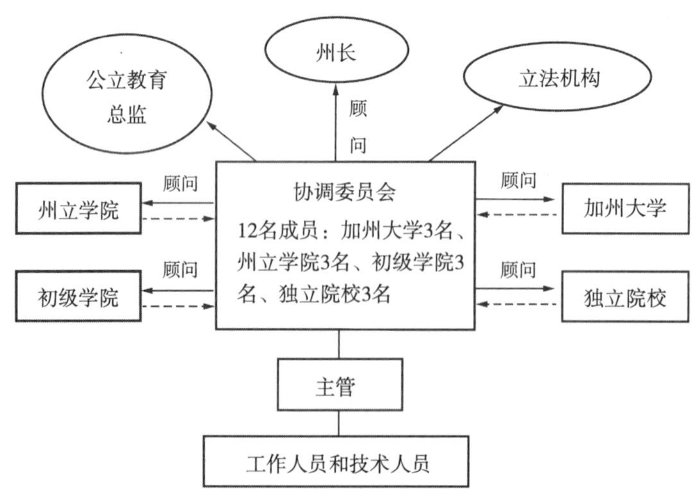

图 4.4 加州高等教育系统协调委员会

资料来源：教育部国家教育发展研究中心组.美国加利福尼亚州高等教育总体规划[M].王道余，译.周满生，校.北京：人民教育出版社，2005：57.

[1] 教育部国家教育发展研究中心组.美国加利福尼亚州高等教育总体规划[M].王道余，译.周满生，校.北京：人民教育出版社，2005：102.

三、启示

尽管加州高等教育系统没有将共生理论作为其发展的基本理论支撑,但它的实践极好的证明,应用共生理论促进精英教育与大众教育形成共生关系是可行的。这就给在规模扩张背景下,重新审视精英教育与大众教育的关系提供了一个全新的视角。

(一)基于职能界定清晰的共存状态是共生的前提

共生需要以共存为前提,如果没有以明确的职能分化为基础的共存原则,那么共生单元之间本身就是纠缠不清的,共生关系的建立将无从谈起。发展大众教育并不一定损害到精英教育的利益,这句话的前提就是两者之间在统一的规划下能实现很好的职能分化,防止两者的相互趋同,确保各守其位、各司其职。

加州启动高等教育总体规划的重要动因之一就是意识到大众教育与精英教育之间进行职能划分的重要性和紧迫性。二战后的加州高等教育,与美国其他地方的高等教育一样,既面临巨大的发展机遇,也遭遇前所未有的挑战。克拉克・克尔认为,规划之前的加州高等教育正在处于比较糟糕的局面,那就是各类高等教育机构不知道自己的职责是什么,是为本科生训练还是为授予哲学博士学位,是专业教育还是科学研究?此时的加州高等教育系统中,初级学院寻求对它们的角色更加全面的认可,担心州立学院系统会跟它们抢夺低段的学生,从而使初级学院在全部低段的学生中所占的比例会有所下降;州立学院想要涉足更多科研领域的权力和硕士以上水平的研究生教育,这就威胁到加州大学在研究生教育方面的权威;而加州大学系统也不知道自己是否能够继续成为基础研究和高层次专业训练的唯一提供者,同时又是否能够继续负责本科生的教学,它还希望与加州的成长同比例扩张。加州大学和州立学院之间有着较大的冲突。因为那时的州立学院正在从培养教师的师范学校向综合型学院过渡,并且正在增加工程等其他领域,但它们想要增加的专业都必须经过由加州大学和州立学院代表组成的联络委员会同意,加州大学的代表为了避免加州学院对自身的威胁,一般对这样的请求都采取拒绝的态度,学院则以某种迂回隐蔽的方式做他们想做的事情,于是两个系统之间的关系变得越来越坏。[1] 总之,由于职能定位不明确造成各类机构之间存在着较大的冲突,让各类机构在机遇和挑战并存的年代都变得紧张不安。在这种情况下,共存已经变得很艰难,共生的关系根本无从谈起。

[1] 克拉克・克尔.高等教育不能回避历史[M].王承绪,译.杭州:浙江教育出版社,2001:137.

总体规划调查小组极为关注在不断变化的环境条件下，如何才能准确定位初级学院、州立学院和加州大学之间的差异化功能。因而，加州总体规划首要解决的就是三类公立高等教育机构之间的职能定位问题，从而明确各类机构承担的究竟是大众教育还是精英教育，抑或是兼顾部分的大众教育和部分的精英教育。每个部分招生层次的规定也要反映出职能的分化。总体规划还要求将各类院校的功能写入宪法，不仅仅使功能区分具有法律效力，而且也可以将加州公立高等教育带进一个新的稳定地带。在职能得到明确划分的前提下，规划将能够建立共生关系的转学权利提上日程，使任何一所社区学院学习优秀的学生能够转学到州立学院或者加州大学。

（二）精英教育与大众教育不仅可以共存也可以共生

如果精英教育与大众教育能实现关键质参量的兼容，那么两者产生的共生关系极有可能缓解精英教育容量和质量方面的危机，有助于精英教育的良性发展。加州的大众教育对精英教育的贡献是巨大的。在美国，“没有一个州像加州那样，不遗余力地发展初级学院。20 世纪初时，美国还没有一所公立初级学院，1915 年，全国有 19 所初级学院，而加州就有 8 所。”[1]发展初级学院首先当然是为了普及高等教育，但与其他高等教育系统不同的是，加州高等教育系统更具有预见性地意识到初级学院更好地发展也能助力于加州大学的发展。初级学院在提供以职业为导向的终结性教育时，将很大一部分 18 至 21 岁的青年人通过这个途径直接分流到社会中，另一个转学功能实质上是提供一个低分流的教育，为那些有才能却未能接受到精英教育的学生提供了重要的第二次选择机会。而州立学院介于初级学院与加州大学之间，它本来有能力扩充知识和发展高深学术，但被法律阻止，这就意味着，州立学院的中心工作应转变为面向大多数青年人的教育。对此，道格拉斯总结到，加州大学之所以发展成为一所伟大的大学，有三大因素，一是自治，二是经费支持，最后是加利福尼亚州对初级学院和州立学院系统的投资。[2] 从这一角度讲，如果没有初级学院和州立学院，加州大学就没有今天的卓越。正如特罗所说，“加州大学这种具有高度选择型和受到重点支持的研究型大学的生存必须依赖一个广泛的和开放的院校系统”[3]，社区学

[1] 约翰・奥伯利・道格拉斯.加利福尼亚思想与美国高等教育[M].周作宇，译.北京：教育科学出版社，2008：116.

[2] 约翰・奥伯利・道格拉斯.加利福尼亚思想与美国高等教育[M].周作宇，译.北京：教育科学出版社，2008：190.

[3] 马万华.多样性与领导力——马丁・特罗论美国高等教育和研究型大学[C].北京：教育科学出版社，2011：163.

院和加州州立大学的24个分校是加州大学的缓冲器，没有它们，加州大学不可能很好地维持它精英高等教育机构的地位。评价加州高等教育系统的杰出之处时，道格拉斯曾说："这是一个公立高等教育机构的共生网络，它用精英的理念使大众教育取得平衡。"[1]

（三）最理想的状态是形成一个精英教育与大众教育共生的高等教育系统

共生系统是指由共生单元按某种共生模式构成的共生关系的集合。共生系统的状态是由共生组织模式和共生行为模式的组合决定的。在加州高等教育系统中，通过转学机制形成的精英教育与大众教育之间的连续性关系，只是存在的最为明显的共生关系。通过更深入的研究，还会发现存在其他的共生关系；或者通过人为的干预，还可以形成新的共生关系。

高等教育系统如果是一个共生的系统，那么精英教育与大众教育作为共生单元之间存在持久的协同关系，既在能量的获取上存在竞争性，也在能量循环中存在依赖性，存在信息、能量和物质的交流和传递，因而强调的不仅仅是传统的"生存竞争"，而是更多地强调"共生演化"。共生演化不仅有利于共生单元的质量提高和数量增长，也会产生共生系统生存能力和增殖能力的提高。在生物界，生存能力可以表现为共生动物或植物对环境的适应能力和抗灾变能力的增强，增值能力表现为密度增容能力的提高。在加州高等教育系统中，增殖能力体现在系统办学规模的扩大、人才培养类型的扩大以及各类型机构数量的成比例增加等，生存能力则体现在系统总体办学效益的提高、对外部环境的应变能力增强等。

共生关系对精英教育机构的多样化趋势尤其具有新的启发。为了拥有一所或几所哈佛大学，许多国家开始步入精英教育机构多样化的国际潮流。多样化的精英教育机构可以有利于互相竞争，几乎成为目前精英教育发展进程中的共识性观点。这种观点将大众教育完全与精英教育的发展割裂开来，似乎精英教育只有通过发展精英教育机构本身才行，而与大众教育完全无关。共生理论颠覆了这一观点。集中资金和学术资源换取少数几个大学在排行榜上的名次，并不代表这个国家的高等教育系统就是成功的。在一个大众高等教育系统中，大众教育与精英教育是同等重要的。最理想的状态当然是两者的存在不是相对立的，而是互助型的。只有这样，才能让两者和谐共处于一个系统中，而两个矛盾体在更高层面上的和谐也更有助于形成一个更有利于它们共生的系统。马丁·

[1] 约翰·奥伯利·道格拉斯.加利福尼亚思想与美国高等教育[M].周作宇，译.北京：教育科学出版社，2008：313.

英斯在评价德国的卓越计划时说道:“拥有一些顶尖大学和拥有一个优秀的大学体系是两回事。当今所有国家都需要更多拥有更多具有技术能力与创新精神的专业人员,以此发展经济和提供公共服务。如果将优先目标设为与哈佛大学竞争,而不是建设一个庞大且有效的高等教育体系,这将是一个错误的判断。卓越品质,即使是世界一流水平的卓越,也只是有效的教育体系的一个方面。”[1]在共生理论的视角下,可以很清楚地看到,马丁·英斯致力于高等教育系统的卓越是正确的。不过,从共生理论的观点来看,“拥有一些顶尖大学”与“拥有一个优秀的大学体系”并不一定是两回事,如果发展一个精英教育与大众教育共生的系统,那么这两者就是一回事。加州不仅拥有顶尖的大学,其他的州立大学也能够在世界排名或美国国内排名中表现得出类拔萃,初级学院的数量和质量也是全美数一数二的。这种高等教育系统整体性的卓越在美国和其他国家都极少有,但却真实存在着。它有力地说明“顶尖大学”和“优秀的大学体系”可以是同一回事。

第三节　精英教育发展应在传统与变革之间寻求平衡

“古典和现代作为西方文化中的两个对手,在存在着不一致性的同时,还有着某些一致性。”[2]两者之间存在的一致性使变革成为可能,而两者之间的不一致性使传统显得更加重要。精英教育发展应该基于这样一个基本的理念,那就是“把来自于遗产的范式和方向与来自于科学的实验和革新协调起来,使得它们可以有效地共存和相互促进。”[3]“既不能完全信赖传统也不能完全变成实验,既不能认为理想本身就足够了,也不能认为远离理想的手段是有价值的。他必须同时支撑传统和试验、理想和手段,就像我们的文化本身那样守正出新。”[4]总之,精英教育的发展如果教条的、僵固的、刚性的保存遗产,那它将是缺乏生机的,但如果无原则地迎合现代社会的需要,那它将不过是生产和消费的机器。尽管新与旧、古典与现代、保守与开放总是看起来相互矛盾,但是寻求传统与变革之间的平衡并非没有可能。

[1] 马丁·英斯.国际化视角下的德国“卓越计划”[J].清华大学教育研究,2009(6):6.
[2] 哈佛委员会.哈佛通识教育红皮[M].李曼丽,译.北京:北京大学出版社,2013:40.
[3] 哈佛委员会.哈佛通识教育红皮[M].李曼丽,译.北京:北京大学出版社,2013:39.
[4] 哈佛委员会.哈佛通识教育红皮[M].李曼丽,译.北京:北京大学出版社,2013:39.

一、传统之于精英教育

传统，在克拉克·克尔看来是“一个复杂的统一体，有着若干固有的维度。它可以包含同一性的永久存在，或者只是相似性的永久存在。”[1]高等教育机构中有些相似性比其他相似性保存得更多，这些相似性包括“教学方法、校舍和建筑风格、头衔和学位礼服的礼节，以及教师和学生的地位结构。”[2]这些大多来自遥远的中世纪大学，后来由西欧国家传播至世界各个国家，几乎成为现在所有国家共有的高等教育传统。随着高等教育的背景发生巨大的变化，高等教育无论从理念还是形式上也随之经历漫长的嬗变，有些现在被称为高等教育的形态已经失去原有的相似性，对这些传统保留最多就是实施精英教育的那部分机构或其他形式。而除了机构和形式上的传统之外，更重要的是看不见的传统自由教育理念以及体现自由教育理念的教学形式和目标，包括对学生抱负心的培养、师生间密切的交往关系、追求真理、健全心智和品性等。这些传统是超越时空界限的，由于这些以及其他与之相关的传统，才使得无论哪里或是何时，精英教育才能被冠以精英教育之名。当然，还有些精英教育的传统是后期在某个特定地区、国家或单个学校内逐渐形成的。例如，美国的精英教育传统主要在文理学院表现最为明显，这些文理学院可能是独立学院，也可能是大学的组成部分，他们的显著特征主要是非职业性的训练。英国则由牛桥最完整的保留了英国特有的绅士教育传统，它们以高成本的教学形式来传授真理。日本是在政府的政令主观促成之下，形成国立大学这一类精英教育的样板，在这类学校中，专门化的学习从本科生阶段就开始发展，而且对工学和医学等一些应用型较强的学科尤为重视。这些国家的精英教育所独有的传统乃是它们区别于其他国家的本质性特征。无论国家间的多样化使精英教育已经变得多么复杂、多么的难以识别，但仍然可以发现它们之间是具有密切联系的，并且可以从中取得一些更高层次上的共识性。这些共识性仍然是由源自古老的中世纪甚至更早年代的遗产所聚合而成。

如果说大学是所有公共机构中变化最少的机构，那么其中变化最少的机构就是精英大学，以及具有精英教育职能的那些正式或非正式的形态。在克拉克·克尔等人看来，即使世界上一切都在变化，唯独大学基本上原封不动，自大

[1] 克拉克·克尔.高等教育不能回避历史——21世纪的问题[M].王承绪，译.杭州：浙江大学出版社，2001:47.

[2] 克拉克·克尔.高等教育不能回避历史——21世纪的问题[M].王承绪，译.杭州：浙江大学出版社，2001:48.

学这样一种机构在中世纪创立以来，虽然现在的大学在很多方面已经与古典大学主题有了很大的不同，尤其内部的职能较之以往受到更多的重视，而且办学理念也发生了翻天覆地的变化，但在外部看来，与其他机构相比较，大学的变化是最少的。"大学仍旧培养很多同样的产品——神学、教育、医学和法律，以及学术研究的更多精通某门学问的专业的成员。大学还没有受到像工业、农业和运输业受过的任何巨大的技术变革。教授成员大部分继续作为个体手艺人操作。大学像教会那样通常对十分异常的政治的和经济的控制有一定程度的自主权，部分地因为差不多在每一种类型的社会，几乎一直以来受到上层阶级的保护，不管这些阶级怎样构成。大学偶尔通过它们内部进行的改革帮助改变世界，但是，它们自己比世界其他的多数机构的变革要少得多。"[1]克拉克·克尔所指的大学仍然停留在传统意义上的精英主义大学范畴内，如果将那些冠以大学之名(如英国的开放大学)的各种当代高等机构纳入其中，那么这段话将不再能证明传统对于大学的意义。换句话说，一所大学越是精英型，它们的传统越是保留得完整。其原因是显而易见的，在这些大学中，有很多是历史悠久的老大学，传统本就是它们得以生存和发展的根基。总之，"什么地方有传统，什么地方传统大部分获胜。"[2]

即使外部环境的改变迫使精英大学不得不变革，但只要致力于优秀的理想未变，那么传统就必须得以坚守，尽管这是件不太容易的事。在多数高等教育大众化和普及化的国家，精英教育的传统几乎普遍受到平等和优秀的挑战。在克拉克·克尔看来，传统、平等和优秀的冲突似乎是高等教育中永恒的冲突。而高等教育的大众化使这三者的冲突更加强化，无论是国家还是高等教育自身，都想要更加强调平等和优秀，而对传统却显得不那么敏感。曾经很多保守主义者和永恒主义者对处在变革中的大学深深地担忧，在改革越是激进的地方，批判的声音越是响彻寰宇，他们坚持主张认识过去对于理解现在更加有用，新兴的大学完全忽视了旧时代的传统大学。但也有人提出反对意见，认为这种观点有大量的错误和欠妥之处。在那些精英主义的大学尤其是历史悠久的老大学中，要么一直在为了传统与外部力量做着持久的抗争，要么在改革的过程中经常重温古典而进行适当的复旧。前者以英国的"牛桥"为代表，后者以美国的哈佛为典型。在英国的"牛桥"中，一直以来，以小规模的本科生寄宿制学院对学生进行品格培养

[1] 克拉克·克尔.高等教育不能回避历史——21世纪的问题[M].王承绪，译.杭州：浙江大学出版社，2001:51.

[2] 克拉克·克尔.高等教育不能回避历史——21世纪的问题[M].王承绪，译.杭州：浙江大学出版社，2001:56.

和自由教育，都是英国精英教育中最弥足珍贵的瑰宝，无论外部环境如何变化，学校内部如何改革，这个遗产都显得特别的有力。即使在20世纪遭遇大众化的危机，“牛桥”仍然维护着它们这种近乎奢侈的精英教育，也同时影响到英国其他的大学包括新大学。在二战后的哈佛，通过“红皮书”触发的通识教育课程改革，其核心就是继承自由和人文的传统。“红皮书”中主张教育的多元化破坏了社会赖以存在的教育培养及观念的共同基础，只有立基于对遗产的认知才能重新找回教育目标的确定性。因为“诉诸‘遗产’，部分的是诉诸权威，部分的是诉诸过去所理解的‘当前什么很重要’”[1]。红皮书认为美国教育遗产中的“让学生过上好的生活”、“找到人生的终极意义和直接标准”[2]是美国高等教育不会也不可以消失的重要遗产。

精英教育中的自由教育和人文教育传统是被侵蚀的主要对象。传统精英教育是以强调普遍文化和生活方式的自由教育为特征的，职业教育的兴起使自由教育的内容不再具有一致性。曾经被继承下来的古典主义者的人文传统遭到自然科学的侵蚀。发展学生的职业技能不仅仅是大众教育的目标，也成为当代精英教育的目标。现代精英教育中强调的研究理念还颠覆了曾经传授普遍性知识为特征的自由教育。传统观念中，教师的目的是教给学生那些继承下来的一成不变的知识体系，如今则偏重于鼓励学生通过自己的研究发现新的知识，注重创造而不是继承。评价这个理念主导下的精英教育是否是成功的，关键是看学生是否能够对固有知识做出理性批判并做出某些专业领域增长性的发现和发明，而这正是古典主义始终达不到的一个目的。无论是学生还是教师，都被剥夺了接近他们的祖先所遗传下来的普遍且永恒的常识，这一传统的精英教育理念。如安东尼·克龙曼所说：“学者的目标不是站在他的祖先站过的地方。他的目标不是加入他们而是超越他们，衡量他们的成绩所依据的不是他们的思想与其祖先思想的接近程度，而是二者之间的差距——依据他的识超越其处于下位状态的祖先的知识而取得了多大进步。”[3]

如果在更宏大且更长远的背景下来看待精英教育的发展问题，那么传统的逐渐远去就显得如此危险，唤回传统显得如此紧迫。无论在哪个时代，精英教育的价值远不只是生产服务国家、创造知识的附庸，真正的精英首先是一个具有思想和人格独立性的个体，而精英的思想独立性不仅对于自身人生的幸福和意义

[1] 哈佛委员会.哈佛通识教育红皮[M].李曼丽，译.北京：北京大学出版社，2013：33.

[2] 哈佛委员会.哈佛通识教育红皮[M].李曼丽，译.北京：北京大学出版社，2013：33.

[3] 安东尼·克龙曼.教育的终结：大学何以放弃了对人生意义的追求[M].诸慧芳，译.北京：北京大学出版社，2013：89.

而言十分重要，它也是“健康的民主政治所必需的”[1]。从这一层面上讲，精英教育应该强调非功利性原则，发挥澄明心智的作用，而不应以纯粹的工具主义理念去培养人。培养这样的精英正是需要从古老的自由教育形式中去寻找。当然，自由教育的传统绝不只是通过人文学科和社会学科，除此之外，还应将自由教育当做发展批判性思维、进行反思性学习或深层次学习之过程的观念，这种自由教育理念对冠有精英教育之名而提供的任何专业课程或学术训练同样有用。总之，如果精英教育有资格被称为精英教育，那么它必须拥护最高和最好的东西，而不管历经多少嬗变。

二、变革之于精英教育

变革是普遍存在的，而且是持续不懈的，它经常出现在我们面前。“当我们面向 21 世纪的时候，就越来越希望它的公民在他们的一生中，在一个充满活力的、多元文化的全球变革背景下能够独立地和相互协调地、积极主动地对待变革。在社会的所有机构中，教育是惟一具有潜力的从根本上有可能达到这一目标的机构”。[2] 事实上，在 20 世纪，教育一直在进行着一场艰苦的变革，而且到 21 世纪以后，变革仍在持续，目前为止还无法看到它的尽头在哪里。从 20 世纪 60 年代的局部调整再到 20 世纪 80 年代的大范围修补，高等教育中的精英教育还是相对稳定的。然而，规模扩张的冲击也使传统精英教育不得不面临一场根本性的变革。

对于精英教育而言，变革是对传统的一种挑战。精英教育的变革可以是理念、目的、内容、组织或者形式等其中一个方面的，也可以是整体性的。在这个动态发展的社会中，构成社会的所有机构都在变化，尽管变化的终点暂时还看不到，但是精英主义的大学却是一个相对稳定的机构，这些大学中的教授强调教育的连续性，拒绝变化，也有些人告诫保守分子大学“不要成为 14 世纪修道院在今天的化身”[3]，历史上的修道院没有跟上时代的发展，站在时代的对立面，结果使科学和文化远离修道院，在院墙之外开始生长。“如果说静态发展的社会要求面向现在，注重内部管理，掌握当前实际的话，动态发展的社会则要求面向将来，注重外部变化，抓住未来的苗头。这个时代要求人要有战略眼光，能果断地做出

[1] 安东尼・史密斯，弗兰克・韦伯斯特.后现代大学来临？[M].侯定凯，等，译.北京：北京大学出版社，2014：13.

[2] 迈克・富兰.变革的力量——透视教育改革[M].北京：教育科学出版社，2000：12.

[3] 杨平.时代对传统高等教育的冲击及一个美国大学校长的反应[J].上海高教研究，1990(2)：103.

判断，及时占领山头控制要道。”[1]在这个易变的时代，大学守住传统的精英主义价值观，并不代表一定要固步自封，而是主动预测变化和利用变化，抓住机会和寻找机会。

教育，包括精英教育，不能对不断变化的新形势视而不见，更不能沉湎于曾经的卓越而洋洋自得。我们必须赞赏变革，甚至善待变革。时代的发展唤醒人们必须不断地重新思考新形势下的精英教育即将如何以及究竟应该如何。美国之所以能够在二战后，既迅速地扩大了高等教育规模，又较好地维护了金字塔顶端的教育质量，是与正视变化、勇于革新的精神分不开的。在那些有着古老传统的精英大学中，过程虽然是曲折的但也是义无反顾的。这与美国社会的开放性和包容性密切相关，也与美国高等教育历来所具有的勇于变革的精神有关。特罗对美国高等教育的评价是恰如其分的。他说，“如果欧洲高等教育的标语是‘如果不是最好就无须存在’，那美国的标语就是‘有总比没有好’。”[2]美国人相信，变革总是能创造出新的方法，弊端是次要的，它可以纠正，重要的是先要有。以加州高等教育系统为例，毫无疑问，如果不对加州的三级公立高等教育系统进行激进的变革，就不可能创建一个极具吸引力的好计划。克拉克·克尔在1990年曾经反思说：“我们并不是站在雅典卫城上回首过去，而是走进喧闹的集市、市场，在时间和最后限期的规定下讨价还价。”[3]与美国形成鲜明对比的是欧洲国家对改变和创新的抗拒。奥尔特加·加塞特就曾经批判过进入20世纪的西班牙对变革所持有的排斥和摒弃的现象，他观察到西班牙普遍对任何变革，包括政府和大学的变革，都采取一种普遍保守固执的反对态度，将那些赞成和倡议改变现状的人看成是大学的敌人[4]。加塞特是变革的竭力呼吁者和支持者，他意识到当时的大学确实已经不同于过去的样子，情况已发生了变化，而大学离它应该达到的水平还有距离，当时那个充满机遇的时刻已经为彻底改革大学提供了极好的机会，大学必须改掉懒散草率的根本病症，转而持有一种良好的竞技状态。

对于精英教育的变革，规模扩张背景下的精英教育职业化，是一个无法回避的趋势。我们生活的时代就是一个专业主义至上的时代，社会和经济的发展需

[1] 杨平.时代对传统高等教育的冲击及一个美国大学校长的反应[J].上海高教研究，1990(2)：103.

[2] 马万华.多样性与领导力——马丁·特罗论美国高等教育和研究型大学[C].北京：科学教育出版社，2011：27.

[3] 约翰·奥伯利·道格拉斯.加利福尼亚思想与美国高等教育[M].周作宇，译.北京：教育科学出版社，2008：243.

[4] 奥尔特加·加塞特.大学的使命[M].徐小洲，等，译.杭州：浙江教育出版社，2001：35.

要越来越多的专业知识，这就不可避免导致了大学学科的专门化。学生要立足于这个时代，成功之路往往在于选择一种专门化的职业，要么医生，要么工程师，要么商业工作……而且，越是专业化和职业化程度高的学生越是能够在社会上成为精英阶层。因而，即便在曾经自由教育传统深厚的精英大学中，新时代的学生也不再愿意接受传统的全面的，而且看来“无用”的古典文化熏陶，他们一般都具有强烈的愿望去学习可以让他们立足于社会的实用性知识，一心想的是将来成为有能力的专业人员，只有某种专门化程度更高的职业才能实现学生步入社会后向更高阶层的提升。专业化对整个社会来说，也是知识生产和技术创新的力量和手段。“它培养人的开放的心灵和对调查研究的热爱，而这种开放性和对调查研究的热爱恰恰似乎变革的源泉。”[1]所以，职业教育不仅是精英教育变革的主流方向，也成为推动社会变革的源泉。与此同时，科学研究对于现在的精英教育也是重要的。专业教育与科学研究这两项任务融合在一起，形成了当代精英教育新的重要特征。在大众教育中培养专业工作者与精英教育中培养高层次专业精英的根本区别就在于对研究素养的要求高低，社会需要大量的医生、教师、工程师等，但只需要数量有限的科学家，因而，“符合人人需要的专业教育与职位少数人服务的科学研究活动融合在一起，则是令人感到吃惊的。”[2]当今的美国精英教育正在践行着这样的模式，事实证明，它是成功的。然而，如果说专业教育、科学研究仍然可以看出传统的影子，而这两者的结合则是美国大胆变革的结果。

三、在传统与变革之间寻求平衡的可能性

（一）固守传统与一味变革的弊端

对于精英教育的发展而言，传统与变革都是必要的，但也不是完全必要的。任何一个极端的发展理念都会导致精英教育的危机。不是所有的传统都是好的。有些传统必须坚守，而有些传统必须舍弃，否则将为传统付出沉痛的代价。特罗曾经考虑了英国高等教育最神圣的传统——金本位。“金本位要求寄宿制的学业；要求对所有出最富裕的学生以外的学生给予全年的财政资助；要求在所有大学层次的学校的师生比为 1∶8 或 1∶10，要求不同大学所授学位具有可比的学术价值。”[3]特罗认为这一切尽管很令人钦佩，而且英国也可能希望继续保

[1] 哈佛委员会.哈佛通识教育红皮[M].李曼丽，译.北京：北京大学出版社，2013：42.

[2] 奥尔特加·加塞特.大学的使命[M].徐小洲，等，译.杭州：浙江教育出版社，2001：53.

[3] 克拉克·克尔.高等教育不能回避历史——21 世纪的问题[M].王承绪，译.杭州：浙江大学出版社，2001：58.

持这种传统，但是，它有它的代价。在大众高等教育阶段，财政危机使金本位的传统很难得到维系，变革成为最为紧迫的事情，而且英国也正在变革之中。与英国一样，意大利也是一个固守传统而拒绝变革的案例。意大利保持了旧有的结构——只有一类高校“大学”，只有一种学位——学士学位，但优秀却是受害者。意大利的大学系统有着远比任何一个西方世界都悠久的历史和优秀的传统，在这里曾经出现第一所最早的大学——博洛尼亚大学，欧洲的高等教育以这里为核心地带蔓延开来，然后传至世界其他地区；萨莱诺大学把医学专业发展到当时最高水平，并建立包括医学在内的法律等专业的高层次培训；后来，以弗洛伦萨大学、威尼斯大学和帕多瓦大学为主，领导了高等教育界的科学革命。在这个过程中，意大利的大学为后来很多世纪开创了学术努力的总纲。由于意大利的大学比任何一个国家更多地想留住和反映它的传统，现在这个曾经的优势却让它背负上了一笔巨债。

变革意味着纳新和开放，但也可能意味着逐末和舍本。精英教育如果激进地朝向专业主义变革，那么必然是极度危险的。虽然专业主义曾经也作为精英教育的传统，但这一传统并不是作为一种目的性的存在，它只是一种手段和途径。传统精英教育中专业教育的目的绝不是仅仅为了让学生成为一个职业精英。中世纪大学与专业或职业教育几乎没有什么关系，所有学科都属于基本文化修养。“与中世纪时期的大学相比，现代的大学已把专业教育这颗大学唯一的种子演变成了一项巨大的活动，并增添了研究的功能，但现代大学已几乎完全遗弃了文化的教学或传播活动。”[1]而这样的变更显然是有害的，在一些地方的精英教育已经为此付出代价并正在自食其果。激进的专业主义可能将学生个体沦为一个单纯的谋生者，甚至是没有文化修养的新生的野蛮人，他们尽管比以前的人更有知识，但却比以前的人更没有文化修养。此外，他们也无法完成知识和技术的更新，应对生活的复杂性和工作之后的变动，更无法成为一个具有广泛批判意识和应对能力的领袖。总之，精英教育如果被专业主义撕得粉碎，那么它将成为受科学操纵的傀儡，因为即使科学是人类创造的最伟大的杰作，但对生命意义的追寻是无法通过科学来弥补的。

（二）加州高等教育发展：在传统与变革之间的平衡

既然固守传统和一味变革都各有其弊端，而两者又不能割舍其中之一，那么中庸之道则是更理性的选择。虽然传统与变革是一对矛盾体，但两者之间的矛盾并非一定是有害的，有时，正是矛盾开拓了一条发展的新路径。加州高等教育

[1] 奥尔特加·加塞特.大学的使命[M].徐小洲，等，译.杭州：浙江教育出版社，2001：56.

的发展就是在传统与变革的矛盾中寻求一种新的平衡，从而造就了它的辉煌。以斯坦福大学为例。“斯坦福大学从建校起就在办学理念的创新与传统之间游走，这一矛盾冲突始终影响着斯坦福大学的定位和发展战略。它不同于美国东部传统的大学，但是又不能完全从美国或西方大学传统中游离。它在这一矛盾和冲突中寻觅着自己独具特色的发展道路，在美国如林的大学中，在激烈的竞争中，建立起自己的信心，开创出自己的特色。”[1]与美国东部的传统精英大学不同，斯坦福夫妇在创办大学时的理念即为“有用”，这一教育理念与美国东部传统大学中“无用”的自由教育理念是相对立的。然而，这并不代表斯坦福摒弃自由教育，他们曾经发表过一份有关自由教育的声明，宣称道：“我对于旨在扩大人们的头脑和提升人们的工作能力的普通文化十分重视。我想，我注意到了受过技术教育的年轻人并不能成为最成功的企业家。需要培养和发展想象力以便保证生活中的成功。人绝不可能造出他想象不到的东西。”[2]可见，斯坦福将传递普通文化的自由教育也作为培养实用的企业家最重要的一部分，这样的企业家绝不只是掌握实用技能的狭隘的技艺者，而且还是具有想象力和创造力的广博之人。从此可以看出，斯坦福大学将极具创新的“有用”职业教育理念与传统中的“无用”自由教育理念很好地融合于一体。

规模扩张背景下，尽管职业教育在精英教育中越来越占据重要地位，斯坦福在勇于变革的同时仍旧没有忘却传统的重要地位。二战后，斯坦福大学意识到学科高度分化的同时，学科的知识也变得更加相互依赖，本科教育应该更广阔，将专门化推延至研究生教育阶段。为了使斯坦福的本科教育具有更多普通教育的性质，将生物学院、物质科学学院、社科学院和文学院合并成为文理学院，从此，新的文理学院开设了全校四分之三以上的本科课程，还同时承担了三分之一的研究生课程。课程共分为文化、理念与价值、世界文化、美国文化、数学、自然科学、技术与应用科学、文化与艺术、哲学、社会与宗教思想等。[3] 斯坦福的通识教育是强调对学生进行自由民主教育，让学生在人文社会知识与专业知识两方面均衡发展，使其成为一名有责任感的公民。由此可见，斯坦福大学培养出的有用之人是在普遍性的公民修养得到充分发展的人。在保留传统的同时，斯坦福在变革方面也同样引人注目。在冷战时代，斯坦福制定了影响其飞跃发展的重大战略，即积极争取联邦政府的科研基金，出租斯坦福大学的丰富土地资源建

[1] 王英杰.在创新与传统之间——斯坦福大学的发展道路[J].北京大学教育评论，2004(3)：81.
[2] Stanford History[DB/OL].http：//www.stanford.edu/home/stanford/history.2016 - 12 - 27.
[3] 别敦荣，张征.斯坦福大学的教育理念及其启示[J].国家教育行政学院学报，2011(4)：86.

设工业园区。斯坦福与硅谷就此形成了一种创新性的关系，成为世界研究型大学争相效仿的对象。服务社会的宗旨并没有让斯坦福将学术自由的传统抛之脑后。在为硅谷、为美国、为世界提供杰出服务时，显然已站在世俗中心的斯坦福，并没有动摇它守住内在的宁静和自由。斯坦福深知："诱惑是永无止境的。人们期望大学及他们的合作者加强科研，培养人才，贡献社会，将职业专长用于商业活动，推动改革进程，促进经济发展，改善社会条件，提高生活质量，以及获取外部社会更多的科研资助……目前的问题不仅是外部环境对大学的诱惑，而且大学往往自发地倾向和接受诱惑。"[1]如果一所大学过度注重和依赖于内外部各种诱惑的驱使，那么也就失去了它的优势，也失去了永远不懈的探索和对知识的纯粹追求。因此，斯坦福一直极为重视非功利性的基础研究，将其作为一种公益事业。也因为这份凌驾于世俗功利主义之上的精英主义理想，才让斯坦福培养出如此之多不仅能适应世界，还能挑战这个复杂世界的领导者。

总之，斯坦福能获得今天的荣耀，遵循传统与变革之间的均衡关系是至为关键的。在面对无数诱惑的情形下，斯坦福始终没有丢弃在创建初期所遵循的洪堡思想，尽管在后来的发展中不断形成自身独特的个性，但这一核心原则是永恒的。这在很多世界其他国家的研究型大学中是没有做到的。

（三）公立精英大学：加州大学系统的传统与变革

自治是美国大学的传统，也是加州高等教育极为珍视的。越是精英主义的大学，越要求更大程度上的自治。马丁·特罗在研究加州大学学术治理时曾经指出，加州大学，无论是董事会、总校校长、分校校长还是学术人员，所有人共同认可的原则有两个，一是大学自主权的最大化，另外一个是追求卓越[2]。这两个价值或原则之间是彼此强化的。"大学自主不仅使大学在学术聘用和晋升方面，而且在权限范围内，使大学在招生和非学术人员的聘用上也保持精英主义。反过来，这种对竞争卓越的积极追求使大学在世界范围内建立起一种良好的声誉，而这正是大学自治主要的保障和支持力量。"[3]

自治的传统使公立的加州大学在美国这样一个平民主义和政治化的社会，能够抵制外部政治压力，确保自己能够在竞争卓越原则的指引下实行英才管理的制度，从而保持自己在学术质量和教育质量上的精英主义。在外部政治压力

---

[1] G·卡斯帕尔.斯坦福大学的成功之道[J].高等教育研究，1999(3)：4.

[2] 马万华.多样性与领导力——马丁·特罗论美国高等教育和研究型大学[C].北京：教育科学出版社，2011：

[3] 马万华.多样性与领导力——马丁·特罗论美国高等教育和研究型大学[C].北京：科学教育出版社，2011：210.

不断增加的现阶段，与其他美国公立大学相比较，加州大学仍然保持了大部分的自主权。这与许多可以削弱政治对加州大学直接影响的内外部因素有关。例如加州大学内部那些防止政府干预大学内部事务的高级管理者花费大量时间处理来自州政府的许多问题，从而起到保护加州大学自治空间的缓冲作用；美国各种学术市场的竞争削弱了政治对加州大学的影响，能够在全国甚至世界范围内享有卓越的声誉是一股非常强大的力量……更重要的是，加州大学一开始就通过各种可能的途径形成让大学远离政治舞台的习惯和策略。无论大学的经费问题、教师薪金问题、对教学设施的维护等问题，大学都通过与州政府官员达成问题的共识和协议的形式进行，从而为政治官员们插足大学事务设置了一道重要的屏障。加州高等教育总体规划就是其中最重要的一个协议。它用一种权威的方式确定了加州大学和其他公立高等教育院校之间的关系，从而减少了许多内部的分歧，也减少了加州大学与州政府的分歧。

变革虽然有时会破坏传统，却恰恰需要这样一种高度自主的体制作为保证。因为“这种高度的自主允许大学内基本的组织和学术决策权掌握在科学和行政管理者的手中”[1]，以便按照大学的意愿去实施变革。以加州大学伯克利分校的生物学科改革为例，20 世纪 60 年代，生物科学正在经历一场变革，为了回应生物科学的迅猛发展，大多数成熟的研究型大学无论在生物学科的组织上还是科研设备上都面临许多困难，伯克利生物科学的整体声誉面临下降的状况，问题显得尤为尖锐，改革势在必行。这次改革被认为对伯克利的教学和科研产生了一系列深远的影响。而它的成功正是以高度自治为保障的，一切决策都是在校园内部做出的，关键的财政决策是有加州大学总校长、管理层、州政府官员和捐赠者协商做出的。在整个过程中很少或者基本上没有涉及联邦政府。加州大学系统的经验证明，根植于美国高等教育历史中的大学自治传统赋予了大学校长、教授会等学校内部组织和成员以更多的权力，而这种权力能够服务于因追求竞争卓越而所要做出的一系列改革。

四、传统与变革之间取得平衡的路径：目的合理性与价值合理性相统一

（一）规模扩张背景下目的合理性与价值合理性相统一的必要性与可行性

传统精英教育往往以价值合理性为其存在的合法性基础，而规模扩张背景下的精英教育则往往倾向于遵循目的合理性的原则。精英教育的发展要在传统

[1] 马万华.多样性与领导力——马丁·特罗论美国高等教育和研究型大学[C].北京：科学教育出版社，2011：190.

与变革之间取得平衡，关键是将目的合理性与价值合理性相统一。所谓价值合理性，就是由宗教、伦理、道德、审美一类价值意识决定的行为；目的合理性则指由预期的目的和实现这种目的的工具、手段的一类行为。精英教育可以有组织地、有预测性地达到社会对精英的要求。只有精英教育才可能合理地培养精英。从这种意义上，精英教育以培养社会需要的精英为目的是合理的。但是如果只为了培养符合社会需求的精英而培养精英，那么对学生本身的幸福以及精英教育自身的利益来说，是不合理的。就精英教育本身而言，首先，只要是一种教育，那么就必须维护教育本身的固有价值，而不必考虑实现这种价值的结果。固有的教育价值包括对真理的追求，纯粹的感情、对社会争议的尊重等。其次，应该考虑在这样一个充满矛盾和冲突的现实环境中，精英教育自身的生存危机问题。一方面，它的价值被大众教育所侵蚀，平等机会的意义掩盖现实中的智识和天赋差异，曾经象征着特权，而今仍在扩大着不平等的精英教育究竟是否应该继续存在，已经备受质疑；另一方面，它的身躯被其目的和使命的多样性所充胀，国家对于各种精英的饥渴又使承担着卓越使命的精英教育形式不断地扩张。至此，精英教育失去了自我，继而失去了对现代社会文明进行引领与批判的功能。就学生的利益而言，如果只将学生作为对社会有用而不对自己有用的人，那么学生只满足了他成功谋生的技巧，而忽视了内心幸福的需要。正如威廉·德瑞斯维兹所言："当全球化使得经济不稳定日益加重时，我们作为学生，作为父母或者作为一个社会，正日益束缚于教育利益的巨大装置。随着如此多的资源倾斜于精英学术圈，如此多的人们竞相争夺这处于阶梯顶端有限的空间，值得一问的是最后你在其中真正获得了什么，我们都获得了什么，因为今天的精英学生——就如他们的学校总是不厌其烦地提醒他们的——是未来的领导者。"[1]以社会利益为首的精英教育最终只赋予学生一个值得炫耀的身份，而忽略了最基本的教育目的——让学生成为一个"人"。

无论是实践中还是理论上，精英教育实现目的合理性与价值合理性的统一是可能的。在马克斯·韦伯那里，价值合理性与目的合理性是完全对立与割裂的。麻生诚认为，通过教育培养精英之所以重要，实质上就在于探讨价值合理性与目的合理性最恰当的结合的基础，也就是说，在教育中使目的合理性与价值合理性结合到最恰当的地步，正是精英教育的课题。[2] 从这个角度看，放弃了两者如何相结合去培养精英的信念，就等于放弃了精英教育本身。司马云杰则认

[1] 威廉·德瑞斯维兹.精英教育的弊端[J].江苏高教，2009(4)：1.

[2] 麻生诚.英才的形成与教育[M].王桂，等，译.长春：吉林人民出版社，1987：205.

为，中国的大道文化哲学中天然地存在着本体论、价值论与知识论的统一观，这种哲学观“不仅是一个价值肯定、价值判断的存在，而且是一个真实无妄的价值所在；不仅具有价值思维的合理性，而且具有价值实现的目的工具合理性。”[1]因此，中国形而上学的大道就是价值合理性与目的工具合理性的统一。基于此，或许我们可以更加深入地去思考，如何将中国的大道哲学与源自于西方的精英教育相结合，找到精英教育发展的新思路。

（二）规模扩张背景下精英教育发展应更加重视价值合理性的复归

在大众或普及化时代，精英教育被视为意味着自由教育形式，大众高等教育被视为等同于职业教育形式的状况不复存在，精英教育沦落为培养职业主义、功利主义或实用主义的学术精英和技术精英，精英教育目的合理性掩盖了价值合理性。因而回归价值合理性在精英教育发展中的重要地位是当务之急。

随着高等教育规模的扩大，对于传统的坚守成为一种奢侈品，甚至被认为是顽固的保守主义观念，而职业训练和科学研究这两种功能满足了国家和社会的欲望，被称赞为是大学识时务的表现。接受精英教育的学生既强调生命的质量和对国家的抱负心，也更期望获得高收入和高地位的社会职位。然而，科学研究和职业训练绝不能掩盖传统精英教育中延续下来的一个重要特质——整全的人的教化。大众化之前，职业训练、整全的人的教化和科学研究，这三件事曾在一些大学中能够较好地融合在一起。而职业训练和科学研究一般只作为手段而非目的，整全的人的教化才是大学追求的终极理想。在 20 世纪的大部分时间，一些大学的理念虽然未能最终落实，但至少能做到耳熟能详。大学内部的知识会围绕一个鲜明的目标被分成不同的等级，那些训练技能的专业知识往往位列于能够启迪心智的人文学科之后。随着高等教育规模的扩充，这三件事从一个整体被割裂开来。“与中世纪时期的大学相比，现代大学已把专业教育这颗大学唯一的种子演变成了一项巨大的活动，并增添了研究的功能，但已几乎完全遗弃了文化的教学或传播。”[2]

职业训练掩盖了精英教育对人的教化功能，并不能完全归咎于大学本身，在外部力量压制内在逻辑力量的时代，社会需求往往决定了教育的目的。在高等教育入学人数增长的早期阶段，一些人士广泛认为学生的素质和能力下降是个严重的问题，尽管精英教育机构在大众化以后仍然坚持对申请入学者的高要求，但一些研究者发现，“新入学的学生即使能力不差，但对于严肃的学术科研相对

[1] 司马云杰.价值合理性与目的工具合理性[J].社会学研究，1995(6)：2.

[2] 奥尔特加·加塞特.大学的使命[M].徐小洲，等，译.杭州：浙江教育出版社，2001：56.

兴趣不足——或者是他们在中学教育过程中学业准备不足。这种感觉十分普遍,即使没有明确的证据支持这种假设,似乎仍然有理由怀疑现在的学生没法和过去一些遥远的黄金时代的理想学生相比。"[1]也许在智力和能力的层面,现在的学生并不落后于过去的学生,但在入学动机、兴趣和抱负心方面,显然已经截然不同。当高等教育变成普通大众的基本权利之后,学生将进入大学作为谋得一份安稳、体面的职业所必须的途径,而不是作为引领社会进步的奢侈品。职业雇主们也要求学校的课程更直接地与他们的需求相关,而不是提供原来为少数精英提供的非职业化学习。很多原来的精英教育机构为了谋求生存和发展,开始将实现学生的这个世俗想法作为立身之本。整全的人的教化不再受大学的青睐,大学开始变得被动,"我们说大学的被动性,并非暗示着它缺乏干劲,而是说大学在阐述其动机和目标时,在解释高等教育的存在理由时,明显地闪烁其词。"[2]大学表面上打着高等教育应该为社会服务的旗号,实质上只是为了谋求学生的学费和企业的资助,沦为迷失自我的乞讨者而已。功利主义和工具主义替代了理想主义和理性主义,对教育之本质的价值不再信仰,离开信仰的教育最终只不过是一些教学技艺而已。

价值合理性的复归是基于精英教育本身的发展和人的发展双重的需求,而精英教育存在和发展的意义也正是为了它培养的准精英们对更深远的人生意义的追求。在爱德华·希尔斯看来,社会中总有少数人更加向往远离功利性社会,注重追求更久远意义的生存方式或理想抱负。"每个社会中都有一些人对于神圣的事物具有非比寻常的敏感,对于他们宇宙的本质、对于掌理他们社会的规范具有非凡的反省力。在每个社会中都有少数人比周遭的人更加探寻、更加追求不限于日常生活的具体情境,希望经常接触到更广泛、在时空上更具久远意义的象征。在这少数人之中,有需要以口述和书写的论述、诗或立体感的表现、历史的回忆或书写、仪式的表演和崇拜的活动,来把这种内在的探求表现于外。穿越当下具体经验的这种内在需求,标示了每个社会中精英的存在。"[3]但我们绝不该以培育"生存技能"为目的,而应当以提高"生命质量"和培育"生存意义"为目的。至少可以说,生存技能与职业技能是第二目的,只有塑造人、塑造优秀人性本身,才是教育的第一目的、根本目的。[4]

---

[1] 马万华.多样性与领导力——马丁·特罗论美国高等教育和研究型大学[C].北京:教育科学出版社,2011:68.

[2] 安东尼·史密斯等.后现代大学来临?[M].侯定凯,译.北京:北京大学出版社,2010:76.

[3] 爱德华·希尔斯.学术的秩序:当代大学论文集[C].李家永,译.北京:商务印书馆,2007:102.

[4] 李泽厚,刘再复.关于教育的两次对话[J].东吴学术,2010(11):4.

结　语

现代高等教育历史进程中的规模扩张对精英教育造成了前所未有的危机，主要表现为在扩张之前的精英高等教育阶段，高等教育全部的教育目的就是让学生成为承载高深知识和养成健全心智的精英，而当扩张之后尤其进入大众高等教育阶段以后，平等主义的冲击对大学精英主义价值观造成威胁，规模的急剧扩张瓦解了传统的精英教育质量观，与此同时，精英教育开始萎缩成高等教育系统中一个极小的部分，而不再是全部。总之，规模扩张进程中的精英教育面临被抛弃和被放逐的命运。为了在平等和优秀之间、规模与质量之间实现两全，精英教育与大众教育的妥协成为一种权衡之策，虽然表面上看解决了眼前的问题，但实质上并非如此，新的问题由此产生。

通过对高等教育规模扩张先发国家的考察可以清晰地看到，这些国家的高等教育系统出现了以下三方面的精英教育发展趋势。具体表现在精英教育培养类型的多样化、教育目的的多样化与实践形态的多样化三个方面。多样化的发展趋势作为一种与规模扩张相伴相生的必然现象，也作为精英内涵多样化的自然延伸，为缓解精英教育的危机，更好地发展精英教育指明了航向。但是，从更加深远和广阔的视角进行反思，可以发现多样化并不是精英教育发展最为理想的归宿，规模扩张进程中的精英教育应该遵循三个主要的发展理念：应在多样化的趋势下重新关照自身发展的整体性；大众高等教育系统中的大众教育与精英教育应从妥协性的共存关系向共生关系发展；精英教育的发展应遵循变革与传统相统一的观念。

即使探索规模扩张背景下精英教育发展的出路是一个艰难而复杂的课题，但仍然可以在上述高等教育扩张的先发国家之经验与教训的基础上，对正在从大众化迈向普及化进程中的精英教育发展，尝试提出若干可供参考的建议。总体而言，虽然以量的概念呈现的精英教育已经不复存在，但作为一种人才培养模式的精英教育将不仅应该存在而且应该更加繁荣。高等教育规模扩张背景下，作为一种人才培养模式的精英教育，阻碍其发展的问题首先是观念上的，其次才是实践中的。因而，应以对观念的纠偏为基础，通过适度规划和自由竞争促进系统分层和功能分化，从而发展若干精英教育模式互相关联的系统。

一、形成恰切的精英教育发展理念

寻求精英教育的出路，首先需要形而上层面的精英教育理念来作为支撑。强化精英教育的意识不仅要重视实践过程中精英人才培养的过程，还要将它作为追求学科专业性和复杂性的一种教育模式或层次，作为与大众高等教育相补充的一种理念和模式，进行系统的研究，以此发展理性的精英教育理念。

（一）正确理解平等与优秀的关系

高等教育规模扩张背景下，平等主义的观念占据上风，平等是高等教育发展的主题，精英和精英教育不再是一种特权，而被认为是高等教育不平等的代名词，培养精英和发展精英教育就意味着加大阶层分化。这种观点在许多国家都出现过。平等主义观念的冲击使精英教育没有得到较好的保护。但是，在精英教育的衰落中，人们渐渐意识到精英人才培养对于社会发展的重要性，平等不能替代卓越，追求平等的大众教育也不能完全替代致力于优秀的精英教育。平等与优秀虽然有冲突，但不是完全对立的。精英教育虽然始于特权，而今高等教育规模的扩张以及随之发生的精英教育多样化，使精英教育不再仅仅是少数人的特权。首先，高等教育规模扩张尽管不能必然带来绝对的教育公平，但毕竟增加了高等教育促进社会流动的可能性，创造了更多人接受高等教育的机会。其次，从当前先发型大众化和普及化国家出现的精英教育发展进程可以看出，在培养对象方面，曾经专属于社会精英阶层的精英教育已经向普通大众敞开大门，更多阶层的人有机会通过各种途径享受精英教育；在教育目的方面，曾经以培养统治精英作为唯一目的的精英教育，开始培养社会各个领域的精英。故而，如果要打破对作为特权的传统精英教育的认识，建立新的精英教育理念，就应该不再将精英教育作为大众教育的对立者，也不应将追求卓越作为实现高等教育平等的阻碍因素。反之，要重新审视优秀与平等之间的矛盾，重视平等与优秀之间的互补关系，把握其合理尺度，重启精英主义的理想。

（二）创建一流大学应以培养精英人才为根本宗旨

当前世界各个国家都在创建一流大学的热潮中，建设一流大学的原动力本应是培养杰出人才。实然的情况却与理想的状况相悖而行，虽然一流大学建设如火如荼地进行着，却极少对培育精英这个最基本的职能给予足够的重视。一流大学的建设轰轰烈烈，但作为一个“教育”机构存在的大学，却很少看见“教育”的字眼。很明显，一流大学的建设背离和忘却了精英教育的使命，取而代之的是由此产生的唯热门排行榜马首是瞻。

创建一流大学应确立以培养精英人才为一流大学建设根本宗旨的观念。真正一流大学首先要具有一流的教育,没有一流的教育就不能称其为真正的一流。举世公认的一流大学最重要的特质就是遵循精英教育的价值取向,培养出杰出的精英人才。至于其他诸如一流的学科、一流的学术成果、一流的师资等,都应位列于一流的教育之后,或者说,其他层面争创一流都应该为培养一流的人才服务,而不是相反。建设一流大学的出发点应以提高教育质量为根本目的,而不是只关注科研的成果;教师应将教育学生作为最根本的使命,主动将科学研究与教学相结合。一流大学的领导人在保持大学教育灵魂方面要扮演关键角色。许多美国一流大学的校长不但是专业领域的专家,而且还是教育家。我国大学领导人也应在自身学术成就之外,具备明确而坚定的教育理想,并直接而雄辩地把自己的教育理想传达给学校的所有师生和管理人员。当然,所有层面的改进都是相互促进的,政府对大学的评价和教师晋升制度会影响到教师和领导者对教育的重视程度,反之,教师和领导者的教育理想也会自下而上地触动国家层面评价制度的改革。

(三) 多样化之中寻求共同的教育目标

所谓的差异总是与共性相对应的,没有差异无所谓共性,没有共性也无所谓差异。在尊重差异的前提下,通过价值理解、交流和沟通,对精英教育形成基本共识,是极其重要的。在精英高等教育阶段,关于什么是好的精英教育,曾经存在一个共识,那就是基于自由教育理念之上的,致力于人的形塑、启蒙与解放的教育,这是一种精英教育对价值理性的坚守。而在大众和普及高等教育阶段,精英教育的工具理性开始凌驾于价值理性之上,对于什么是好的精英教育,人们总在工具理性与价值理性之间摇摆,似乎难以找到公认的答案。尽管精英教育的发展已经不能完全否定工具理性存在的必然性和必要性,但也不能因为一味寻求精英教育的功利性,而将其传统中由宗教、伦理、道德、审美一类价值意识决定的行为和观念完全忽视。工具理性主宰的精英教育最终只能赋予学生一个值得炫耀的身份,而忽略了最基本的教育目的——让学生成为一个“人”。因此,必须重审精英教育的基本共识,重审由宗教、伦理、道德、审美一类价值意识决定的精英教育,即应该培养什么样的人。

1. 培养具有良好道德修养的精英

精英教育应首先在道德教育方面形成基本共识。无论是什么形式的精英教育,也无论培养哪个领域的精英,都要尤其重视提升精英的道德修养,而不仅仅是赋予其精英的身份和地位。改革应该是全方位的,不仅仅是课程,而且涉及教育理念、教学过程和方式等。教师的现状尤其需要关注。当精英教育主体经常偏向对教师的学术水平作为聘用和考核的重要标准时，教师的道德水平往往被忽视。如果要培养道德高尚的精英，教师的道德水准更应该成为聘用和考核的重要标准之一，而不是作为一个可有可无的因素。必须设法奖励那些师德高尚的教师，惩罚师德败坏的教师。因为可能涉及个人偏见，要评价教师的品德说起来容易，做起来难。当前很多大学在评价教师的制度中开始涉及考察教师品德，因此，要改进这一制度并非高不可攀。但要与学术、教学成为同等重要的评价要素，似乎还遥不可及。如果社会发展被只有身份而无内在品质的精英主宰，后果不堪设想。

需要强调的是，即使精英教育的理念起源于西方，但中国精英的生命与生活，归根结底，是中国的，不是西方的。正如哈佛需要从西方文明中探寻全面发展学生人格的核心课程那样，我国究竟要培养具有怎样道德标准的精英，不能止于在西方精英教育理念中去寻求，更应从东方久远的历史文明中探寻。

2. 培养具有远大抱负的精英

在德国的研究型大学、英国的学院型大学或是法国的大学校，甚至在实用主义盛行的美国公立精英大学中，无论学习课程和教学大纲的具体内容是什么，差异如何之大，他们的精英教育具有一个共性，那就是通过亲密的师生关系向学生表明，他们“能够完成世界上一些重大的事情，他们可以做出重要的发现，他们可以领导重要的机构，影响他们国家的法律和政府，可以对知识做出实质性的改进。”[1]

在高等教育规模扩张进程中，无论哪个国家，精英教育的平庸化已经成为共同的挑战，也似乎很难重新寻回曾经的理想。但无论如何，精英教育的机构如果沦为一个精神荒芜的世俗之地，或者成为一个人心浮躁、追逐名利的市肆里巷，还有什么地方能够再拥有广阔而远大的气度？所以，尽管艰难，仍然要找回失去的精神岛屿，用近乎超凡脱俗的态度挡住世俗的诱惑。要让接受精英教育的学生清楚地知道，这个世界上如果没有具有抱负之人，再富庶的社会也会流于鄙俗，成为人欲横流、私心膨胀、良莠不分的名利场。人文学科重要价值的回归和通才教育的重塑对于培养学生超乎名利的伟大抱负极其重要，只有人文精神的熏陶才能弥补专业教育对人的束缚，才不会被那些琐碎之务宣兵夺主地占据未来精英们的内心，才能将学生引向思考人生的意义和对全人类负有的重大使命，而这才是真正的精英。

---

[1] 马万华.多样性与领导力——马丁·特罗论美国高等教育和研究型大学[C].北京：教育科学出版社，2011：50.

3. 培养心怀草根情结的精英

精英越是出众，社会地位越高，越是要回归大众群体。巴特摩尔认为，在发展中国家，“声名显赫的领袖的行动远不足以决定他们所参加的发展进程的形式并使这种发展获得成功。当然，精英和领袖人物一定是出类拔萃的，但是这远远不够。他们还必须真正代表占人口大多数的社会阶级的理想并为之不懈奋斗……”[1]

精英最终的抱负是改变社会，而社会终究还是大众的社会。一个真正民主的社会需要的是一群倡导为大众阶层代言的精英，因而精英教育不仅要教给学生获得成功所需的能力和技能，适应精英阶层的生活，还应教会他们正确的自我估价和定位，做一个能够与任何阶层的人们进行对话，能够反映普通民众利益和诉求的真实之人。真正的精英应该十分重视维系自己与广大民众之间的亲密关系。应该越是受到精英的教育、处于精英的地位，越看重自己与普通民众相融的能力。“当你享受着一年四万多美元的哈佛耶鲁教育时，你和家庭年收入还不够你一年的教育费用的老百姓就生活在两个世界中。你还能否超越自己精英生活的经验，回到老百姓中，改变他们的生活？这才是你能否成为社会领袖的关键。”[2]理想的精英教育应该要杜绝培养具有一种怪病的精英：那就是越是精英，就越想与普通民众划清界限，认为让自己凌驾于大众之上，才具有精英气势，才可以体现精英身份。如果未来的准精英们日益被包裹在一个将他们输送进精英阶层的庞大机制之中，那么“一些机会在被创造的同时，却有另外一些机会正在失去；一些能力获得发展的同时，别的能力也在消弱”。[3] 当精英教育将一个人引领进更高的阶层，也给学生灌输了一种高人一等的错觉，它让学生具有成为富人和名人的机会，但也同时使这些未来的精英疏远于他者，拿走了成为真实之人的机会。心怀远大抱负的人，无论身处怎样的环境，都会克服外在的阻碍；无论从事什么样的职业，都不会在乎正在做的事情是否有失体面。

二、促进精英教育承担主体的多样化

如前所述，与精英高等教育阶段不同的是，大众或普及高等教育阶段的精英教育承担主体不应仅限定于少数几所大学，但这并不意味着所有高等教育机构都应承担起精英人才培养的任务。对于如何发展多样化的精英教育，这一重大

---

[1] 巴特摩尔.平等还是精英[M].尤卫军，译.沈阳：辽宁教育出版社，1998：87.

[2] 薛涌.北大批判——中国高等教育有病[M].南京：江苏文艺出版社，2009：175.

[3] 威廉·德瑞斯维兹.精英教育的弊端[J].江苏高教，2009(7)：1.

难题，人为的划分和独断的臆想是不可取的，大学个体层面应该综合考量每所大学内部的历史和现状，高等教育系统层面精英教育与大众教育的平衡以及外部社会对精英人才在类型、数量、比例方面的需求，此外还应尝试建立新的精英教育机构来应对多样化趋势。

（一）筛选传统精英大学作为精英教育承担主体

精英高等教育阶段，大学作为一个完整的机构承担精英教育的职能，几乎不承担或极少承担大众教育的任务。随着高等教育规模扩张，大学承担了精英教育以外更多的其他职能。然而，大学精英主义的理想不应在规模扩张时代被放逐，重启精英主义理想是大学应该承担的使命。所以，如何在新时代重新确立若干大学作为精英教育机构尤为迫切。

如今的精英大学与一流大学几乎同义，在一流大学的认定上基本以世界公认排行榜为依据，所以这里的精英大学是综合当前最具影响力的世界三大排行榜（THE、QS、ARWU）的统计而筛选出来的。目前，我国有 7 所大学进入三大排行榜的前两百强，它们分别是北京大学、清华大学、中国科技大学、复旦大学、南京大学、上海交通大学、浙江大学（见表 5.1）。因此，这些大学可以称为当前我国的精英大学。它们在人才培养定位上，应该心无旁骛地承担起精英人才培养的使命。而且，除中国科技大学成立于建国后，其他 6 所大学均具有精英主义理想的悠久历史和深厚底蕴，一直以来就是我国培养精英人才的重要机构，虽然在它们的发展历程中经历了各种变革，但源头可以追溯至清末的新式学堂。鉴于此，它们应遵循并保护其固有传统和使命，重塑精英教育理想和重启精英教育职能。

这些大学进入排行榜前两百强，并不意味着它们在精英人才培养方面一定是卓越的。作为精英教育机构，必须将已有的优势转化成教育上的优势。我国现在的精英大学都是研究型、综合性的大学，但北大不能变成清华，每所大学应该培养具有个性化和特色化的精英。麻省理工学院擅长造就工程领域的精英，哈佛大学有史以来就是培养政治家的摇篮，剑桥大学以培养物理学领域的精英而名扬天下，牛津大学的数学学科举世公认。这些世界一流大学各有千秋，很难简单地比较其中两所大学的长短高下。从根本上说，一流大学同时也应该是特色大学。我国的精英大学也应该在审视传统和环境的基础上，找到自己应有的精英教育特色。

表Ⅰ　当前均进入世界三大排行榜前五百强的中国大学名单

序号	大学名称	大学在 THE 中的排名(2020 年)	大学在 QS 中的排名(2020 年)	在 ARWU 中的排名(2019 年)
1	北京大学	24	22	54
2	清华大学	23	16	43
3	中国科学技术大学	80	89	101～150
4	复旦大学	109	40	101～150
5	南京大学	144	120	151～200
6	上海交通大学	157	60	82
7	浙江大学	107	54	70

资料来源：World University Rankings.［EB/OL］. https://www. timeshighereducation. com/search?search=%09Harbin%20Institute%20of%20Technology%09.［2020－04－24］；QS World University Rankings.［EB/OL］. https://www. qschina. cn/university-rankings/world-university-rankings/2020.［2020－04－24］；Academic Ranking of World Universities 2016.［EB/OL］. http://www. shanghairanking. com/ARWU2019.html.［2020－04－24］.

（二）在选择型大学内部发展精英教育的独立层次或特殊单元

选择型大学的概念是由克拉克·克尔提出的，这里的选择型大学主要指我国在某一个或某几个排行榜中进入前五百强的大学。它们虽在综合实力上不及上述 7 所精英大学，但在某些学科或或专业领域具有传统积淀和显著优势，甚至强于一些精英大学。所以可以在这些选择型大学内部分化出一个高度选择型层次或特殊单位。在我国已经开始尝试分化这样的特殊单位。例如，南京大学的匡亚明学院、浙江大学的竺可桢学院、复旦大学的复旦学院等，它们的目的是优中选优。精英大学作为一个精英教育的整体，无论在特殊单位内部或外部，都定位于精英人才的培养，只是培养的精英类型和方式有所区别。选择型大学的内部则是为了与大学的其他部分进行功能上的区分，分化出某个层次或特殊单位承担精英教育的功能，而大学的其他部分则可能承担的是大众教育职能。为了避免两种不同功能之间的混乱，防止这些大学向精英大学的趋同化现象，应该采取措施，防止在所有学科都培养精英或者某学科的所有学生都一定要成为精英的教育目的和行为。鼓励和支持这些大学在优势学科和专业的发展，尤其在评价环节应对人才培养质量进行过程性和差异化的监督和考评，而不是以偏概全。

长远来看，大学是在不断发展的，而且必须要不断发展，所以并不排除这些选择型大学具有成为精英大学的潜力。事实上，以我国高等教育系统的体量来看，仅有 7 所精英大学并不够。防止选择型大学的盲目趋同并不意味着阻碍它们的发展，而是要使这些大学优势化发展。

（三）建立新的精英教育主体

由于大学固有的惰性，有时在外部重新建立新的大学要比在原有大学内部进行改革来得容易。适度建立若干所新型的精英大学，不失为一种捷径。可以创造有利的外部条件，尝试性地创办私立精英大学、非研究型的精英大学或者培养技术精英的专门院校。或者在原有大学内部探索新的特殊部门或非组织化的形式。当前我国已经效仿美国的荣誉项目发展出本科精英学院这样一个特殊的部门，还效仿德国启动了卓越人才培养计划，但都出现了一些发展的瓶颈。近年来，我国一些学校正在尝试从我国的传统书院中汲取营养，建立书院制的精英教育。另外，也有一些新的以培养精英人才为目标的大学成立，例如西湖大学。无论其效果如何，不断地试验与探索新的精英教育形式是有益的，关键是要在行动之前对内外部环境做充分的调研和周全的考量。

三、加强精英教育主体之间的关联度

精英教育系统是一个具有多样性，内部各类精英教育主体之间互相关联的整体。各种教育主体都是精英教育系统中的一个要素，任何将精英教育系统拆解开来，分析内部单个教育主体如何能够获得成功的思路，都是极其局限的。每个要素都不能代替整体发挥其功能，正如不能将任何一个整体随意地进行拆解。不能孤立地看待精英教育子系统中的任何一个组成要素，各种要素之间具有千丝万缕的关系，而正是这些复杂的关系形成的结构，最终决定着精英教育系统的好与坏。因此，要形成一个高质量的精英教育系统，必须注重各种要素的个体质量，也必须形成高质量的关系网，只有这样才能发挥系统的整体性能量，而不是简单地堆砌。

（一）重视精英大学内部本科层次与研究生层次之间的关联度

在规模有限的高等教育系统中，精英大学内部能够反映本科层次与研究生层次关系的，就是从本科生中挑选优秀的学生进入研究生教育。规模扩张到一定程度以后，本科和研究生层次之间的关系就更加复杂。就培养的结果而言，除了学生的继续学习使两者产生关联外，反之，从研究生层次对本科层次的单向度作用来看，优秀研究生毕业后有可能留校作为本科层次的教师。另外，在培养过程中，教师、课程、教学方式、教育理念等，凡是与教育相关的要素，都应考虑两者之间的关联性。如果为了提高本科教育质量，控制本科层次的招生人数，而增加研究生层次的学生规模。实质上，这是将两个层次作为不相关的部分来对待。如果从两者在过程中发生的关系来看，研究生层次的规模和质量仍然会从很多方面影响到本科层次的教育质量。

（二）加强精英教育主体与其他教育活动间的关联度

无论以何种形式存在的精英教育主体，虽然其目的是精英人才培养，但都不是孤立存在的。一般情况下，如果是以精英教育为目的的，那么人们的聚焦点往往只关注它对“拔尖人才”或“优秀人才”的培养上。事实上，它不可能是高等教育系统中的“孤岛”，它必然要同所在的教育活动发生联系。如果它是大学本科教育中具有动力性作用的一部分，还会对整体的本科教育及其改革发挥特殊的作用。诚如詹姆斯·克劳斯在《荣誉教育惠及所有学生》一文中所提出的问题：荣誉教育的目标难道不是面向所有大学生的教育追求吗？荣誉教育在大学本科教育中的存在，不仅对培养拔尖学生或优秀学生有特定意义和作用，而且对整个本科教育活动有着特殊的意义，发挥着特殊的作用。[1] 这一观点对我国现在正进行的本科精英学院实验有着十分重要的启示意义。当前，之所以本科精英学院的实践遭遇到的一些困惑，与创办和发展过程中没有将其作为与整个大学和其他学院互相关联的一部分来考虑有极大关系。

（三）建立精英大学之间的互助关系

精英大学之间既是互相竞争的关系，也可以是相扶相携的互助型关系。确立精英大学之间的互助关系可以使一所大学带动另一所大学的快速成长。例如，耶鲁对伯克利的影响主要是因为学缘关系。1853 年建立的加利福尼亚学院，不仅创始人主要来自耶鲁，就连课程设置也是以耶鲁大学为榜样，重视古典课程。其后与加州农业、矿业和机械学院合并成立加州大学后，第一任校长杜兰特也出身于耶鲁。[2] 可以说，伯克利大学在成立最初是由耶鲁大学带动的，没有当时的耶鲁就没有今天的伯克利。有鉴于此，我国可以在已有精英大学的协助下，建立新的精英大学，也可以在目前的若干所精英大学之间形成优势互补的合作共赢关系。某一特定区域内精英大学之间的互助关系还可以形成一个精英教育机构集群，通过资源整合，可以发挥个别大学所无法起到的整合性力量。

四、促进高等教育系统分层和职能分化

如果要防止多样化导致的机构间趋同以及职能混乱，就要形成一个层次分明的高等教育系统。大众或普及高等教育阶段，精英教育产生于分化的高等教

---

[1] JJ Clauss. The benefits of Honors Education for all college students [J].Journal of the National Collegiate Honors Council,2011(2):95.

[2] 谷贤林.一流大学之路:加州大学伯克利发展研究[J].清华大学教育研究,2005(4):67.

育系统,没有分化的高等教育系统就不能产生一个功能明确的精英教育机构,也就无法具有明确培养精英人才的主体。因而,在高等教育系统中分化出的若干个功能明确的层次实行精英教育职能,是十分必要的。

(一) 通过自由竞争明确高等教育系统的功能划分

高等教育规模扩张带来的一个巨大挑战就是:大众教育渗透到传统的精英高等教育系统中,关于"什么任务分配给大学和什么高等教育职能安置在什么类型的高等教育机构"的问题,[1]变得越发模糊不清。如果要划分出明确的精英教育培养层次,那么就要对整个高等教育系统进行功能的明确划分。层次的分化固然重要,但有时只是表面的、形式上的、暂时性的。例如我国的高等教育系统中分化出研究型大学、研究教学型大学、教学研究型大学等层次,但由于没有对每个层次的具体职能进行明确定位,导致低层次的高等教育向高层次的同化现象。因而,明确的职能定位尤其重要。这里的职能是指培养人才的大学职能,职能的分化就是指某一类或者某个高等教育机构应该为什么样的学生提供什么样的教育。

促进系统分层和职能分化既需要外部的适度干预,也需要提供自由的竞争环境。自由的竞争环境是精英教育机构形成的必要条件。控制模式的高等教育管理体制中,一所大学的好坏并不是由市场来决定的,而是由国家层面主观认定的,那么,高等教育系统很难拥有自由竞争的外部环境,甚至不需要竞争,往往不利于系统的分层和职能的分化。反之,自由的竞争环境将促使职能的进一步分化。因为自由竞争环境下,院校迫于生存和发展的压力,例如更好的生源、更出色的师资、更良好的声誉等,会通过努力甄别自身的优势从而明确定位,其中培养什么样的人是最为核心的定位。自由竞争要求高等院校享有高度的自主权,并允许它们利用自己的力量,克服自身的弱点。

(二) 通过上层干预和监督促进职能分化

尽管自由竞争十分重要,但并不存在绝对自由的竞争,适度干预和监督是必要的。国家的干预是现代高等教育无法避免的命运,尤其对那些与国家的盛衰息息相关的精英教育而言,因而即使在美国,竞争也是基于外部的适当干预和监督之下的竞争。美国加州高等教育系统在发生趋同现象时,就是通过州的立法来强行对各类公立高等教育机构的职能进行规定的。因此,采取宏观的监督和干预,通过必要的手段来促进系统的分层和职能的分化是必要的。

---

[1] 弗兰斯·F. 范富格特.国际高等政策比较研究[M].王承绪,等译.杭州:浙江教育出版社,2001:400.

在这方面我国目前更多地采用资源的优先配置来试图发展出系统的最高层次，但是，要更加关注这个层次在精英人才培养职能上所取得的成效。另外，还要通过必要的干预控制低层次的部分向上趋同的问题。对于那些无门槛的大众教育机构，使其发展成为一个精英大学，或者在其内部专门形成一个精英教育的层次或特殊部门，都是不太现实的做法，它们的职能应该是普及高等教育，满足更多人接受高等教育的需要。如克尔所言，“现代高等教育系统的一个必不可少的原则是功能的分化，从功能的分化接着就是财政资助的分化和管理的分化……一个有效的现代高等教育系统必须以一种方式或另一种方式分化它的构成院校。”[1]

抑制向上趋同也并不意味着这类大众教育机构与精英教育毫无关系。不同层次机构之间不是绝对隔离的关系，处于同一个系统中的机构之间是密切关联的。以大众教育为主要职能的机构，可以为有潜力的优秀学生提供一个特殊的上升通道。在共生理论视角下，如果大众教育能够与精英教育发生共生的关系，还可以促使精英大学更快地成长。所以应该在大众教育机构与精英教育机构之间创设一个衔接的机制，使大众教育和精英教育可以在一定条件下相互转化，发生有效的联结和互动。

[1] 克拉克·克尔.高等教育不能回避历史——21世纪的问题[M].杭州：浙江教育出版社，2002.86.

参考文献

一、著作

[1] 巴特摩尔.平等还是精英[M].尤卫军,译.沈阳:辽宁教育出版社,1998.

[2] 威廉·亨利.为精英主义辩护[M].胡利平,译.南京:译林出版社,2000.

[3] 克拉克·克尔.高等教育不能回避历史——21 世纪的问题[M].王承绪,译.杭州:浙江教育出版社,2001.

[4] 斯坦利·阿罗诺维兹.知识工厂——废除企业型大学并创建真正的高等教育[M].郑跃平,等,译.北京:高等教育出版社,2012.

[5] 冈尼拉·达尔伯格等.超越早期教育保育质量:后现代视角[M].朱家雄,等,译校.上海:华东师范大学出版社,2005.

[6] 德雷克·博克.回归大学之道[M].侯定凯,等,译.上海:华东师范大学出版社,2012.

[7] 全球大学创新联盟.2007 年世界高等教育报告:高等教育的质量保证[M].杭州:浙江大学出版社,2009.

[8] 德拉高尔朱布·纳伊曼.世界高等教育的探讨[M].令华,严南德,译.北京:教育科学出版社,1982.

[9] 休·戴维斯·格拉汉姆,南希·戴蒙德.美国研究型大学的兴起——战后年代的精英大学的挑战者[M].张斌贤,等,译.保定:河北大学出版社,2008.

[10] 哈瑞·刘易斯.失去灵魂的卓越:哈佛是如何忘记教育宗旨的[M].侯定凯,译.上海:华东师范大学出版社,2012.

[11] 全球大学创新联盟.2007 年世界高等教育报告:高等教育的质量保证[M].杭州:浙江大学出版社,2009.

[12] 德里克·博克.美国高等教育[M].乔佳义,译.北京:北京师范大学出版社,1991.

[13] 乌尔里希·泰希勒.迈向教育高度发达的社会[M].肖念,等,译.北京:科学出版社,2014.

[14] 卡尔·雅思贝尔斯.大学之理念[M].邱立波,译.上海:上海世纪出版集团,2007.

[15] 赫尔穆特·施密特.全球化与道德重建[M].柴方国,译.北京:社会科学文献出版社,2001.

[16] 米切尔·哈特曼.精英与权力[M].霍艳芳,译.北京:中国社会科学出版社,2011.

[17] 维尔弗雷多·帕累托.精英的兴衰[M].刘北成,译.上海:上海人民出版社,2003.

[18] 布鲁贝克.高等教育哲学[M].王承绪,等,译.杭州:浙江教育出版社,2002.

[19] 罗纳德·巴尼特.高等教育理念[M].蓝劲松,主译.北京:北京大学出版社,2012.

[20] 麻生诚.英才的形成与教育[M].王桂,等,译.吉林:吉林人民出版社,1982.

[21] 大卫·帕尔菲曼.高等教育何以为高[M].冯青来,译.北京:北京大学出版社,2011.

[22] 戴维斯,里姆.英才教育[M].杨庭郊,等,译.北京:新华出版社,1992.

[23] 奥尔特加·加塞特.大学的使命[M].徐小洲,等,译.杭州:浙江教育出版社,2001.

[24] 安东尼·史密斯,弗兰克·韦伯斯特.后现代大学来临?[M].侯定凯,等,译.北京:北京大学出版社,2014.

[25] 艾伦·B·科班.中世纪大学:发展与组织[M].周常明,等,译.济南:山东教育出版社,2013.

[26] 海斯汀·拉斯达尔.中世纪的欧洲大学——大学的起源[M].崔延强,等,译.重庆:重庆大学出版社,2011.

[28] 迈克·富兰变革的力量——透视教育改革[M].北京:教育科学出版社,2000.

[27] 亚瑟·科恩.美国高等教育通史[M].北京:北京大学出版社,2010.

[29] 弗来克斯纳.现代大学论[M].徐辉,等,译.杭州:浙江教育出版社,2001.

[30] 海斯汀·拉斯达尔.中世纪的欧洲大学——博雅教育的兴起[M].重庆:重庆大学出版社,2011.

[31] 天野郁夫.日本高等教育改革:现实与课题[M].陈武元,等,译.厦门:厦门大学出版社,2014.

[32] 伯顿·克拉克.探究的场所——现代大学的科研和研究生教育[M].王承绪,译.杭州:浙江教育出版社.2001.

[33] 菲利普·G.阿特巴赫.高等教育变革的国际趋势[M].蒋凯,译.北京:北京大学出版社,1999.

[34] 克拉克·克尔.大学的功用[M].陈学飞,等,译.南昌:江西教育出版社,1993.

[35] 罗斯·格雷戈里·多塞特.特权:哈佛与统治阶层的教育[M].珍栎,译.北京:生活·读书·新知三联书店,2014.

[36] 冈尼拉·达尔伯格等.超越早期教育保育质量:后现代视角[M].朱家雄,等,译校.上海:华东师范大学出版社,2005.

[37] 安德鲁·德尔班科.大学:过去、现在与未来[M].范伟,译.北京:中信出版社,2014.

[38] 哈瑞·刘易斯.失去灵魂的"卓越"[M].侯定凯,译.上海:华东师范大学出版社,2012.

[39] 杰罗姆·卡拉贝尔.被选中的:哈佛、耶鲁和普林斯顿的入学标准秘史[M].谢爱磊,等,译.北京:中国人民大学出版社.2014.

[40] 凯·尼尔森.平等与自由[M].傅强,译.北京:中国人民大学出版社,2015.

[41] 约翰·罗尔斯.正义论[M].何怀宏,等,译.北京:中国社会科学出版社,1988.

[42] 哈佛委员会.哈佛通识教育红皮书[M].李曼丽，译.北京：北京大学出版社，2010.

[43] 威廉·德雷谢维奇.优秀的绵羊[M].林杰，译.北京：九州出版社，2016.

[44] 布尔迪厄.国家精英——名牌大学与群体精神[M].杨亚平，译.北京：商务印书馆，2004.

[45] 蒂埃里·布鲁克文.精英的特权[M].赵鸣，译.海口：海南出版社，2016.

[46] 米切尔·哈特曼.精英与权力[M].霍艳芳，译.北京：中国社会科学出版社，2011.

[47] 卡尔·曼海姆.文化社会学论集[M].郑也夫，等，译.沈阳：辽宁教育出版社，2003.

[48] 米尔斯.权力精英[M].许荣，译.南京：南京大学出版社，2004.

[49] 德拉高尔朱布·纳伊曼.世界高等教育的探讨[M].令华，等，译.北京：教育科学出版社，1982.

[50] 弗里德里希·包尔生.德国大学与大学学习[M].张弛，等，译.北京：人民教育出版社，2009.

[51] 莫顿·凯勒，菲利斯·凯勒.哈佛走向现代——美国大学的崛起[M].史静寰，等，译.北京：清华大学出版社，2007.

[52] 纽曼.大学的理想[M].何曙荣，等，译.杭州：浙江教育出版社，1999.

[53] 罗伯特·M·赫钦斯.美国高等教育[M].汪利兵，译.杭州：浙江教育出版社，2001.

[54] 欧内斯特·博耶.美国大学生的就读经验[M].李长兰，等，译.北京：北京师范大学出版社，1993.

[55] 帕克·罗斯曼.未来高等教育：终生学习与虚拟空间[M].范怡红，主译.青岛：中国海洋大学出版社.2006.

[56] 詹姆斯·杜德斯达，弗瑞斯·沃马克.美国公立大学的未来[M].刘济良，译.北京：北京大学出版社，2006.

[57] 查尔斯·维斯特.麻省理工学院如何追求卓越[M].蓝劲松，主译.北京：北京大学出版社，2013.

[58] 香山健一.为了自由的教育改革[M].刘晓民，译.北京：高等教育出版社，1990.

[59] 约翰·奥伯利·道格拉斯.加利福尼亚思想与美国高等教育[M].周作宇，译.北京：教育科学出版社，2008.

[60] 欧内斯特·博耶.美国大学教育：现状·经验·问题及对策[M].复旦大学高等教育研究所，译.上海：复旦大学出版社，1988.

[61] 希尔德·德·里德-西蒙斯.欧洲大学史(第三卷)[C].张斌贤，等，译.保定：河北大学出版社，2007.

[62] 弗兰斯·F·范富格特.国际高等教育政策比较研究[C].王承绪，等，译.杭州：浙江教育出版社，2001.

[63] 爱德华·希尔斯.学术的秩序：当代大学论文集[C].李家永，译.北京：商务印书馆，2007.

[64] 乔伊·帕尔默.教育究竟是什么[C].诸惠芳，等，译.北京：北京大学出版社，2008.

[65] 菲利普·G·阿特巴赫.为美国高等教育辩护[C].别敦荣,等,译.青岛:中国海洋大学出版社,2007.

[66] 菲利普·G·阿特巴赫.比较高等教育:知识、大学与发展[C].人民教育出版社教育室,译.北京:人民教育出版社,2001.

[67] 伯顿·克拉克.高等教育新论——多学科的研究[C].王承绪,等,译.杭州:浙江教育出版社.2001.

[68] 马万华.多样性与领导力——马丁·特罗论美国高等教育和研究型大学[C].北京:教育科学出版社.2011.

[69] 菲利普·G·阿特巴赫等.21 世纪的美国高等教育——社会、政治、经济的挑战(第2 版)[C].蒋凯主,译.青岛:中国海洋大学出版社,2007.

[70] 希尔德·德·里德-西蒙斯.欧洲大学史(第一卷)[C].张斌贤,等,译.保定:河北大学出版社,2007.

[71] 大卫·帕尔菲曼.高等教育何以为"高"[C].冯青来,译.北京:北京大学出版社,2011.

[72] 教育部国家教育发展研究中心组.美国加利福尼亚州高等教育总体规划[C].王道余,译.周满生,校.北京:人民教育出版社,2005.

[73] 朱易.美国常春藤名校校长演说精选[C].王建华,等,译.南昌:江西人民出版社,2009.

[74] 埃德加·莫兰.复杂性理论与教育问题[M].陈一壮,译.北京:北京大学出版社,2004.

[75] 世界银行/联合国教科文组织高等教育与社会特别工作组.发展中国家的高等教育:危机与出路[G].蒋凯主,译.北京:教育科学出版社,2000.

[76] 周满生,吕达.发达国家教育改革的动向和趋势(第七集)——美国、英国、德国、日本、法国、俄罗斯、澳大利亚 2000—2003 年教育改革文件和报告选编[G].国家教育发展研究中心组,译.北京:人民教育出版社,2003.

[77] 郑登云.中国高等教育史(上册)[M].上海:华东师大出版社,1994.

[78] 沈文钦.西方博雅教育思想的起源、发展和现代转型:概念史的视角[M].广州:广东高等教育出版社,2011.

[79] 龚怡祖.论大学人才培养模式[M].南京:江苏教育出版社,1999.

[80] 杨福家.从复旦到诺丁汉[M].上海:上海交通大学出版社,2013.

[81] 贺国庆.还原大学[M].合肥:安徽教育出版社,2012.

[82] 朱琦.古希腊的教化——从荷马到亚里士多德[M].成都:西南交通大学出版社,2014.

[83] 涂又光.中国高等教育史论[M].武汉:华中科技大学出版社,2014.

[84] 曲士培.中国大学教育发展史[M].北京:北京大学出版社,2006.

[85] 殷企平.英国高等科技教育[M].杭州:杭州大学出版社,1995.

[86] 周常明.牛津大学史[M].上海:上海交通大学出版社,2012.

[87] 刘亮.剑桥大学史[M].上海:上海交通大学出版社,2012.

[88] 扈中平.教育目的论[M].武汉:湖北省教育出版社,1997.

[89] 陈学飞.美国高等教育发展史[M].成都:四川大学出版社,1989.

[90] 陈学飞.美国、德国、法国、日本当代高等教育思想研究[M].上海:上海教育出版社,1998.

[91] 卢增绪.高等教育问题初探[M].台湾:南宏图书有限公司,1922.

[92] 胡建华等.高等教育新论[M].南京:江苏教育出版社,1998.

[93] 贺国庆.德国与美国大学发达史[M].北京:人民教育出版社,1998.

[94] 金耀基.大学之理念[M].北京:生活·读书·新知三联书店,2001.

[95] 董宝良.中国近现代高等教育史[M].上海:华中科技大学出版社,2007.

[96] 刘少雪.中国大学教育史[M].太原:山西教育出版社,2007.

[97] 甘阳.中国大学改革之道[M].上海:人民出版社,2004.

[98] 薛涌.北大批判——中国高等教育有病[M].南京:江苏文艺出版社,2009.

[99] 熊明安.中国高等教育史[M].重庆:重庆出版社,1988.

[100] 舒新城.中国近代教育史资料[M].北京:人民教育出版社,1981.

[101] 薛涌.美国是如何培养精英的[M].北京:新星出版社,2005.

[102] 杨福家.从复旦到诺丁汉[M].上海:上海交通大学出版社,2013.

[103] 朱九思.朱九思全集[M].武汉:华中科技大学出版社,2014.

[104] 汪丁丁.教育是怎样变得危险起来的[M].北京:中央广播电视大学出版社,2012.

[105] 刘海峰,史静寰.高等教育史[M].北京:高等教育出版社,2010.

[106] 瞿葆奎.教育制度[M].北京:人民教育出版社,1990.

[107] 曹孚等.外国古代教育史[M].北京:人民教育出版社,1981.

[108] 黄福涛.外国高等教育史[M].上海:上海教育出版社,2003.

[109] 张斌贤.外国教育思想史[M].北京:高等教育出版社,2007.

[110] 黄福涛.外国高等教育史(第二版)[M].上海:上海教育出版社,2008.

[111] 潘懋元.中华高等教育改革国际学术研讨会论文集[G].厦门:厦门大学出版社,2003.

[112] 国家教育发展与政策研究中心.发达国家教育改革的动向和趋势——美国、苏联、日本、法国、英国 1981—1986 年期间教育改革文件和报告选编[G].北京:人民教育出版社,2003.

[113] 张应强.精英与大众——中国高等教育 60 年[G].杭州:浙江大学出版社,2010.

[114] 刘英杰.中国教育大事典[G].杭州:浙江教育出版社,1993.

[115] 秦惠民.学位与研究生教育大辞典[G].北京:北京理工大学出版社,1994.

[116]《中国教育年鉴》编辑部.中国教育年鉴[G].长沙:湖南教育出版社,1982.

[117]《中国教育年鉴》编辑部.中国教育年鉴(1999)[G].北京:人民教育出版社,1999.

[118] 中国学位与研究生教育发展报告课题组.中国学位与研究生教育发展报告(1978—

2003)[G].北京:高等教育出版社.2006.

[119] 罗杰·金.全球化时代的大学[M].赵卫平,主译.杭州:浙江大学出版社,2008.

[120] 威廉·墨菲.D.J.R.布鲁克纳.芝加哥大学的理念[M].彭阳辉,译.上海:上海人民出版社,2007.

[121] 王晨,张斌贤.大学:社会分层与社会流动[M].北京:北京师范大学出版社,2007.

[122] 王琪,程莹,刘念才.世界一流大学:共同的目标[M].上海:上海交通大学出版社,2013.

[123] 周琪.当代西方社会结构[M].北京:中国社会科学出版社.1995.

二、论文

[1] 王建华.大学理想与精英教育[J].清华大学教育研究,2010(4).

[2] 王建华.从高等教育质量到高质量的高等教育——在高等教育领域内我们应该怎样谈质量[J].江苏高教,2015(11).

[3] 王建华.什么是高等教育[J].高等教育研究,2012(9).

[4] 马丁·英斯.国际化视角下的德国“卓越计划”[J].清华大学教育研究,2009(6).

[5] 周川.中国高等教育管理体制改革的政策分析[J].高等教育研究,2009(8).

[6] 马丁·特罗.从精英到大众再到普及高等教育的反思:二战后现代社会高等教育的形态与阶段[J].徐丹、连进军,译,谢作栩,校.大学教育科学,2009(3).

[7] 马丁·特罗.从精英向大众高等教育转变中的问题[J].王香丽,译.外国高等教育资料,1999(1).

[8] 沈登苗.双重断裂的代价:新中国为何出不了诺贝尔自然科学奖获得者之回答(之二)[J].社会科学论坛.2011(7).

[9] 沈登苗.双层断裂的代价:新中国为何出不了诺贝尔自然科学奖获得者之回答(之一)[J].社会科学论坛.2011(7).

[10] 潘懋元.精英教育与大众高等教育应统筹、协调发展[J].教育研究,2004(1).

[11] 马陆亭.论新时期多样性的精英教育质量观[J].中国高教研究,2007(12).

[12] 朱清时.建设一流大学值得重视的几个问题[J].清华大学教育研究,2003(3).

[13] 朱清时.一流大学要培养出一流人才[J].求是,2001(23).

[14] 邬大光.高等教育大众化理论的内涵与价值——与马丁·特罗教授的对话[J].高等教育研究,2003(6).

[15] 金一超,鲍健强.精英人才培养的理论研究[J].浙江工业大学学报(社会科学版),2006(1).

[16] 郑文.大众化背景下精英教育的人才培养模式解读[J].中国高等教育,2008(12).

[17] 程孝良.大众化背景下研究生精英人才培养理念、模式与制度创新[J].中国高教研究,2010(6).

[18] 邹晓平.精英教育与大众高等教育:两个体系的解读[J].高等教育研究,2005(7).

[19] 雷晓云.精英教育:一个仍需关注的课题——兼论精英与精英教育的质的规定性[J].现代大学教育,2001(4).

[20] 李仙飞.中国建设世界一流大学研究综述[J].清华大学教育研究,2005(2).

[21] 刘宝存.世界一流大学发展模式的个性化选择[J].比较教育研究,2007(6).

[22] 谷贤林.比较视野中的中国一流大学建设[J].比较教育研究,2001(5).

[23] 王义遒.建设世界一流大学究竟靠什么[J].高等教育研究,2011(1).

[24] 杨德广.培养拔尖创新人才应克服体制性和制度性障碍[J].中国高教研究,2006(12).

[25] 刘道玉.论一流大学的功能定位[J].高教探索,2010(1).

[26] 潘懋元,邬大光.世纪之交中国高等教育办学模式的变化与走向[J].教育研究,2001(3).

[27] 刘献君.人才培养模式的内涵、制约与出路[J].中国高等教育,2009(12).

[28] 周光礼.世界一流大学的特质[J].中国高等教育,2010(12).

[29] 侯定凯.一流大学与一流教育之间的距离——《失去灵魂的卓越》引起的思考[J].复旦教育论坛,2008(1).

[30] 白春章.陈其荣.张慧洁.拔尖创新人才成长规律与培养模式研究述评[J].教育研究,2012(12).

[31] 刘洋.矛盾价值取向的共赢——解读美国精英教育与大众高等教育[J].国家教育行政学院学报,2007(7).

[32] 王春春.美国文理学院卓越本科教育的制度保障.以麦克莱斯特学院为例[J].中国高教研究,2010(10).

[33] 雷洪德.美国文理学院:变革中的精英高校[J].高等教育研究,2013(10).

[34] 陈超.维持世界卓越:“美国竞争力计划”与“综合国家战略”[J].清华大学教育研究,2008(6).

[35] 张帆.德国大学“卓越计划”述评[J].比较教育研究,2007(12).

[36] 孔捷.从平等到卓越.德国大学卓越计划评析[J].现代大学教育,2010(3).

[37] 马陆亭.论新时期多样性的精英教育质量观[J].中国高教研究,2007(12).

[38] 刘海燕.大众化教育进程中精英教育的重新审视[J].复旦教育论坛,2003(4).

[39] 谢幼如.新型教字模式的研究[J].电化教育研究,2000(1).

[40] 李如密.关于教学模式若于理论问题的探讨[J].课程·教材·教法,1996(4).

[41] 徐国栋.修辞学校在罗马的兴起与罗马的法学教育[J].河北法学,2013(12).

[42] 沈丽丽.大学校:法国高等教育多样化发展中的精英取向[J].世界教育信息,2007(11).

[43] 邹晓平.精英高等教育与大众高等教育:两个体系的解读[J].高等教育研究,2005(7).

[44] 张曙光.论妥协[J].读书,1995(3).

[45] 万秀兰.美国社区学院的转学教育[J].比较教育研究,2004(3).

[46] 袁纯清.共生理论及其对小型经济的应用研究(上)[J].改革,1998(3).

[47] 冯峰.产学研合作共生现象分类与网络构建研究——基于质参量兼容的扩展Logistic模型[J].科学与科学技术管理,2013(2).

[48] 王英杰.在创新与传统之间——斯坦福大学的发展道路[J].北京大学教育评论,2004(3).

[49] 别敦荣,张征.斯坦福大学的教育理念及其启示[J].国家教育行政学院学报,2011(4).

[50] 威廉·德瑞斯维兹.精英教育的弊端[J].江苏高教,2009(4).

[51] 司马云杰.价值合理性与目的工具合理性[J].社会学研究,1995(6).

[52] 李泽厚,刘再复.关于教育的两次对话[J].东吴学术,2010(11).

[53] 卢晓中.布鲁贝克的高等教育哲学观评析[J].现代教育论丛,2000(2).

[54] 朱永新.中国教育:从原点再出发[J].读书,2011(7).

[55] 王胜今,赵俊芳.我国高等教育大众化十年盘点与省思[J].高等教育研究,2009(4).

[56] 邬大光.高等教育大众化理论的内涵与价值——与马丁·特罗教授的对话[J].高等教育研究,2003(11).

[57] 刘道玉.被异化了的中国博士教育[J].学习月刊,2010(1).

[58] 陈向明.从北大元培计划看通识教育与专业教育的关系[J].北京大学教育评论,2006(7).

[59] 邹晓东.从混合班到竺可桢学院——浙江大学培养拔尖创新人才的探索之路[J].高等工程教育研究,2010(1).

[60] 王建华.人性、道德与教育[J].教育研究与实验,2013(4).

[61] 谷贤林.一流大学之路:加州大学伯克利发展研究[J].清华大学教育研究,2005(4).

[62] 杨东平.关于“钱学森之问”的遐思[J].大学(学术版),2010(1).

[63] 叶祝弟.中国亟需一场全方位的教育体制改革——探寻“钱学森之问”的解决路径[J].探索与争鸣,2010(3).

[64] 石中英.自由教育三题[J].湖南师范大学教育科学学报,2003(1).

[65] 沈文钦.自由教育与美好生活——施特劳斯学派自由教育观述评[J].北京大学教育评论,2006(1).

[66] G·卡斯帕尔.斯坦福大学的成功之道[J].高等教育研究,1999(3).

[67] 关正夫.日本高等教育的现状和改革动向[J].上海高教研究,1991(1).

[68] 菲利普·G·阿特巴赫.蒋凯译.高等教育的发展模式[J].现代大学教育,2001(1).

[69] 陈金江.中国大学本科精英学院运行模式研究——基于多案例的分析[D].武汉:华中科技大学,2010.

[70] 王春春.美国精英文理学院研究——麦克莱斯特学院的文化人类学研究[D].武汉:华中科技大学,2009.

[71] 韩映雄.高等教育质量精细分析[D].上海:华东师范大学,2003.

[72] 杨平.时代对传统高等教育的冲击及一个美国大学校长的反应[J].上海高教研究,1990.

[73] 闫凤桥,闵维方.从国家精英大学到世界一流大学:基于制度的视角[J].北京大学教育评论,2017(2).

[74] 李曼丽,汪永铨.关于“通识教育”概念内涵的讨论[J].清华大学教育研究,1999(1)

三、英文资料

[1] David Palfreyman , Ted Tapper ,Structuring Mass Higher Education: The Role of Elite Ins-titutions[M].New York:Routledge,2010.

[2] Jarausch,Konrad H.(Ed.).The Transformation of Higher Learning 1860—1930:Expansion,Div-ersification,Social Opening and Professionalization in England,Germany,Russia and the Unit-ed States[M].Stuttgart:Klett-Cotta,1982.

[3] Martin Trow.Elite Higher Education An Endangered Species? [J].Minerva,1976(3).

[4] Guy R.Neave.Elite and Mass Higher Education in Britain:A Regressive Model? [J].Compar-ative Education Review,1985(3).

[5] Alicia C.Dowd.Transfer Access From Community Colleges and the Distribution of Elite Higher Education[J].The Journal of Higher Education,2008(4).

[6] Gareth Williams,Ourania Filippakou.Higher Education and UK Elite Formation in the Tw-entieth Century[J].High Education,2010(1).

[7] Qiang Zha.Diversification or Homogenization:How Governments and Markets Have Com-bined to (Re) shape Chinese Higher Education in its Recent Massification Process[J].HigherEducation,2009(1).

[8] Wang Hsiou-Huai.The Dilemma and Solutions for the Conflicts Between Equality and E-xcellence in the Massification of Higher Education in Taiwan[J].Chinese Education and Society, 2012(5).

[9] Enserink M.Who Ranks the University Rankers? [J].Science,2007(5841).

[10] David W.Breneman.The Challenges Facing California Higher Education.[J/OL].http://files.eric.ed.gov/fu-lltext/ED426642.pdf.2016-01-28.

[11] Education at a Glance 2010.[EB/OL].http://www.keepeek.com/Digital-Asset-Manage-ment/oecd/education/education-at-a-glance-2010_eag-2010-en#page1,2016-11-11.

[12] National Center for Educational Statistics.[DB/OL].http://nces.ed.gov/collegenavigator/? q=s-tanford&s=all&id=243744#programs,2016-12-12.

[13] Lily Philipose.Germany: Private Universities-not-so Ivy League.[EB/OL].http://www.univer-sity worldnews.com/article.php? story=20101217223423588,2016-10-03.

[14] Diversity at Stanford.[EB/OL].http://admission.stanford.edu/student/diversity/,2017-01-28.

[15] Stanford History. [EB/OL]. http://www. stanford. edu/home/stanford/history, 2016 -12 - 27.

[16] Mission Statement. [EB/OL]. http://www. harvard. edu/about-harvard/harvard-glance,2016 - 12 - 12.

[17] Education at a Glance 2010. [EB/OL]. http://www. keepeek. com/Digital-Asset-Management/o-ecd/education/education-at-a-glance-2010_eag-2010-en # page1,2016 - 11 - 11.

[18] Equality & Diversity.[EB/OL].http://www.equality.admin.cam.ac.uk/,2016 - 11 - 25.

[19] University of California.[EB/OL].https://www.universityofcalifornia.edu/,2016 - 11 - 26.

[20] Public Policy Institute of California.[EB/OL].http://www.ppic.org/main/publication.asp? i=91 - 6,2017 - 01 - 13.

[21] Startclass by Graphiq.[EB/OL].http://www.startclass.com/,2017 - 01 - 25.

[22] The California State University.[EB/OL].https://www.calstate.edu/impact-of-the-csu/support-the-csu,2017 - 01 - 23.

[23] The World University Rankings. [DB/OL]. https://www. times higher education. com/student/best-universities/best-universities-united-states,2016 - 12 - 20.

[24] U. S. NEWS National Universities Rankings. [DB/OL]. http://colleges. us news. ranking sand r-eviews.com/bes-t colleges/rankings/national-universities,2016 - 12 - 20.

[25] University of California Diversity Statement. [DB/OL] http://occr. ucdavis. edu/statement-on-d-iversity.html,2015 - 08 - 18.

[26] Diversity Education Program.[DB/OL].http://occr.ucdavis.edu/diversity/index.html,2016 - 08 - 03.

[27] Diversity at Stanford.[DB/OL].http://admission.stanford.edu/student/diversity/, 2016 - 12 - 21.

[28] How Diverse is California Institute of Technology? Explore Ethnic, Age, Male to Femal-e and Geographic Diversity.[DB/OL].http://www.collegefactual.com/colleges/california-institute-of-technology/student-life/diversity/,2016 - 12 - 24.

[29] World University Rankings. [DB/OL]. https://www. timeshighereducation. com/world-university-rankings/2017/world-ranking #! /page/0/length/25/locations/CN/sort _ by/scores_overall/sort_order/asc/cols/stats,2017 - 03 - 11.

[30] QS World University Rankings. [DB/OL]. https://www. topuniversities. com/university-rankings/world-university-rankings/2016,2017 - 03 - 11.

[31] Academic Ranking of World Universities 2016. [DB/OL]. http://www. shanghairanking.com/ARWU2016.html,2017 - 03 - 11.

[32] Best Global Universities in China.[DB/OL].https://www.usnews.com/education/best-global-universities/china? page=2,2017 - 03 - 11.

后　记

作为博士论文整理后的成果，也作为我人生的第一部专著，终于得以出版。原以为会无比激动和兴奋，没料到竟突然心生惶恐。细细想来，大概是出于对学术的敬畏之情所致。书中如有不当之处，敬请学术同仁批评、指正！

写此后记，目的并不仅仅为了表达我的心情，更重要的是要感谢在我的学术道路上曾经帮助过我的人。首先是我的导师王建华教授。我对导师一直深怀敬仰之心，他是我的学术生命中最重要的人，是他将我引进严肃、崇高又宁静的学术圣地，让我重新体悟到什么叫高深学问、如何追求真理。他的以身示范也告诉我，任何人都有权利和能力追寻自己的梦想，只要付出得足够多，梦想终将实现。还有一个重要的人，就是胡建华老师。从胡老师身上，我看到一位名师在为人方面如此谦逊、和善，在研究方面更是无比严谨、勤奋。这么多年，他一直深刻影响着我做人和做学问的态度。我还要郑重向我的同门好友范冬清表达深深的谢意和思念。在我写作和思考陷入困境的时候，是她给我启发；在我遇到挫折想要后退的时候，也是她给我及时的鼓励和信心。此刻，毕业之后的三年时光中，除了与她在一次学术会议上重聚之外，其他时间我们都各在一方。但“天涯若比邻”，我与她的友情一生不会变。

最后，还要感谢为这本书出版付出大量心血的责编丁群老师，以及我的同事王晓芬老师。同时，也十分感谢南通大学教育科学学院为本书出版提供的资助。